わが農業問題研究の軌跡

資本主義から社会主義への模索

暉峻衆三

著者近影

御茶の水書房

暉峻の家族写真（1938年頃）。
左から暉峻瑞子、凌三、母・文、父・義等、衆三（本書Ⅳ＝参照）。

大原孫三郎。大原美術館まえ。
1930年の開館記念当時のものと思われる。
（本書Ⅳ＝参照）。

宇野弘蔵（本書Ⅳ、Ⅸ、Ⅹ＝参照）。
出典：『宇野弘蔵　資本論五十年』上　法政大学出版局、
1970 年の口絵（堀内璋二郎氏撮影）。

倉敷の中央一丁目、旧今橋と大原邸（1978 年）（本書Ⅳ＝参照）。
出典：『倉敷今昔写真帳』1978 年、倉敷川まつり実行委員会、10 ページ。

1903年6月、講演のため倉敷に来訪した徳富蘇峰を囲む記念写真。
前列　座っている人物の左から大原孫三郎、徳富蘇峰、菅野芳夫妻。
後列　立っている人物の左から石井十次、林源十郎（本書Ⅳ＝参照）。
出典：『備中倉敷林家　孚一と源十郎の肖像』下巻（私家版）、2007年、より。
同じ写真が兼田麗子『大原孫三郎』中公新書、120ページにも掲載されている（本書139ページ＝参照）。

若き日の山川均（左）、中央は堺利彦、その右大杉栄（1908年）。
出典：同上林家（私家版）より。
（本書Ⅳ＝参照）。

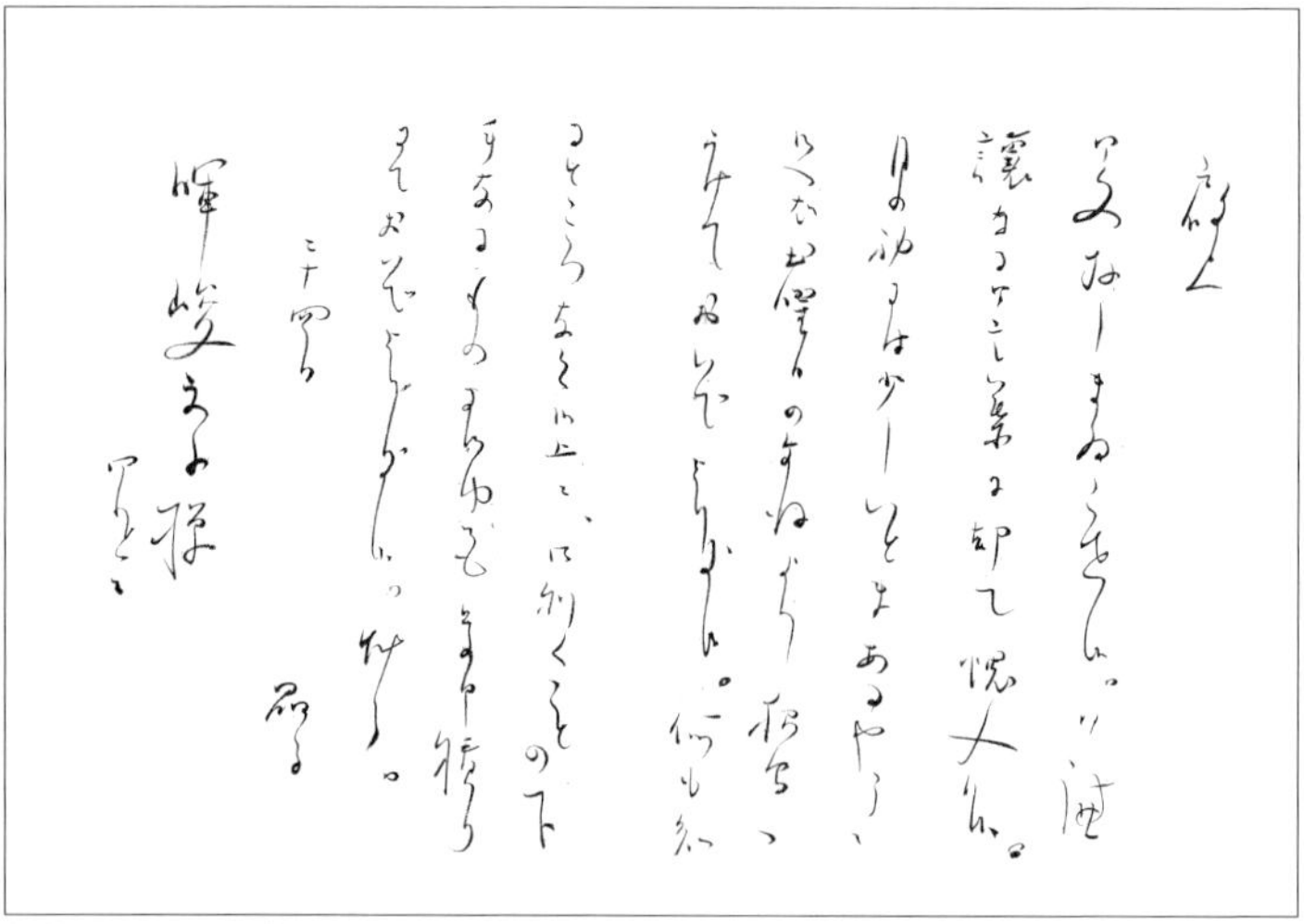

与謝野晶子の母・暉峻文あての手紙。父・暉峻義等のヨーロッパ留学に同行すべきかどうかの相談にのってほしいとの母・文からの手紙に対する晶子の返事（1920年ころのものと思われる）（本書Ⅳ＝参照）。

暉峻衆三入隊の日、両親と（1945年1月4日）。
母のなんとも悲しげな姿が忘れられない（本書Ⅵ＝参照）。

安部公房（作家）ら、1943 年 10 月、成城高校理科乙類卒業の同級生。
左から河竹登志夫（早稲田大学教授、比較演劇学、文化功労者）、暉峻衆三、安部公房、小尾信彌（東大教授、天文学）、成城学園体育館脇の雑木林で（本書Ⅴ＝参照）。
出典：『文藝春秋』1966 年 5 月号「同級生交歓」より。

1950年、長野県下伊那郡鼎村調査。
二列目左端が古島敏雄、その右（深く帽子を冠っているのが）的場徳造、右端が暉峻。
あとのほとんどは古島ゼミの学生たち（本書Ⅶ四＝参照）。

「山村の構造グループ」による京都府乙訓郡久我村調査（1949年4月）。
前列左から古島敏雄、稲垣泰彦、福武直、加藤一郎、その手前、唄孝一。
後列左から杉山博、内山政照（農林省農業総合研究所、社会学）、潮見俊隆、永原慶二、
石村善助（東京都立大、民法）、撮影・暉峻（本書Ⅶ四＝参照）。

1950年12月、東大農学部農業経済学教室戦後初の忘年会。
テーブルに坐っているのが教員スタッフ。左から金沢夏樹、近藤康男、磯辺秀俊、古島敏雄、川野重任、古島と川野のあいだの少しうしろが暉峻（本書Ⅴ三、Ⅶ＝参照）。

1951年12月、東大農学部農業経済学教室忘年会。
テーブルに坐っている左から暉峻、磯辺秀俊、近藤康男、東畑精一、篠原泰三、古島敏雄（本書Ⅴ三、Ⅶ＝参照）。

101 歳の近藤康男先生を農文協図書館長室に訪ねて（2000 年 5 月 13 日）。
右は暉峻（本書Ⅴ＝参照）。

東京都文京区大塚の東京教育大学鳥瞰。
右側ロの字型建物がE館。それに接続する左側建物が本館。E館右側 3 階手前から 5 ～ 6 番目の窓が暉峻研究室。その真上 4 階に美濃部研究室（本書Ⅻ＝参照）。
出典：『東京教育大学概要』閉学記念特集（1977 年）。

ノーベル物理学賞受賞の朝永振一郎学長も加わった東京教育大学経済学科第８回卒業記念写真（1960年２月）。
前列左から三潴信邦、楫西光速、朝永振一郎学長、大島清、暉峻、長坂聰。右上別枠は美濃部亮吉（本書XII＝参照）。

家永三郎、教科書検定訴訟判決報告集会で支援者の運動に敬意を表し、決意を述べる（1993年10月20日、第二東京弁護士会館）（本書XII＝参照）。
出典：『赤旗』2002年12月11日。

東京教育大学文学部社会科学科（法律政治学、経済学、社会学）の教員たち。稲田正次の定年退官記念の会（1966年2月）。
前列左から暉峻、松本三之介、磯野誠一、稲田、岡田謙、大島清、中野卓。
後列左二人目から間宏、森岡清美、長坂聰、安田三郎、田中浩（本書Ⅻ＝参照）。

晩年の大内力、加藤俊彦先生と東京・荻窪の「東信閣」中国料理店で（2002年12月）。
左から大瀬令子、桜井毅、暉峻、加藤俊彦、大内力、石井和夫夫妻（本書Ⅷ三＝参照）。

わが農業問題研究の軌跡　目次

目次

Ⅰ　プロローグ　3

Ⅱ　私が生きた時代　5
1 戦争が続いた青春時代　2 敗戦と占領、対日講和・日米安保条約締結　3 東大社研研究員から教育大教員に　4 一五年に及ぶ「教育大紛争」　5 高度経済成長と「経済大国化」　6 在外研究の旅に　7 教育大閉学、信州大、宇都宮大へ　8 一橋大学大学院でのゼミと『展開』下の刊行　9 東亜大学大学院の教員に　10 いろいろの病気に　11 市場原理主義下のグローバル資本主義、「社会主義体制」の崩壊　12 東日本大震災、福島第一原発事故　13 今日の時代状況

Ⅲ　主な研究課題　23
一　『日本農業問題の展開』上・下（東京大学出版会、一九七〇、八四年、（以下、『展開』上、下））　26
「上」の章構成　「日本資本主義論争」と関連して　第一章「明治維新期」、第二章「明治二〇―三〇年代」の概要　第四章「第一次大戦から昭和恐慌」の概要（第三章「日露戦争後から第一次大戦」は第四章への過渡期。ここでは省略）　「下」の章構成　第五章「昭和恐慌期」の概要　第六章「戦時期」の概要　第七章「農地改革の軌跡」の概要　『展開』上、下に対する学術雑誌での書評
二　『日本の農業一五〇年　一八五〇～二〇〇〇年』［編］（有斐閣、二〇〇三年、（以下『一五〇年』））　70
三　『日本資本主義の食と農　軌跡と課題』筑波書房ブックレット、二〇一一年　72
高度経済成長と「戦後型日本資本主義」・「日本型経営」の形成　高度経済成長下の「基本法農政」の展開

BW体制の崩壊、円高、市場原理主義の時代へ　日米経済摩擦の熾烈化と対米経済構造・政策の調整　異常なバブルの発生と破綻、「構造改革」の推進　グローバル資本主義と多国籍企業化、「戦後型」の崩れ　農業部門でも「戦後型」の崩れが　日本経済と農業の危機打開に向けて　TPP（環太平洋連携協定）参加の意味するもの　日本経済再生の条件　農業再生と食料安全保障

四　『日本資本主義と農業保護政策――農基法成立後の日本農業の再編過程』〔編著〕（御茶の水書房、一九九〇年）　92

五　"Agriculture in the Modernization of Japan（1850–2000）"（Ed.）（Manohar, Delhi, India, 2008.）　100

六　先進資本主義国農業やユーゴ「自主管理社会主義」のことなど　103

先進資本主義国農業　ユーゴ「自主管理社会主義」のことなど

Ⅳ　生いたち――父母や故郷・倉敷のことなど――125

一　大原孫三郎との出会いと労働科学の創始　125

「変わり者」の多い家系　大原社研と倉敷労研の創設　倉敷――宇野弘蔵や大原孫三郎、山川均のことなど　倉敷から東京へ

二　与謝野晶子のひと言で「ひどい目にあった」兄と姉　135

三　母の遺言　137

Ⅴ　社会科学への関心を強める――141

一　戦時下の労研に集った人びと　141

二　高校理科乙類——「でも、しか農業問題研究者」の道へ　143
三　戦時下の農業経済学教室　近藤康男や古島敏雄のことなど　144

Ⅵ　陸軍経理学校への入隊と広島での原爆体験——149
一　徴兵検査と陸軍経理学校への入隊　149
二　空襲と「和平交渉」のニュース　150
三　広島へ　152
四　被爆者と雑魚寝の生活。終戦　153
五　つぎつぎに人が死んでいく。恐るべき原爆　154
六　「脱走」。東京へ　157
七　終戦と戦争責任　158

Ⅶ　復学から大学院に入るまで——163
一　疎開地・祖師谷で交流のあった人びと　163
二　「マルクス経済学者」の復職　近藤康男など　164
三　東畑精一のこと　166

四　「山村の構造グループ」との出会い―学部の枠を超える交流　170
五　作物栽培学者・川田信一郎、農業経営学者・金沢夏樹のこと　173

Ⅷ　大学院特別研究生になって――179
一　大内力ゼミへの参加　179
二　名著・大内の処女作『日本資本主義の農業問題』　181
三　「基本法農政」の展開と大内理論　182
四　「基本法農政」の展開と小倉武一　188

Ⅸ　東大社研研究員に――宇野弘蔵との出会い――197

Ⅹ　宇野主宰の「地租改正研究会」――203
一　研究会の発足と『地租改正の研究』の刊行　203
二　宇野の山田盛太郎批判とその問題点　209

Ⅺ　大内力、山田盛太郎の理論と私の『展開』――213
一　山田盛太郎との出会いと「土地制度史学会」　213

二　大内『農業問題』と山田『分析』　214
三　大内、山田理論を少しでも超えたいと　216
XII　東京教育大学文学部社会科学科の教員に――223
一　教育大の筑波移転、「筑波新構想大学」を巡る紛争と帰結　223
二　社会科学科とその周辺の人びと　231
社会科学科　楫西、大島らの双書『日本における資本主義の発達』の刊行　別格だった美濃部亮吉と大島清　竹を二つに割ったような家永三郎　長坂　聰――「恋敵」・学友・職友・酒友　教え子たちのこと
XIII　農業・農協問題研究所の会員として――253
あとがき　258
暉峻衆三著作目録
暉峻衆三経歴
人名索引

わが農業問題研究の軌跡

——資本主義から社会主義への模索——

Ⅰ　プロローグ

一九二四（大正一三）年の生まれで、二〇一三年六月二六日に満八九歳になった。自分でも驚くほど、歳月があっという間に過ぎていったという思いがする。

ながらく、人に語れるような波乱に富み、中味の濃い生活とは縁遠い、平凡な人生を歩んできたという思いをもちつづけてきた。だが、最近になって、それなりに歴史的に大変な時代を生きてきた、という思いが募るようになった。歳のせいもあるのだろう。

それに、共に生き、直接、戦争の時代を体験したわれわれ大正世代の人間は、いまや日本の人口のほんの数%の少数者となり、圧倒的多数がかつての戦争を知らない「戦後世代」（一九四五年〜）によって占められる時代になった。

いまもなお世界各地で戦禍が絶えない。そのこととも関連して、世界になお八億を超える飢餓人口が存在するといわれる。平和のもとでこそ人びとは生活や食を享受することができる。最近、日本の周辺でも領有権問題を巡る対立が強まるもとで、日本の軍事的対応を一層強化して国益を守るべきだという風潮が強まりつつある。きな臭いものをそこに感じ憂慮せざるをえない。

わずかに生き残っている高齢者の一人として、戦争の時代をはじめ、われわれが体験した過去の激動の時代を記しておくことは、より若い世代の人びとにとって、何らかの参考になることもあるかもしれないという思いから、筆をとることにした。

過去六〇年に亘って曲がりなりにも研究と教育の仕事に携わり、その間、雑多な問題について書いたり話したりしてきた。大して人に誇れるような、有用な仕事をしてきたとも思えないが、そのなかの主要なものについて自己紹介しておくこともあながち無意味ではないかもしれないという思いも重なって、筆をとることにした。

以下、人名はすべて敬称を省略することにする。また、共同執筆者などの肩書きは原則としてその当時のものを指す。

Ⅱ　私が生きた時代

本論に入るまえに、私が生きた時代は大凡どんな時代だったのか。その時々の私の身辺や研究動向と関わらせながらまず概観しておこう。

1　戦争が続いた青春時代

戦争がついて回る青春だった。生まれ故郷の岡山県倉敷市の尋常小学校に入学したとき、柳条湖事件をきっかけに「満州事変」（一九三一年）が勃発、「満州」に出征する部隊が山陽本線で通過するたびに学童全員が沿線で見送る生活が始まった。

小学四年生のとき、右足脛骨が骨髄炎に罹り、骨髄を削る大手術を受けた。まだ抗生物質が無かった時代で、危篤状態に陥った。四二度の高熱のもとで意識が朦朧とするなか、枕元で泣き崩れる母の姿にふと目覚め、「母さん、どうしてそんなに泣いているの？」と言ったことだけは、今でも鮮明に覚えている。幸い一命は取り留めたが、一学期まるまる休学した。

一家で東京に転居し、成城高等学校尋常科（中学）に入学したとき、盧溝橋事件をきっかけに「日中戦争」が勃発（一九三七年）、学校近くの軍需工場への動員が始まった。

同高校に入学したとき日本は太平洋戦争に突入（一九四一年）、四三年一〇月、戦局悪化のもとで高校は二年半で繰上げ卒業となった。そして東京帝国大学農学部農業経済学科入学とともに「学徒出陣」、一～二年先輩の学徒がそぼ降る秋の冷雨のなかを隊列を組んで明治神宮外苑競技場から「出陣」していく姿を寒々とした思いで見送ったことがいまも忘れられない。あの「出陣学徒」の多くの貴重な命が戦争で失われたことを思うと、いまもいたたまれない思いだ。

私自身、四四年に徴兵検査を受けた。右足の骨髄炎手術のために脛に大きな手術痕があり、体がやや傾き加減で、歩行機能にも難があったが、当時は少々の身体障害者でも現役兵として召集された。私も第三乙種合格とされ（丙種は不合格）、四五年一月から軍隊生活に入った。

最後は同年八月、広島で原爆の惨状を実体験し、「大日本帝国」の敗戦、崩壊によって長かった戦争の時代はようやく幕を閉じた。落ち着いて勉学することもできない、悔い多い青春時代だった。日本が直接に戦争に関わることなく、「平和な時代」を生きることができた「戦後世代」の人をつくづくうらやましく思う。

2　敗戦と占領、対日講和・日米安保条約締結

日本の敗戦とともに連合国（アメリカ）軍による占領という日本がかつて経験したことがない事態が始まった四五年から、対日講和条約と日米安全保障条約が締結される一九五一年の間は、私が大学の学部学生から大学院生の生活を送った時期だ。敗戦直後の時期で、「戦前・戦中」から「戦後」への激変があり、生活難、食糧難は戦時中にも増して深刻で、わが家も疎開先で食糧の生産と調達に奔走する生活を余儀な

くされ、まだ落ち着いて勉学に集中できる状態ではなかった。

他方、アメリカ占領軍によって「戦後改革」が実施され、戦前期の日本の政治・軍事・経済の構造と国際的位置づけが大きく変わるのを目の当たりにした。対日占領政策も、前期の、日本を「非軍事化・民主化」する政策から、後期の、「東西冷戦」のもとで日本をアジアの反共拠点とすべく経済復興と再軍備を図る政策へと大きく転換した。その帰結が、「全面」でなく「片面」の対日講和条約、日米安全保障条約の締結だった。講和のあり方を巡って国論が大きく分かれ、騒然とした時代状況のもとで生活した。

3　東大社研研究員から教育大教員に

五一年から七〇年代にかけては、私が大学院を中途退学して、五一年に東京大学社会科学研究所（以下、東大社研）の研究員になり、さらに五三年には、東京教育大学文学部社会科学科（以下、教育大）の教員に就任し、七八年の同大学廃学まで勤務した時期だ。東大社研と教育大への就職で個人的にはようやく安定した生活を取り戻せたかに見えた。

この時期は、日本が東西冷戦下の日米安保体制のもとで、歪みを抱えながらも史上空前の高度経済成長を遂げ、経済と農業の構造、農民を含む国民生活の有り様が大きく変化していった。

あとでより詳しく述べるが、この時期に私は明治維新期以降の日本の農業問題を日本資本主義の歴史的展開と関連させて総括的に把握することを中心的な研究課題にしようと心に決め、準備した。その第一段階のまとめが、七〇年、東京大学出版会から刊行した『日本農業問題の展開』上、だった。それは、幕末・明治維新期から一九二〇年代の「大正デモクラシー」期までを対象としたものだ。

上巻に続いて、昭和恐慌期から戦時期を経て四五年の日本の敗戦、アメリカ軍による占領、そのもとでの「戦後改革」という、「戦前期」の終わりと「戦後期」の始まりまでを扱う下巻をまとめる予定だった。しかし、六三年から、教育大の筑波移転、「筑波新構想大学創設」をめぐって激しい大学紛争が始まり、その渦中にあってそれらの企図に反対する立場にあった私は、またしても落ちついて研究できない生活を教育大廃学の七八年まで一五年間の長きにわたって続けることとなった。そのためもあって下巻の刊行は大幅に遅れ、上巻刊行から一四年後の一九八四年になった。

4　一五年に及ぶ「教育大紛争」

六三年から七八年までの一五年間に及ぶ「教育大紛争」についてはのちに詳しく述べるが、ここで簡単に述べておこう。この紛争は、政府が「筑波研究学園都市」を建設し、そこに教育大を一括移転させようとした計画をめぐって、その計画に乗ろうとする学内「体制派」と、文学部を中心とするそれへの「反対・慎重派」に教育大の教員が分裂するなかで深刻化した。

教育大紛争は、六八年からの東大をはじめ全国的に波及した「大学紛争」と重なって一層深刻化し、全国的にも注目された。「全学闘」を名乗る学生によって大学は封鎖され、それに対して大学当局は、六九年二月、機動隊を導入、封鎖を解除した。大学が封鎖されたあいだ、教員は研究室を使用できず、大学の機能は麻痺状態になった。

教育大を含む日本の多くの大学で、紛争主体であった学生側も、また闘いを突きつけられた教員、研究者の側も、さらには体制の側も、それぞれ違った立場、対立した仕方で旧来の大学自治の在り方を根本的に問い直し、それをどう構築し直すべきかの探求を迫られた。

体制側（政府）は、この紛争を「力」でおさえこみつつ、教育大を単に筑波に移転させるのではなく、移転を契機に、学部教授会自治を基礎に組み立てられた従来の大学自治を解体し、大学執行部主導、管理体制強化の「筑波新構想大学」として編成替えし、それを今後の全国立大学の一モデルにしようとし、そのために「筑波大学法案」を準備した。

そのもとで教育大紛争は一層深刻化するとともに、たんに学内にとどまらず全国の多くの大学人をはじめとする多方面からのこの「法案」に対する批判と反対運動が巻き起こされることになった。にもかかわらず、それは七三年九月、国会で強行採決され、教育大は七八年三月をもって閉学することが決まった。教育大は体制の手によって新構想の筑波大学に作り変えられた。

当初から大学執行部や体制側の企図に反対しつづけた私は、筑波大学法案が成立してからも、途中で教育大を去ることはせず、閉学とともに路頭に迷うことも覚悟して、文学部を中心とする同僚たちと闘い続けた。

5　高度経済成長と「経済大国化」

ところで、私が教育大に在任した五三年から七八年の時期は、戦後日本が日米安保体制のもと、「戦後改革」の土台の上で、新鋭重化学工業・大企業を基軸に世界が目を見張るほどの高度経済成長を遂げ、「経済大国化」した時代でもあった。

そのもとで、従来停滞的だった農業、農家、農村も揺さぶられて大きく変貌した。六一年には「農業基本法」が成立し、麦や飼料穀（作）物の生産はあきらめて対米輸入依存とし、稲作を基礎に畜産、果樹作、蔬菜類を軸に国内での生産拡大を図り、また、農地改革後に成立した零細自作農体制を分解して、その中から「自立経営」を育成して農業の主要な担い手にするという、日本農業の再編、再構築を目指す史上空前の「基本法農政」が農政の基軸として展開されることとなった。

そのもとで、農家の生活も「戦前期」（～一九四五年）と大きく変化し、明治末に長塚節が小説『土』で克明に描いたような、都市に比べた農村独自の貧困、そこで貧しさと困憊に耐えながら、土にしがみついて働き生きていかざるを得ない貧農は基本的に姿を消した。いまや貧困は都市と農村を通ずる現代資本主義下の貧困として一元化した。

と同時に、高度経済成長や「基本法農政」のもとで、日本経済や農業における歪みも拡大し、公害、環境破壊といった影も強まり、生活防衛の住民運動が展開されることとなり、東京など大都市部を中心に「革新自治体」が各地で生まれた。安全で安心できる農産物を求める消費者と生産者双方の運動も始まった。

七〇年代に入ると、アメリカはベトナムへの軍事介入（六四年）に失敗して撤退を余儀なくされ、七五年サイゴン政府が降伏、七六年には南北統一のベトナム社会主義共和国が樹立され、七一年には中国が国連に復帰するなど、帝国主義植民地体制の崩壊と新興国の台頭をみる時代への移行が開始された。

七一～七三年には、金との兌換が保証された米ドルを基軸に各国通貨を固定相場制のもとに置いて世界経済の安定的発展を図ったブレトン・ウッズ（ＢＷ）体制が崩れ、ドルの金兌換が停止され、変動相場制（ドル安）へと移行した。二〇世紀の覇権国家・アメリカの斜陽化がここに表面化した。

資源に対する旧植民地諸国の主権が強化され、それとも関連して七〇年代には二度の石油危機が起こり、日本を含め先進諸国の高度経済成長に終止符が打たれ、不況とインフレが同時進行するスタグフレーションの時代に入った。七〇年代に世界は大きな転換期を迎えた。

こういった戦後の新たな事態を私なりに汲み取り、のちの**11**で触れる私の一連の著作にも反映させる努力をした。

6　在外研究の旅に

筑波大学法案が成立したあと、七四年三月から一年間、私は文部省在外研究員として、イギリス（シェフィールド大学）を中心に西欧諸国やアメリカを、さらに当時のソビエト社会主義共和国連邦（科学アカデミー・東洋学研究所、以下、「旧ソ連」）をはじめユーゴスラビア連邦人民共和国（以下、「旧ユーゴ」）、その他東欧諸国を歴訪する旅にでた。「マルクス経済学」を勉強してきた者として、高度に発達した先進資本主義国とともに、現存する「社会主義国」の現状とそれが抱える問題について関心をもった。

この外国留学は私の知見を広め、深めることに役立ったが、とくに旧ユーゴでは旧ソ連の国権的・官僚的「社会主義」に対置した民主主義的「社会主義」のための労働者自主管理システムの試みに関心を抱き、その経済と農業問題を調査、研究した。

またイギリスでは、労働党（左派）の国会議員（ＭＰ）で農業・農村労働組合運動をも支援していたMs.Joan Maynardが私の問題関心を理解していろいろと援助の手を差し伸べてくれた。North Yorkshire, Thirskにある彼女の自宅に私を宿泊させてくれ、親切な手配のもとで、いくつかの農村を訪問し、農業・農村労働者や農民から生の話しを聞く機会を提供してくれた。(1)

7 教育大閉学、信州大、宇都宮大へ

前述したように、教育大閉学とともに路頭に迷うことも覚悟した私だったが、閉学間際になって幸いにして同時期に創設された信州大学（以下、信大）経済学部の教員として招かれ、一九七八年四月、松本に赴任することになった。「捨てる神あれば、拾う神あり」で有難かった。

自然は美しく、食べ物も色とりどり、それに山の愛好家といった個性的学生も多かった。「日本経済史」の講義とゼミを担当したが、ゼミの学生と飲み屋街に繰り出すことも多く、大分酒税を国に貢いだ。松本では、飲食店は学生たちの重要なアルバイト先であったらしく、「先生はイツ、ドコドコで飲食していましたね」と「摘発される」ことが多かった。また、恩師・大内力も東大定年後に同じ学部に第二の就職をするなど、教員にはかねてからの知人もいて、松本での生活には満足していた。

松本では当初、浅間温泉での江戸時代からの旧家「降旗家」に下宿して、朝夕内湯での温泉を楽しんだ。難点といえば、毎週片道四時間かけての松本との往復と、そこでの一〜二泊の生活くらいだった。

そこに、宇都宮大学（以下、宇大）農学部農業経済学科の友人から強い招請が舞い込み、迷った末、五年余で信大を去って、八三年一〇月に宇大に赴任、九〇年三月の定年まで在職することになった。宇都宮には東京から新幹線で一時間足らずで行けた。宇大農学部は旧宇都宮高等農林専門学校の系譜をひく伝統ある所で、正門脇の美しいフランス式とイギリス式庭園が大学に彩りを添えていた。

三〇年余勤務した教育大や信大は文学部や法律、経済学部出身の教員で占められており、私を含め週二〜三日研究室に顔をだすだけという教員が多かった。しかし、宇大農学部は実験を伴う理科系に属し、教

員は原則として毎日研究室に顔をだしていた。文系教員として長年の惰性が身についていた私にとって、率直のところ農学部の勤務体制には戸惑いを感じた。宇大では勤務態度のいい教員ではなかったといえよう。

8　一橋大学大学院でのゼミと『展開』下の刊行

ところで、「教育大闘争」がようやく終わり、信大に移ってから、長らく懸案になっていた『日本農業問題の展開』下、のとりまとめにかかった。七七年から八〇年まで、私は一橋大学大学院経済研究科で日本経済史のゼミを担当することになった。信大に移ってから、東京への帰途、中央線国立で途中下車してゼミに臨んだ。そのさい、戦時体制下の農地政策の研究など、そのゼミを下巻の取りまとめに結びつけて行った。

中央線の車窓からの甲府盆地や八ヶ岳、甲斐駒ケ岳、安曇野などの美しい景色をゆっくり愛でる暇もなく、車中で懸命に文献を読む通勤生活が続いた。信大の同僚から「信州には上高地など美しいところが沢山ある。それなのに君はどこにも行かない。一体、何をしに信大にきたのだ」とからかわれもした。ともかく、こういう通勤生活を経て、八四年、ようやく下巻の刊行に漕ぎつけることができた。

また、私が信大に転任した七八年に、有斐閣編集部から「有斐閣選書」の形で、『日本農業史　資本主義の展開と農業問題』出版の依頼があり、教育大時代の教え子四人（加藤幸三郎、牛山敬二、林宥一、小峰和夫―のちのⅫ二を参照）を共同執筆者に私の「編」で、八一年に刊行した。それは、幕末・維新期から戦後（四五年～）の高度経済成長期（～七〇年代初頭）までを対象にしており、私が戦後の部分を執筆した。『日本農業問題の展開』下、のとりまとめに一応目処をつけてから、私の研究対象は戦後に移っていった。

9　東亜大学大学院の教員に

教育大、信大、宇大と三七年間にわたる国立大学での勤務を経て九〇年三月「定年退官」した私だが、九二年に創設された私立の東亜大学大学院総合学術研究科から招請があり、九八年三月までさらに六年間勤務することとなった。それは山陽新幹線・新下関駅近くのこじんまりした大学院で、アジア開発経済論の講義を担当した。東京から「通勤」する私には教育、大学行政上の負担軽減の便宜を特別に図ってくれ、一年に二回ほど集中講義するだけで無事任期を全うすることができた。

また、九二〜二〇〇四年の一二年間、私は東京・新宿の「新宿農協会館」に事務局がある「農業・農協問題研究所」の理事長を勤めた。この研究所は、八〇年代から日本で市場原理主義・効率主義の潮流が強まるなかで農業と農協が大きく変化し、それに批判的で危機感を抱いた研究者や農協関係者が全国農業協同組合労働組合連合会（全農協労連）の支援も受けながら自主的に設立した。農業や農協の実態を調べ、それらがどうあるべきかを共同で研究するために各種研究会をもち、研究成果を刊行するなど、一九八四年の設立総会以来今日まで、地道な活動をつづけている（のちのⅫ参照）。

10　いろいろの病気に

ところが、この間、またしても事は順調には進んでくれなかった。思わぬ大病に見舞われることになった。

宇大に移った翌八四年には、右足大腿骨が軟骨肉腫（がん）に罹っていることが判明、八五年、東京板橋の帝京大学付属病院整形外科で大腿骨を切除してセラミックの人工骨を接合する大手術をうけた。しかも術後のリハビリテーションのとき人工骨頭が脱臼するというハプニングが発生、三カ月の予定の入院が五カ月に及ぶという不運に見舞われた。退院してからも杖をついて歩行する身となり、どうにか階段を昇り降りし、タクシーにも乗れるようになるまで長い年月を要した。宇大の同僚教員や学生、院生にはその間いろいろ迷惑もかけた。以後こんにちまで、身体障害者手帳保持者としての生活がつづいている。

それだけではすまなかった。東亜大学大学院に就職した翌九三年、こんどは膀胱癌に罹って電気メスで患部を焼く手術を受けた（その後も二回）。しかし、これまでのところ膀胱癌はGrade Iと、比較的軽度で治まっている。

さらに、二〇一三年四月現在、膀胱癌のほか、前立腺がん腫瘍マーカーPSAの数値上昇のため観察中であり、また両眼が網膜の新生血管増殖による加齢黄斑変性症のために読書やPC（パソコン）の利用にも支障が生じ、新生血管増殖を抑える薬物療法（ルセンティス注射による手術）を五回うけ、さらに高血圧のため降圧剤を毎日服用するなどなど、加齢とともにあちこちに故障がでて、病院を頻繁に駆け回らねばならない生活を余儀なくされている。

唯一、体の抵抗力を付けるために行っているのが、原則として週二回の水泳である。近くの区営二五メートル・温水プールで、五〇～五五分間、一〇〇〇メートル泳ぐように心がけている。いつまで続けられるか分からないが、できるだけ長く継続したいものだ。

11　市場原理主義下のグローバル資本主義、「社会主義体制」の崩壊

話しが前後するが、一九八〇年代以降の世界の状況に立ち戻ることにしよう。

高度経済成長が終焉する七〇年代の曲がり角を経て、八〇年代以降、日本を含む先進資本主義諸国では市場原理主義の潮流が強まり、目を見張る情報通信技術（ＩＣＴ）革命とからんで、企業の多国籍企業化と資本主義のグローバル化が急進展した。貿易、投資の自由化の急進とからんで、貧富の格差の拡大、産業と地域の空洞化、飢餓や地球環境の破壊、多国籍企業と国民経済の利益の乖離といった問題も重大化した。

日本はさらに、円高・ドル安急進の波をかぶって、その変化は急激だった。農業では、生産の担い手の減少と高齢化、耕作放棄や潰廃による農地の減少、輸入農産物の急増のもとで、農業生産の後退が顕著に進み、食料安全保障の危機が深化した。

八九年の「ベルリンの壁」の崩壊を契機に、旧ソ連邦を中心とする東欧「社会主義体制」が崩壊するという大事件が起り、東西冷戦体制は終焉した。中国やベトナムも「社会主義志向市場経済」へと急旋回した。そのもとで資本主義のグローバル化がさらに促進された。「マルクスの終焉」が言われた。

日本の財界を主導する巨大企業も、円高の急進とあいまって、海外直接投資と中国をはじめとするアジア諸国との結びつきを強めつつ、急速に多国籍企業化した。

さらに、この多国籍企業を基軸としたグローバル資本主義は、二一世紀に入って、その一大中心をなすアメリカで突発した二〇〇八年のリーマン・ショックを発端に、西欧諸国と日本をも巻き込みながら、「金融危機」から実体経済に及ぶ「世界同時大不況」に見舞われるに至った。日本経済も一九九〇年のバブル崩壊以降、不況の長期化に喘ぎつづけ、「失われた一〇年」は、「二〇年」へ、さらには「三〇年」が言われるような状況にもなった。この長期不況のもとで、「財政危機」ともからんで、若者をはじめ多くの人びとが失業、不安定雇用、低賃金、老後の生活不安に苦しんでいる。

二〇一二年一二月の総選挙で大勝し、民主党から政権を奪還した自民党・安倍政権による「アベノミクス」のもとで、永らく続いた円高は急激な円安に転じ、輸出増、株高による「景気回復」への期待のもと、一部に「バブル現象」も生まれている。しかし、賃金の低下傾向が続き、福祉が削減され、消費税増税が予定され、一連の日常生活品に値上がりがみられるなど、国民の労働と生活の底支えを欠く状況のもとでは、いつ「バブル」がはじけ、景気回復への期待が萎んでもおかしくないといえよう。

それにとどまらず、資本主義諸国における「共同体」構築のモデルを先駆的に提示したとされるEU、そのなかでもユーロ圏でいまや深刻な債務危機が各地で発生し、「欧州危機」が叫ばれている。財政金融政策をはじめ体制による総力をあげての諸施策の実施にもかかわらず、米、日、欧という世界資本主義の中心部が経済危機におびえ、しかも有効で確実な打開策を見いだせないでいる。失業と貧困、飢餓も依然として解決できない重要問題である。資本主義のシステムそのものに重大な欠陥が内包されているといわざるを得ない。

一九八〇年代以来世界を席巻してきた市場原理主義もここに至って躓き、行き詰まりに逢着している。市場原理主義に立脚してグローバルな貿易や投資のルールを定めたWTO（世界貿易機関）のUR（ウルグアイ・ラウンド）は交渉開始の一九八六年から七年目に合意に達した。だが、それに続く二〇〇〇年開始のDR（ドーハ・ラウンド）は一二年経った今日に至るもなお合意の目処さえ立てられないでいる。

このような時代状況の推移のもとで、「マルクスの見直し」がいわれるようにもなっている。私の研究上の関心も、八〇年代以降、二一世紀の現段階へと伸びていくことになった。

そのもとで、有斐閣の『日本農業史』も、八〇年代半ばまで対象を伸ばした『日本農業一〇〇年のあゆみ　資本主義の展開と農業問題』(有斐閣ブックス、一九九六年)へ、さらに、市場原理主義の潮流が強まる二〇〇〇年までを対象とした『日本の農業一五〇年　一八五〇〜二〇〇〇年』(有斐閣ブックス、二〇〇三年)へと、タイトルを変え、対象時期を拡げながら刊行が継続された。

また、二一世紀に生起する現段階の問題をも汲み取りながら、簡単なブックレットの形ではあるが『日本資本主義の食と農　軌跡と課題』(筑波書房、二〇一一年)を単著の形で刊行した。

12　東日本大震災、福島第一原発事故

さらに、二〇一一年三月一一日には、農林漁業に甚大な被害をもたらした、貞観大地震以来「一〇〇〇年に一度」といわれる東日本巨大地震と津波、それに加えて人災というべき福島第一原発事故に日本は見舞われた。一九五五年の、中曽根康弘を中心とする議員立法「原子力基本法」の成立を起点に、国土狭小で人口稠密、地震多発の日本で、「安全・安価の神話」と立地町村への交付金や補助金を振りまきながら、アメリカ依存の原発政策が推進され、二〇〇七年には、五四基もの原発が日本の年間総発電量の二六％を賄うまでになった。

大震災と津波は東日本の農林漁業と、農林漁家の暮らしに甚大な被害をもたらした。それに加えて、原発事故による土地や農林水産物、食品の放射能汚染と、それが人命や人びとの生活に及ぼす被害や不安は、その範囲と程度、期間も特定できず、収束の目処すら立てられない現状にある。二〇一三年四月現在、一六万もの人が故郷の農漁村を離れ、いつ帰れるとも分からぬ生活を強いられている。

広島、長崎の原爆被害に加えて、いまや東日本を始めとする広範な人びとが今後長期にわたり放射能被害におびえ、苦しむ生活を余儀なくされることになった。福島第一原発事故は日本のみならず全世界に大きな衝撃を与え、ドイツをはじめ一連の国が、従来のエネルギーの原発依存政策の再検討や原発からの脱却、再生可能エネルギーへの転換を図ることとなった。脱原発はいまや日本の多くの国民の声ともなっているが、日本の財界やアメリカからの声に圧されて、政府は脱原発を明示できないばかりか、原発の輸出に注力し、原発依存に固執する姿勢を強めている。

この東日本大震災と原発被害は、一研究者である私に何ができるのか、どうしたら安心でき安定したエネルギーを日本は今後確保しうるのかを問いかけることとなった。それは日本の農業と食の安全と安心にも深く関わる問題だからだ。

さらに同じ二〇一一年、農業のみならずその他多くの分野に大きな影響と打撃が及ぶことが予想される「環太平洋連携協定」（ＴＰＰ）交渉への参加が民主党政権のもとでにわかに企図された。だが、二〇一二年一二月の総選挙で、「聖域なき関税撤廃」を前提とする限りＴＰＰ交渉参加には反対する、などを選挙公約に掲げて自民党は民主党から政権の座を奪い返した。

しかし、領有権問題を巡る中国との対立や北朝鮮問題のもとで、日米安保体制への依存を一層強化しようとする外交戦略や、財界やアメリカからの交渉への早期参加の督促のもとで、一三年三月一六日、安倍晋三首相は日米首脳会談で「聖域なき関税撤廃」が前提ではないことが確認されたとして、ＴＰＰ交渉参加を正式に表明した。だが、この参加表明をうけて行われた「日米事前交渉」の結果の「合意文書」（一三年四月一二日発表）の米国側の文書には、日本が「聖域」として「関税撤廃の例外」にすることを求めていた農産物についての明確な言及はなく、安倍首相の言う「確認」などないことが明らかとなった。日本は非関税障壁の問題を含め事前交渉の段階から「高い入場料」をアメリカに払わされていると言わなければならない。もし、現在伝えられる諸条件のもとでＴＰＰに加われば、日本の農業生産と食料自給率の低下がさらに進み、日本農業と食料安全保障の危機は一段と深化することになるだろう。

13　今日の時代状況

自民党政権は対中国、韓国・北朝鮮問題を契機に日米安保体制強化、集団的自衛権行使の方向に舵を切り、そのために九条を軸に日本国憲法を改定する動きを強めている。いまや日本は憲法問題とともに、経済と国民生活、教育、農業・食料安全保障、エネルギー問題、国際関係などあらゆる面で重大な問題に直面し、それらをどのように解決していくかの歴史の重要な節目を迎えている。どのようにして平和的共存のもとで、安全で安定した状態で農業と食を含む日本の経済と国民生活を再生、発展させることができるのかが強く問われる時代を迎えている。

こういった諸問題を組み入れながら今後の研究を進めていかねばならない現状にある。そうした問題関心のもとで、短いブックレットの形ではあるが、前述した『日本資本主義の食と農』を刊行した。そこでは、日本の食料安全保障の危機に焦点をしぼり、その由来と現状を戦後資本主義経済の推移と関連させて説き、行き詰まった日本経済と農業を再生させる方途を、アジアにおける平和共存と平等、互恵の原則のもとでの連携強化の課題と関連させながら考察した。

注

（1）この在外研究のあいだ、イギリス農業労働者の問題については、「イギリス農業労働者の大会」（『経済』No.１２５、新日本出版社、一九七四年九月）を発表。

旧ユーゴについては、「ユーゴスラビアの経済と農業」上、下（『経済』No.１４０、１４３、新日本出版社、一九七五年一二月、七六年三月）を発表。その後も、農業問題を中心に同国の状況についての報告書をかなり多く書いた。著書としては、同国の「危機」が既にいわれていた一九八〇年代末の実態調査を踏まえて、暉峻、小山洋司（新潟大）、竹森正孝（東京都立商科短大、のち岐阜大）、山中武士（埼玉県立高校教員）の共著で『ユーゴ社会主義の実像』（リベルタ出版、一九九〇年）を発表した。

旧ソ連はとりわけ外国人にとっては閉鎖的、官僚的体制の国であり、在外研究期間中は実態調査ができなかった。のちに、一九八九年と九二年に崩壊直前と直後の同国を訪問したさい若干の調査をおこない、「社会主義農業集団経営」のどこに生産力上昇を妨げる問題があるのか、ペレストロイカのもとで個人農がどのように生成しているか、などの問題について報告を発表した。「農業ペレストロイカの実際」（『経済』No.３０４、新日本出版社、一九八九年八月）、「いまロシアの農村で何が」（大崎平八郎編『混迷のロシア経済最前線』新評論社、一九九三年六月、所収）など。

Ⅲ　主な研究課題

以上のべたような波乱に富んだ激動の時代に生き、学び、研究生活を送ったわけだが、それぞれの時代と、そのもとでの私の家庭環境や学んだ師や先輩、同年代の学友やかつての教え子たちとの交流とが相互に織りあわさって、私の研究に投影し、影響を与えた。だが、両親はもちろんのこと、恩師や先輩のほとんどはもうこの世を去った。同年輩の学友やかつての教え子たちでさえあいついで他界していくこのごろだ。かけがえのない多くの人と出会ったのに、その人たちからもっとこんなことを聞いておくべきだった、と悔むことが多い。人はみな、それぞれの仕方で、一度の人生を懸命に生き、人生の花を咲かせたいとねがい、もがき、後世になにがしかの種子や球根を遺そうとする。研究者も同じだ。そのような人間が築き、育てあげた生活や研究成果に丸ごと食らいつき、それを自分が生きていくうえでの成長の糧にする。本来は、そうあるべきなのだろう。だが、現実にはそこまで貪欲になれないまま生きてきた。

また、私は研究の上でもいままで不満足、不充足感に苛まれながら生きてきたように思う。「自分はいままでこれだけのことを達成できた」という一種の充足感で語れる人がいる。私の場合は逆で、これまでこれだけのことしかできなかった、「一体、自分は何を遺し得たのだろう」という悔悟の念と不充足感が強い。そのことが逆に、これからは、もう少しまともに生き、研究しなければという意欲につながったのかもしれない。

これから述べることは、そのような私が辿ったささやかな「学びの小径」である。

後掲の「著作目録」にもみられるように、いままで雑多な問題について書いたり、しゃべったりしてきた。そのなかで、幕末・維新期から今日までの資本主義経済の展開と関連させて、日本の農業問題の推移を歴史的、総括的に追うことを中心的な研究課題にしてきたといっていい。国際的関連のもとで日本資本主義はどのような構造的特徴をもちながら展開したのか、そのもとで農業問題（戦前期は地主制度を含む）や食料問題はどう推移し、政府はそれぞれの時期にどういう政策をうちだしたのか、そのもとで生産の主体である農業者（農民）はどう対応し、働きかけの運動を展開しながら生きてきたのか。こういった問題を学生時代に勉強した「マルクス経済学」をベースにして歴史的、体系的、総括的に明らかにし、これらの事柄に対して私なりの解答を与えようとした。

以下、私の中心的な研究課題にしぼってその概要を紹介することにしよう。

のちのⅪで改めて述べるが、農業問題を含む日本資本主義構造論は、その構造的特質を明らかにするうえで重要である。だが、構造論はともするとその構造的特質が不動のものとして再生産され、いわば同一円周上を不断に循環するものとして説かれがちである。それに対して私は、国際的関連をも踏まえた資本蓄積論の助けを借りながら、資本主義自体が歴史的に人間労働力をどのように取り込み、位置づけながら変化していったのかを捉えようとした。

資本主義のもとでは、人間労働力が商品化されつつそのシステムに包摂されるが、そこでは不断に利潤と蓄積を追求しようとする資本と、人間である賃金労働力との間の矛盾と対立は避け難い。このような矛盾と対立関係をはらみながら資本主義は変化し、展開していく。

資本主義のもとで農業もそれに包摂されていくことは避け難い。ただ、土地と自然に依拠しながら生物体を育成するという特質をもつ農業は、工業生産とちがって資本主義システムが直接農業生産過程を把握し、発展させるうえで困難があり、何らかの形で家族的労働力を基盤とする経営が根強く残るという特徴をもつ。しかし、そのような農業も資本主義市場に組み入れられつつ変化していくことは避け難い。その組み込みは基本的に二つの面を通して行われる。第一は人間である農業（家）労働力であり、それが基本である。さらにそれと絡むが第二は人間労働力のもとで生産される農産物とその加工品、およびその生産に要する生産手段（種子、肥料、農薬、農具・機械といった）である。

この二面での組み込みのもとで日本の農業・食料問題が資本主義の展開のもとで変化していった。その変化の仕組みと特徴を究明することが重要となる。そのもとで歴史的画期というべき大きな変化が生じたのは、戦前（〜一九四五年）では「大正デモクラシー」期、戦後では一九六〇年代の高度経済成長期、および八〇年代以降の多国籍企業を基軸とする市場原理主義、「ＩＣＴ（情報通信技術）革命」のもとでのグローバル資本主義の時代だった。

「大正デモクラシー」期の農業問題については、暉峻『日本農業問題の展開』上、（東京大学出版会、一九七〇年）の第四章で、また戦後の高度経済成長期以降の農業問題については、暉峻［編］『日本の農業一五〇年　一八五〇〜二〇〇〇年』（有斐閣、二〇〇三年）の第六、七章、および暉峻『日本資本主義の食と農　軌跡と課題』（筑波書房ブックレット、二〇一一年）で考察した。

私の研究は単なる史実の提供でも、また、諸理論の吟味、批判の上に構築される理論の提示でもない。

資本蓄積論を組み込んだ日本資本主義論をベースに、歴史的事実を体系的に整序することによって、歴史的変化と現状についての正しい理解につなげようと試みた。

私の大きな関心は人間の歴史の前進と関わって、現状をどう捉え、それをどう変革すべきかにある。歴史を正しく捉えることによって現状はより正しく捉えられ、変革の課題と方向もまた明らかにできる。また、現状を正しく捉えるためにこそ歴史研究の意義がある、と考えている。

そのような問題意識で研究を進めてはきたが、浅学非才、怠惰の身、後世の研究者に紐解いてもらえるような、満足できる研究成果をあげたとはいえそうもない。後掲の「著作目録」にもみられるように、以上述べた課題設定に沿う形の小論もあれこれ書いてはきたが、著書（編著を含む）の形にまとめたのは、以下に述べる数冊にすぎない。繰り返しになる部分もあるが、これらについて簡単にその概要を説明し、私が何を問題にし、それらをどう捉えようとしたかを紹介することにしよう。

一　『日本農業問題の展開』上・下（東京大学出版会、一九七〇、八四年、（以下、『展開』上、下））

「上」の章構成

「上」では、近代日本の出発点である幕末・明治維新期（第一章）から、資本主義が確立するとともに、早熟的に帝国主義化し、資本主義と農業構造の戦前期における「原型」が形成される一八九〇〜一九〇〇年代の時期（第二章）、そして第一次世界大戦を契機に資本主義が飛躍的発展をとげて帝国主義化が強まり、貧富の格差も大きく開き、労働者、農民運動と体制変革運動が本格化して「原型」に綻びと変化が生じるようになる一九一〇～二〇年代（第四章。第三章はそれへの過渡期）を対象に考察した。明治以来停滞的とされた農業も、第一次大戦以降、労働力の流出と農産物市場の展開、小作運動の本格化のもとで変貌を遂げるようになる。このように、「上」では、幕末・明治維新期から一九二〇年代にかけての日本資本主義と農業の構造的特徴と変化を時期区分ごとに考察した。

「日本資本主義論争」と関連して

のちに触れるように、長かった戦争もようやく終わり一九四五年一二月に大学に復学してから、私は「マルクス経済学者」である近藤康男（東大農学部）と大内力（東大社研）の指導のもとで学ぶこととなった。とくに、大内が法経両学部の学生のために開いたゼミに農学部から「農一点」として参加することを特別に認められ、そこで多くのことを学んだ。大内ゼミでは、刊行されたばかりの大内の処女作『日本資本主義の農業問題』（日本評論社、一九四八年、「改訂版」東京大学出版会、一九五二年、以下、『農業問題』とする）をテキストに使い、それをめぐって議論した。

敗戦直後の当時は、荒廃した日本をどう再生させるかが、占領下の「戦後改革」の評価とも関わって、多くの教員、学生にとって重大な関心事だった。そのさい、戦前来（昭和初期中心）「マルクス主義陣営」内部の「講座派」と「労農派」の間で繰り広げられた「日本資本主義論争」を戦後の時点でどう評価すべきかが重要な論点となった。この「論争」は優れて、日本をどう変革すべきかを巡るものだったからである。

ここではその「論争」に立ち入ることはできない。また、日本資本主義の軍事・半封建性を強調する「講座派」の代表的理論家である山田盛太郎の代表的著作『日本資本主義分析』（岩波書店、一九三四年、のち岩波文庫、一九七七年、以下『分析』とする）の理論と、それに対する大内力の批判については、のちのⅪで改めて論じるので、ここではごく概要を述べるにとどめよう。

山田は『分析』でいう。明治維新変革とその根幹の変革である「地租改正」によって、「旧幕藩を基調とする純粋封建的土地所有組織＝零細耕作農奴経済から軍事的半農奴制的堡塁をもつ半封建的土地所有制＝半農奴制的零細農耕への編成替え」（三四年版、一八四ページ、文庫版、一九七七年、二二六ページ）が行われた。維新後の「半封建的土地所有制」は「公力＝［経済外的強制］、その相関、によって確保された」「三四％の地租徴収と六八％の地代徴収とを包括する二層の従属規定」（一九三ページ、文庫版二三七ページ）のもとに置かれた。この規定から導きだされる当面の変革課題はこの「半封建的土地所有制」、つまりは「地主制」の解体ということになる。

これに対して大内『農業問題』に代表される「労農派」の見解は、日本は明治維新変革によって封建制を廃棄して資本主義発展への道を切り開き、そのもとで帝国主義段階に到達するほどに高度な発達を遂げた。地主制度のもとでの収穫の六八％にも及ぶ高い小作料は過剰人口を滞留させた小作農（「過小農」）の競争の結果であって、山田盛太郎のいうような「半封建的」「経済外的強制」によるものではない。農業部門に「封建性」が残っているにしてもそれは過渡的か、資本主義に規定された副次的なものである。

この貧しい小作農から出稼型の低賃金労働者が排出され、資本家はそれを有力な武器に外国に安く商品を輸出して資本主義を発展させることができた。日本資本主義にとって貧しい小作農（「過小農」）の存在は好ましいものであり、資本主義は「過小農」維持政策を採用してそれを温存しようとした。したがって、小作農民を貧しさから解放するための当面する変革は農業協同化による社会主義的変革である。日本で実施されている「農地改革」は農民を「過小農」の地位に押しとどめるものであり、農民の貧しさからの解放には役立たない、むしろ後ろ向きの改革である。ざっと、こういった見解が『農業問題』で展開される。

当時、「大内ゼミ」に参加したわれわれ学生の間ではむしろ「講座派」的見方のほうが優勢で、大内と学生の間でかなり緊迫した議論が交わされた。そのなかで、のちにⅧ～Ⅻで触れるが、「労農派」系や、山田盛太郎『分析』をはじめとする「講座派」系、さらに栗原百寿などの文献をテキストに勉強した。

そうしたなかで、私は、徳川幕藩体制や明治維新変革やその後の捉え方について、山田『分析』に代表される「講座派」や、大内『農業問題』に代表される「労農派」のいずれの見解にも納得しかねるものを抱くようになった。

徳川幕藩体制は山田のいうように「純粋封建制」ではなく、その内部に商品・貨幣経済の生成と展開、すなわち商人・金貸資本とその一環である地主的土地所有の生成と展開を促し、封建体制を掘り崩す要因を内包していたと捉えるべきではないか。山田が明治維新変革後に編成替えされたとする「半封建的土地所有制」や「公力＝［経済外的強制］」もそのような把握から再検討し、その性格を正確に規定し直す必要があるのではないか。

また、大内理論のように、明治維新で封建制が廃棄され、資本主義の本格的展開の道が切り開かれ、その法則によって貧しい過小農が再生産され、その小作過小農の、農地を巡る競争が高率小作料を形成し、過小農から析出される低賃金労働者を資本は愛好して過小農を維持しようとした、したがって過小農を貧しさから解放する途は過小農の止揚による農業社会主義化以外にない、と規定することは間違いではないか。

明治維新後も、資本主義が置かれた条件のもとで、徳川幕藩体制から引き継がれた伝来的な零細農家経営（過小農）と諸慣行が農村では根強く滞留しつづけた状況を重視すべきであって、地主的土地所有、地主・小作関係もそのような状況を踏まえて把握すべきであり、大内のようにいきなり社会主義を提起するのではなく、それ以前に、農民の人権や社会的諸権利の強化や経営の改善のためにやるべき資本主義体制の枠組みのもとでの改良がまず必要であって、それが「過小農」の当面の要求でもあると捉えるべきではないのか。

第一章「明治維新期」、第二章「明治二〇―三〇年代」の概要

以上のような観点から、私は『展開』第一、二章で次のようなことを論じた。

徳川封建制をどうとらえるか　徳川封建制は、抽象的、基本的次元で捉えるとき、その基礎をなす土地（基本的には水田を基軸とする耕地）に対する、身分的支配層である領主層の所有と、領主に身分的に隷属する農民層の所有という重畳的所有のもとで、領主層が農民層から生産物地代＝年貢を徴収する関係を基本としていた。そのさい、領主層は所有する農村の土地から分離して都市に居住することによって、その生活を維持するためにも年貢を売って他の生活手段に交換する必要が生じ、城下町を中心に商品・貨幣経済、商人・金貸資本の生成、展開が促されることとなった。この関係はさらに、農村部でも農産物の小商品生産の生成を促すこととなった。

また、農村部では、「むら」に媒介された隷属農民の土地の所有関係の強まりと抵抗のもとで、領主が徴収する年貢は農業生産力が上昇しても増徴されずに固定化する傾向を示し、富裕な農民のもとに剰余が発生するようになる。富裕農民がそれを販売して富を蓄積し、貧しい農民に金を貸付けて発生した剰余を金利＝小作料として徴収する関係が生まれるようになる。徳川封建制のもとでは、建て前としては土地の

売買は禁じられていたが、事実上の土地の売買と、領主と直接の生産者である農民の間に介在して農民から小作料＝利子を徴収する地主層が生成することとなった。また、領主層は年貢収入を増やすために、商人や富裕農民層に新田開発をやらせて収穫の一部を彼らに与えるなどして、彼らの地主化を促しもした。

このようにして、徳川幕藩体制のもとで、都市をはじめ農村部でも商品・貨幣経済がますます浸透し、商人・金貸資本の力と領主層と農民層のそれへの依拠が強まった。この体制下に生成する地主的土地所有は商人・金貸資本の一形態をなすものだった。徳川幕藩体制下に、地主的土地所有を含む商人・金貸資本は、領主層と農民層に寄生して利得しつつその力を強めていった。

このようにして、徳川幕藩体制は山田盛太郎のいうような「純粋封建制」ではなく、その歴史の進展のもとで商人・金貸資本によってますます封建制の基礎が掘り崩されていくものだった。明治維新変革は、このような内部で強まる封建制を掘り崩す要因と、軍事力を背景に日本を開港させ、自らの市場に有利に取り込んでいこうとする欧米列強からの外圧的要因の両面から必然化したものとして捉える必要がある。

地租改正と秩禄処分　経済的土台での明治維新変革の要は、地租改正と秩禄処分にあった。それによって封建的領有体制が解体された。維新変革によって土地に対する領主層およびそれに身分的に隷属する農民層の重畳的所有関係が廃棄され、一人格による土地に対する使用・収益・処分の一元的権利、その意味での「私的＝近代的所有権」が法制的には公認された。

そのさい、日本では、領主層が土地（耕地）の私的所有権者化（地主化）する道は基本的に塞がれ、旧体制下に事実上生成しつつあった地主層を含む旧身分的隷属層に土地所有権が与えられた。俸禄制下にあった領主層には金禄公債が与えられ（有償賠償）、基本的に土地の所有から切り離される形で領主制の解体が行われた。

明治維新政権は地租改正を実施するもとで、旧貢租＝生産物地代を廃し、新たに土地所有権者となった地主および自作農民の土地に対して、一定方式で算定した地価に一定の金利を掛けて算出した金納地租を賦課して維新政権の重要な財政的基礎とした。そのさい、全体として旧来の貢租と事実上変わらないほどの重い地租が土地所有権者に賦課された。維新政権は、それをもとに領主制解体のための財源に充てるとともに、欧米列強に対峙して、立ち後れた日本の産業を早急に振興し（殖産興業）、軍事力を強化するための財源に充てた。

地租改正に関連した私の論文「地租改正における地価算定をめぐる問題」の概要については後のＸ一を参照。その他、「最近の地租改正研究の成果をめぐって」（『歴史学研究』No.２８０、一九六三年九月、所収）がある。また、明治維新期の国立銀行と地主制度との関連については、大地主地帯・新潟の国立銀行を分析した「第四国立銀行」（加藤俊彦・大内力編著『国立銀行の研究』、勁草書房、一九六三年、第二章、所収）などがある（後の「著作目録」を参照）。

日本資本主義の確立　地租改正を含む明治維新変革を契機に、零細農民経営によって担われる農業国としての性格を強くもった日本で商品・貨幣経済化と商人・金貸資本の展開が本格化することとなった。さらに維新政府による殖産興業政策の推進のもとで、民間資本によって担われる綿紡織工業と絹紡織工業（生糸＝製糸基軸）を二本柱として産業資本が展開し、さらに軍事的、官営的性格を強くもち、機械装備を欧米列強からの輸入に強く依存する形で鉄鋼業を始め重工業が創出されるもとで、ほぼ一八九〇〜一九〇〇（明治二〇〜三〇）年代に日本資本主義が確立したといっていい。

綿業では原料棉花は国内産は衰退してインドなどからの輸入に替えられ、日本で生産される綿糸、綿織物が輸入品を駆逐しつつ国内市場を制覇していくとともに、朝鮮や中国などアジア向けの輸出を拡大して外貨を稼ぐようになった。絹業では原料繭はもっぱら日本の零細農民経営によって供給され、加工された生糸は一部は国内の絹織物業に向けられるが、他の多くはアメリカ向けにストッキングの材料として輸出され、外貨を稼いだ。このように当時の繊維産業は製糸業を中心に外貨獲得産業としての性格を強くもち、それによってさらに日本の産業と軍事力の強化に役立てられた。そのもとで、日本の農業も国民の主要食料としての米と製糸業の原料としての繭を主な柱にする形に編成されていった。

維新変革後間もない一八八〇～九〇年代は、就業人口の八割近くと圧倒的部分が伝来的な零細経営からなる農林業従事者であり、工業は一割にも満たなかった。こういった状況のもとで商品・貨幣経済の波と金納地租の重課に晒されながら農民層の分解が進行し、多くの自作農民が負債を抱え、土地所有権を失い、地主のもとへの土地所有権の集積が本格化した。農業以外の働く場がごく限られていた当時は、小作農民は地主に収穫の六～七割にも及ぶ高額現物小作料を支払ったあとは、自分の飯米にも事欠くことが一般的だった。それでもなお零細経営にしがみついて生きていく以外に術はなかった。一九〇〇年段階には、耕地の五割が小作地、農家の三割が純小作農、四割が多少とも地主から借地する自小作農家によって占められた。他方、新潟や東北といった稲作地帯には一〇〇〇haを超えるような大地主が日本の地主制度の頂点に形成された。

農村では、明治末になってもなお、そして東京からそう遠くない茨城の農村においても、地主の家に育った長塚節が小説『土』で克明に描いたような小作貧農の極貧の姿が広くみられた。『土』に寄せた序文で夏目漱石はこう記している。「教育もなければ品格もなければ、ただ土の上に生み付けられて、土と共に生長した蛆同様に憐れな百姓の生活」、「斯様な生活をしている人間が、我々と同時代に、しかも帝都を去る程遠からぬ田舎に住んでいるという悲惨な事実を、ひしと一度は胸の底に抱きしめて見」るべきだろう、と（一九一二年「土に就いて」、新潮文庫、一九六七年版、三五〇〜三五二ページ）。

日本が欧米に比べて遅れて農業国から資本主義化の道を歩み始めたこと、しかも早急な資本主義化のために欧米から当時最新の高度な機械装備を導入したこと、この後進性と早熟性が農外労働市場の展開を狭め、伝来的な零細農家経営と「むら」、「いえ」を維新以降も強く継承させることとなった。商品・貨幣経済の浸透のもとで、過剰人口の滞留した数多くの貧しく小作化した零細経営農民層―それは農村の底辺を構成する人夫、零細な手工業者・商人など「雑業層」と繋がっていたが―と『土』の世界が再生産された。

零細農家経営の基礎上に旧幕藩体制下に事実上生成しつつあった地主的土地所有が維新以後本格的に展開した。それは困窮した農民に高利で金を貸付け、土地所有権を自らの手に収めつつ、小作農から高率現物小作料を徴収し、それを有利に販売して利得する商人・金貸資本の一形態として展開した。地主の得る高小作料や高金利はさらに、資本主義の展開のもとで紡織会社や銀行などの株式資本に投下され、産業資本や銀行資本に転化されることによって、地主制度は日本資本主義の資本循環に組み込まれた。

また、この段階の日本の賃金労働者の大半は紡織工業の女子労働者（女工）によって占められていた。彼女たちの多くは、貧しい零細農家から身売り同然に工場に雇われ、極めて低賃金で、一〇数時間に及ぶ長時間の労働を余儀なくされた。その低賃金の中から女工は親元の小作農家に仕送りし、地主からの債務返済にあてた。債務がある限りごく低賃金での出稼ぎ賃労働は継続されざるを得なかった。劣悪条件下の労働は女工たちの健康を蝕んだ。そうなると簡単に首を切られ親元に送り返された。替わりはいくらでも農村から調達できた。このようにして日本の女工に代表される労働者の劣悪な雇用、労働条件と、貧しい零細小作農民、そして地主制度は相互に関連し合っていた。

では、高率現物小作料を徴収される貧しい零細小作農民と地主の関係をどのように捉えるべきか。それは、大内力が前掲『農業問題』で規定しているように、明治維新によって封建制は廃棄され、地主と小作農（過小農）の関係は基本的に対等になり、そのもとで耕地を巡る競争によって高率（額）小作料が形成されたとして単純に捉えるべきではないだろう。

明治維新後も、幕藩体制下の零細農家経営が引き継がれるもとで、古い、封建的な「いえ」の格差（「家格」）が存続し、それが「むら」の慣行とも結びつき、地主小作関係とも絡み合った。さらに、小作農民が高利の負債を背負い「債務奴隷的」状態にあるもとでは、地主と小作は対等な関係にあるとはいえなかった。法体制として明治維新が封建制を廃棄し、私的・近代的土地所有権を法認したからといって、農村の実態が近代化されたとはいえず、農村の慣行、地主小作関係には「前近代的・半封建的」性格が色濃く残存することとなった。

このようにして、日本資本主義の確立期に本格的に展開した地主的土地所有制度は、その実態に即して「前近代的・半封建的」な性格をもったものとされなければならない。それは単に言葉の解釈に止まる問題ではなくて、農民の人間としての自立と解放にとって当面、「前近代的・半封建的」関係の除去という実践的課題がもつ重要性、さらには日本で実施された農地改革の評価にも関わってくる問題であった。

以上が山田盛太郎『分析』と大内力『農業問題』の批判的検討を踏まえつつ、私が『展開』第一、二章の日本資本主義の生成・確立期の農業問題について論じた概要である。

第四章「第一次大戦から昭和恐慌」の概要（第三章「日露戦争後から第一次大戦」は第四章への過渡期。ここでは省略）

米騒動と「大正デモクラシー状況」　ヨーロッパ大陸を主舞台にした第一次世界大戦は、立ち後れた日本資本主義に飛躍的発展の機会を提供した。そのもとで農業以外に働く場が都市と商工業を中心に開け、貧富の格差も急拡大した。一九一八年、都市を中心に農漁村をも巻き込む形で出現した近代日本で初めての大衆蜂起である「米騒動」は、従来忍従を強いられてきた貧民が人間、労働主体として目覚め、歴史の舞台におどりでた画期的事件だった。ここに旧来の「明治体制」、農村での長塚節の『土』の世界が揺り動かされたことが明示された。米騒動は、その前年のロシア革命とともに、日本の為政者や資本家、知識人に新しい時代の到来を予感させ、「貧民」の存在が今や放置できない重大な社会問題となり、統治のためには新たな対策が必要なことを知らしめた。

小作運動の本格化と地主制度の後退開始　米騒動以降、社会の変革や改革の運動に対する厳しい弾圧と規制にもかかわらず、労働・小作農民運動、非差別部落民の解放運動、普通選挙運動、体制の民主主義的、さらには社会主義的変革を目指す政党の活動が本格化するようになった。そして、一九二五年、紆余曲折の末に、男子に限定して「普選法」が「治安維持法」と抱き合わせの形であったが成立するなど、「大正デモクラシー状況」の出現をみた。

日本の貧民と社会問題の重要な場が農村にあった。大戦や米騒動を契機に、従来停滞的とされた農村にも重大な変化が生まれた。都市部と商工業を中心とする資本主義の発展に伴って農村と農業の外に働く場が開け、農家労働力の都市、工業労働市場との結合が強まった。

前述したように、大内『農業問題』は過剰人口を滞留させた過小農のもとで農業所得は労働力の価値以下の水準に押し下げられ、そのもとで農家子女をはじめ極度に低賃金の出稼型労働者が大量に排出され、それを資本が活用して資本主義が発展した、と説いた。しかし、日露戦争以降、とりわけ第一次世界大戦を契機に都市と商工業が急発展し、それが農家の子女のみならず、男子の労働力をも直接的にか間接的にか労働市場に組み入れ、影響を及ぼしていった歴史的変化が重視されるべきだろう。そのもとで、男子を軸とした農家労働力は人間としての自覚を強め、自らの農業労働に対する価値意識を高めていった。それは資本主義の発展が一面でもつ「文明化作用」といってもいい。

資本主義の発展のもとで農産物市場もまた発展し、農家が購入する肥料や農具も増えていった。そのもとで、従来、「前近代的・半封建的」関係のもとでもの言えず、長塚節『土』の世界で忍従を強いられてきた小作農民は、高額現物小作料を地主に徴収された後の自分の取り分がどれほどかを自覚的に計算し、それについて自らの権利を主張し始めた。

購入肥料中心の「不変資本部分」(C)、米を生産するために投下した労働を労賃で評価した「可変資本部分」(V)、この「C＋V」が小作料を地主に徴収された後に自分にどれほど確保できているかを計算し、もし確保できていなければその分、小作料の減免を地主に要求する、小作農はこう考えるようになった(ただし、この場合の労賃評価は、農家が雇われ、雇うさいの臨時日雇い賃金相当という限定された、低いものだったが)。

大正期に、多くの小作農が労働主体、経営主体として人間的自覚を強め、「前近代的・半封建的」諸関係のもとで高額現物小作料を徴収する地主に対して、「C＋V」確保のために「もの言う農民」として立ち現れた。そのために、農外労働市場の展開した西日本を中心に、小作農は各地で「小作組合」を組織し、団結の力で小作料減免を要求する運動を展開した。その際、小作農のなかでも相対的に自立性の高い自小作農が村での小作運動の先頭に立つことが多かった。

また、争議が向けられる地主も、とりわけ寄生的で不在村の大規模地主が激しい対象にされることが多かった。小作運動が本格化した高揚期には各地で小作料減免の成果が勝ちとられた。そのようなところでは、農民の貧しさはいくらか緩和され、米生産者でありながらその米を口にすることもできなかった農民もいささかは口にできるようになり、農産物の市場向け生産（小商品生産）も前進した。

小作争議の激発を体制側は危機ととらえ、公権力によって争議の弾圧、規制を図るとともに、「小作調停法」（一九二四年）によって争議発生時に当事者の申し立てによる裁判所の調停のもとで和解を図り、「自作農創設維持補助規則」（省令、一九二六年）によって低利資金の融資のもとで自作農の創設、維持を図るなどして争議の沈静化を図った。また、農民の小商品生産者化を促し安定させるために、米価対策（「米穀法」一九二一年、二五、三一、三二年改正）や産業組合の強化策などを講じた。

高額小作料の収取が制約を受けるもとで、この時期を転機に「前近代的・半封建的」な地主的土地所有制度の動揺と後退が不在村大地主層を中心に開始された。激しい争議と小作料減免に直面して、大規模不在村地主の土地売却、彼らの資金の農外有価証券投資への転換、農外活動が強まった。

地方の農村でも、従来地主層が優勢であった政治や社会の仕組みにも変化が生まれてきた。自小作農をはじめとする小作層の村政への参画も見られるようになった（小作層の同権化）。日本資本主義体制における地主制度の後退と耕作農民層の経済的、社会的、政治的地位の一定の向上がこの期に進んだ。日本の地主制度は生産の主体である小作農民が、限定されたものであれ「C＋V」を要求し、それが小作料減免によってある程度実現されるようになるとたちまち後退に転じざるを得ないような歴史的に過渡的な存在だった。

以上のように、「上」では、「前近代的・半封建的」地主制度と『土』の世界という特有な構造を農村部に抱えつつ日本資本主義が確立した「明治期の原型」が、資本主義の発展のもとでその原型が動揺し、掘り崩され変化していく「大正デモクラシー期の状況」に焦点を移しながら農業問題の推移を追った。

奈良県法隆寺村と新潟県蒲原農村の調査　この農村が変化し始めた大正期の事例を調査するために、私は教育大時代の大学院ゼミ生を同道して、西日本のいくつかの農村にでかけた。

聖徳太子ゆかりの法隆寺を取り囲む奈良県生駒郡法隆寺村（現・斑鳩町法隆寺）、他ならぬその村で激しい米騒動と小作争議が展開され、そのもとで地主小作関係と村政にも注目すべき変化が生じていることを細川嘉六が大原社会問題研究所で蒐集した資料で知り、調査実施の意欲をかき立てられた。一九五六年の二月と一〇月の二回、大学院ゼミ生（金原左門、牛山敬二、川村英明）とともに法隆寺村に調査に入った（農林省農業総合研究所・白川清も参加）。

こんにちでは一寸考えられないことだが、法隆寺管長が父と懇意にしていたこともあって、法隆寺はわれわれの長期にわたる調査のために境内での宿所と三度の食事の提供までしてくれ、おかげで恵まれた環境のもとで調査を実施することができた。この調査は、暉峻衆三編『地主制と米騒動』（東京大学出版会、一九五八年）として刊行された（参加者の共同執筆）。

法隆寺村が属する大和平野は明治から一九二二（大正一一）年まで、単位面積当り米の収量が全国一位と、農業先進地だった。京阪神に近いこともあって明治末から米麦作の他、蔬菜、西瓜、果樹作など商品作物が上層農を中心に作付けされた。また、農家婦女子の賃織りを含め、農家の出稼ぎ賃労働兼業も下層を中心に盛んだった。観光地でもあった関係から、街道沿いの集落では日稼ぎ労働者、零細商人や職人など「雑業層」（日稼ぎ半プロ層）が多く、彼らは米麦を始め日常品を買って貧しい生活を支えていた。

法隆寺村は溜池灌漑地域で、法隆寺を挟んで西側の西里、東側の東里、五町といった農業集落があるが、東と西は異なる溜池によって灌漑されていた。早くから商品・貨幣経済が浸透するもとで農民層の分解も進み、村第一の五〇ha地主・T家（西里）を頂点とする地主層と、五町、東里を中心とする小作層への分解も進んでいた。地主が徴収する小作料も極めて高く、明治前期には八割に達し、小作の手許には三〜四斗しか残らず、多くの小作農は春になると手許に飯米もなくなり、裏作麦と地主からの「借り米」や外国米の「買米」なしには生きていけなかった。他方、大地主層は高額小作料を元手に米や有価証券の投機的売買に注力していた。こうして明治三〇年代から地主に対する「免乞い」（小作料減免要求）が発生しはじめ、大正期に入って争議化するようになった。

大地主の主導のもとで一九〇五（明治三八）年、西里と東里、五町など大字を統一する形で「大字法隆寺協議制」が「村（むら）法」として制定された。それは基本的には溜池水利共同体の維持、管理のための組織であったが、台頭してきた小作層の「免乞い」に地主層として統一的に対処するための役割も果たした。「協議制」のもとで、「大地主会」（水田地価一五〇〇円（約二・五ha）以上所有地主）と「地主会」（同五〇〇円（約〇・八ha）以上所有地主）が組織され、「大地主会」は東西各一名の溜池・用水の管理・運営のための「総代」

と「池守」を「地主会員」のなかから選ぶなど、「協議制」は大地主層支配下の組織だった。この「村法」は行政村としての法隆寺村を補充する重要な役割を担った。

一九一七（大正六）年暮れの小作側の小作料三割減免要求は双方対立のまま越年することとなった。小作側の厳しい減免要求に直面して地主側は、同年、「協議制」を改定し、新たに「評議員会」を設置し、「大地主会」選出の六名、「地主会」選出の四名、計一〇名の評議員によって重要事項を審議、決定することとした。従来の大地主層の圧倒的優位の「協議制」を、小地主層を参画させながら大地主層の支配力を保持しようとしたと言える。そうしなければ大地主層優位の体制はもはや単独では保持できなくなった。「むら体制」のなかで小作問題を処理しえなくなった地主側は一八年に入って小作料請求訴訟に打ってでて、小作側の反感を一層募らせた。さらに同年、米価が急騰するに至って飯米にも事欠く多くの小作農民層と村に多く存在する「雑業層」の生活は一段と窮迫した。こうして小作料減免と「飯米よこせ」の両層の要求が合一されて地主層や村当局に激しくぶつけられた。法隆寺村では他の地域でもみられた米騒動の一般型に、さらに小作争議が絡み付いていたところに特色があった。

実力行使を伴う米騒動によって村当局は「救助米」の支給を約束し、地主側は騒動の原因であった訴訟を取り下げ、小作料もある程度減免せざるを得なかった。これは小作を含めた民衆側が厳しい条件のもとで勝ち取った成果だったといえる。しかし他方で、実力行動に対する警察権力の厳しい弾圧が待っていた。小作運動や米騒動の主導層が検挙、処罰され、多くの農民が警察に喚問された。

米騒動以降、奈良県では小作料減免を要求する小作争議が、昭和恐慌期を谷間として、一九二七年と一九三五年にピークを形成する形で本格化し、小作側は各地で減免を勝ち取っていった。法隆寺村では警察の弾圧のもとで勢いを削がれながらも、集落の寄り合いを基礎に地主に対する「免乞い」は合法性の枠内で継続され、地主層は減免を余儀なくされた。そのもとで、大地主層の土地売却、有価証券など農外投資への転換、会社員・公共団体職員への転化が進んだ。

一九三五(昭和一〇)年、「大字法隆寺協議制」は再改定された。「評議員」として、前記一九一七年の改定による「評議員」一〇名の他、新たに〇・八ha以下の土地所有・耕作農民層から選出した三人の「評議員」を加え、計一三名の「評議員」によって重要次項を決定することとし、東西各一名の「総代」の選出についても〇・八ha以下所有者からも選べるようにした。

以上のように、法隆寺村では明らかに明治から大正、昭和にかけて、「むら体制」は大地主層の単独支配から、より小規模地主層を参画させる方向に、さらには土地をある程度所有する耕作農民層を参画させる方向へと推移した。時代の推移のもとで、そうしなければ「むら体制」を保持できなくなったというべきだろう。それは、同時に法隆寺村の社会的、政治的状況の変化にも繋がっていたといえる。この変化の方向は時期にずれはあるにしても日本の多くの農村地域でみられた一般的現象だといえよう。

また、日本の稲作中心地帯であり、日本の大地主層の拠点でもあった新潟県蒲原地域。そこでも、「大正デモクラシー期」に激しい小作運動が展開され、そのもとで地主制度や農業、農村に注目すべき変化が生じていた。この地域でも不在村大地主層を始めとして地主層は小作層からの激しい小作料減免要求に晒され、減免を余儀なくされた。そのもとで、大地主層の土地売却、農外投資への転換、農村部での小作層の経済的、社会的地位の一定の向上など法隆寺村でみたのとある意味で共通の事態が進行したといえる。

一九五八年から六〇年にかけて、大学院ゼミ生(今回は白川に替わって加藤幸三郎が新たに参加)とともに白根郷の農村（現・新潟市南区）の調査に入り、小作争議やその後の農業や村の変化を調べた。また、大地主層の動向については横越村の伊藤文吉家（現・新潟市北区横越）や五泉市の吉田久平家を訪問して、古文書を蒐集、整理し、その変化を追う調査を行った。

法隆寺調査や新潟県白根の調査のいずれも、調査を行った当時は、大正期から昭和初期にかけての農民運動に直接関わり、当時の農村の状況変化を知っている人がまだ存命中であり、この人びとから貴重な聞き取り調査をすることができた。また、役場によってはまだ、当時の村の農業事情を知りうる資料が残されているところもあった。

しかし、奈良・法隆寺での『地主制と米騒動』のばあいと違って、この新潟調査を調査員の共著という形で一書にまとめることはできなかった。調査に参加した各自が、得られたことを著作に取り入れていった。私は新潟調査の知見を『展開』上・下（第四～六章）の叙述に取り入れていったので、ここでは改めてその内容について述べることはしない。また、牛山敬二は『農民層分解の構造　戦前期新潟県蒲原農村の分析』（御茶の水書房、一九七五年）に、金原左門は『大正デモクラシーの社会的形成』（青木書店、一九六七年）や『日本近代のサブ・リーダー　歴史をつくる闘い』（日本経済評論社、二〇〇五年）などの著作に取り入れた。

なお、大正期の農業問題についての私の著作としては他に、「大正期の農業問題」（川合一郎・高橋誠他編『講座　日本資本主義発達史』Ⅱ、日本評論社、一九六八年、所収）などがある（後掲「著作目録」参照）。

「下」の章構成

「下」では、つぎの歴史的諸画期を対象に考察した。第一次大戦を契機に急発展を遂げた日本資本主義が、世界恐慌の一環としての一九二九、三〇年の昭和恐慌に陥り、小作問題を含め農業問題が深刻化する時期（第五章）。その閉塞状況の打開のために中国大陸への侵略戦争に打ってでるが、それでも事態を収束できず、さらに東南アジア諸地域、米英との戦争と、泥沼に突入して自壊、敗北していく戦時期（第六章）。そして、敗戦による連合国軍（アメリカ）の占領下に行われた「戦後改革」によって戦前期の日本資本主義の構造再編が行われ、戦後の出発の基点が据えられる一九五〇年代始めまでの時期（第七章）、がそれである。「下」でも、日本の農業問題の重要な局面を構成していた小作問題と地主的土地所有制度の動向に力点を置く形で考察した。

第五章「昭和恐慌期」の概要

昭和恐慌と小作争議　昭和恐慌とそれに続く不況は失業問題を深刻化させ、米価や繭価の下落、農外就業の場の縮小とそこでの賃金下落を通して、地主と農家双方の経済状況を苦境に追い込んだ。そのもとで、小作問題を巡る矛盾と対立は内攻的に激化することになった。

日本の地主的土地所有制度は、頂点に新潟や庄内などでの一〇〇〇haを超えるような少数の不在村大規模地主を形成しながらも、その底辺部には数ha未満の零細（在村）地主層の広大な裾野が広がるという富士山型の構造になっていたところに特徴があった。こういった零細地主層のなかには、自らは農業に従事せず、地方公共団体などの職員として比較的安定した給料を得て生活するものもあった。だが他方で、小作人に土地を貸して生活の多くを小作料収入に依存する、自作農の予備軍的な零細地主も多かった。昭和恐慌期には、こういった零細地主と小作農民の間での争議が多発した。私はこの章で、こういった日本の地主的土地所有の構造と、恐慌期（一九二九〜三四年）に地主層や農家経済が受けた打撃、大正期と対比した小作争議の状況と特徴、体制の側が打ちだした政策について考察した。

「大正デモクラシー」期には、労働市場の拡大と労賃水準の上昇のもとで、小作層が小作組合を組織して地主に対して攻勢的に小作料減免を要求し、争議に打ってで、各地で小作料減免を勝ち取っていった。そのもとで地主的土地所有制度は後退に転じざるをえなくなるが、小作農民にとっては生活や経営を僅かではあれ改善しえたという「前向きの局面」をもっていた。

それに比べて、労働市場の収縮と賃金水準の下落、米・繭など農産物価格の激落する昭和恐慌期は、地主経済とともに農民経営を直撃し、苦境に陥れた。社会運動に対する権力の規制や弾圧がこの期に格段に強化されたこととも関わって、地主・小作間の矛盾と対立は内攻的には深まりながらも、大正期のように小作農が地主に対して攻勢的に争議に打ってでて、局面を前向きに打開することが困難になる状況が生まれた。

大阪、兵庫、愛知、岐阜など、大正期に他の地域に先駆けて小作争議が展開され、そのもとですでにかなりの小作料減免が実現したような一部の争議先進地域では、商品作物の展開もあって、一般に恐慌期における争議件数の増加はみられなかった。だが、その他の多くの農村地域では経済状況が地主、小作共に悪化し、両者間の矛盾と対立が内攻的に高まるもとで、争議が多発した。

小作争議の総件数は恐慌期に大正期を大きく超える水準にまで増加した（ピークは一九三四〜三五年）。しかし、特徴的なことは、第一に、恐慌期に多発した争議が大正期に比べて一般に小規模化したことであり、第二は、争議多発地域の比重が東北や繭価の激落した養蚕地域に移行したことである。恐慌期には全体として争議件数は急増しながらも、争議に加わった地主と小作人数、関係耕地面積は大きく減少した。つまり、恐慌期には、争議件数は全体として著増しつつも、一件当りの関係地主と小作人数、耕地面積は著減し、争議が小規模化したといえる。

日本の地主制度の広大な裾野を形成した零細地主層。彼らにとって米・繭価下落に加えて小作料の減免や滞納は死活問題であり、この問題で小作に譲歩する余裕は乏しかった。他方、ただでさえ貧しい小作にとっても、米・繭価下落下の高額小作料の重圧は耐えがたく、必死に減免を求め、滞納を余儀なくされた。恐慌期に小作料滞納は急増した。こうしてお互いの生活がかかった零細地主層と小作層相互のあいだの矛盾と対立は内攻的に急激に高まり、各地で争議として発火した。

恐慌下に、小作農の小作料の減免要求や滞納の増大に直面して、小作料依存的、自作農予備軍的零細地主は小作農から土地を取り上げて他の小作農に転貸するなり、自ら耕作する挙にでて、自らの生活を必死に守ろうとした。それは小作農にとっては就農の場、生活の場が剥奪されることを意味した。こうして、小規模ではあるがお互いの生活がかかった、引くに引けない深刻かつ激烈な争議が急増した。小作農にとってこの期には、大正期のように前向きでなく、最低限の生活を防衛するための激烈だが守勢的な争議が多発した。

農業にとって基本的な生産手段である土地、その土地の取り上げと耕作権を巡る争議が多発した。大正期の小作料減免を巡る大規模な争議は、恐慌期にはより小規模化しつつ、内容的には小作農民の土地の耕作権に触れる、より深刻な争議として多発した。「小作料の減免」の要求からさらに、「耕作権の確保」、「地主的土地所有の廃止」、「土地を農民へ」の要求への転化をも含む争議であった。それは体制にとっては危機の深まりをも意味した。

恐慌期の争議は地域的移行をも伴っていた。日本農業の重要商品農産物であった繭の価格の激落は養蚕地帯の農家経済を直撃した。この養蚕地帯で地主・小作間の対立が俄に高まった。また、大正期に農外就業の場が開けるもとで、小作運動が本格化し、高額小作料の低下が進んだ西日本に比べて、東北では農外就業の機会も狭く小作争議も未展開で、高額小作料が維持・強化されていた。その東北で恐慌下に米価が下落し農外就業機会も縮小したことは一九三四年の凶作も加わって農家経済の困窮を一段と深刻化した。農家子女の身売りが社会問題化したのもこの東北農村だった。こうして、切羽詰まった小作層の、止むに止まれぬ生活防衛の闘いとしての小作料減免の争議が東北に波及し、それからさらに派生するかたちで土地取り上げ、耕作権を巡る争議が多発した。

体制側は、小作争議の調停や農家負債整理事業、農山漁村経済更生計画や産業組合拡充政策、救農土木事業、米価政策など様々な施策を昭和恐慌期に講じた。それらは、争議の協調的収束や困窮した農家経済の緩和、農民の小商品生産者的側面の安定と強化を図ることで事態を鎮静化しようとするものだった。

しかし、恐慌と長引く不況のもとで、農家と農村の困窮、争議の多発と社会的危機を収束することができないもとで、体制の側は対外侵略と中国（人）の土地の略取を伴う「満州移民」によってその打開を図る政策に打ってでることとなった。それは日本の戦争と破滅への道の開始だった。

なお、昭和恐慌期の農業問題についての私の著作としては他に、暉峻「昭和恐慌と日本農業——農業・農家・農村解体の「危機」——」（大内力他編『世界経済と日本経済』東京大学出版会、一九七三年、所収）、暉峻「昭和恐慌と地主、ファシズム」(大内力教授還暦記念論文集『マルクス経済学——理論と実証——』東京大学出版会、一九七八年、所収)、「昭和恐慌期の農民運動」(磯野誠一・松本三之介編『社会変動と法』、勁草書房、一九八一年、所収)などがある(後掲「著作目録」参照)。

第六章「戦時期」の概要

戦争と日本経済の脆弱性　中国大陸からさらにアジア、対米英へと戦争を拡大し、その泥沼にはまり込むなかで、日本経済と国民生活は消耗し、破壊されていった。日本の戦時経済がもっていた脆弱性と開戦の無謀性、敗戦の必至性を、簡単ではあるが対戦相手国アメリカや日本の同盟国・旧「ナチス・ドイツ」と対比しながら本章で考察した。

日本が戦時期、とりわけ太平洋戦争下に工業、農業生産力と国民生活を急速に低下させていったのと対照的に、アメリカは一九三〇年恐慌の後遺症を脱し、雇用を拡大しつつ工業、農業生産力を急速に伸ばし、国民生活を向上させた。「ナチス・ドイツ」は日本と同じく連合国軍に敗戦したが、「ワイマール体制」を前史にもち、かつ石炭や鉄鋼石などの資源や不燃性建物などの点で日本に比べて有利な条件をもっていた同国は、敗戦の直前まで比較的に高い工業、農業生産力と国民生活を維持しえていた。

日本は紡織工業の原料(綿花、羊毛)のみならず、軍需と密接に関連する重化学工業の原材料(石油、石炭、ゴム、鉄鉱石、ボーキサイトなど鉱物資源)を海外に強く依存するという脆弱性をもっていた。それは日中戦争からさらに米・英・蘭など列強に敵対、開戦し、経済・海上封鎖をうけるなかで決定的となった。

農業生産力の低下、「自己崩壊」の危機　日本農業の特徴は、一面では化学肥料や脱穀・調整・用排水機械を中心に重化学工業の生産力に依拠しながらも、他面では、稲作をはじめとして、牛馬耕に補充されつつ人力の集約的な肥培管理労働によって生産力が強く支えられるところにあった。この労働は一般に零細家族農民経営を母体にしていた。戦時下、とりわけ太平洋戦争に突入するもとで、農業労働力や生産資材が軍事、軍需に重点的に転用されて不足していくもとで、食料生産は減退し、食料不足が深刻化した。

戦時体制への移行は、従来の農村過剰人口問題を一転して不足へと転化させた。軍隊、軍需部門への労働力総動員のもとで、動員兵力は、一九三六年五六万四〇〇〇人から四五年八月六九六万人へと一二・三倍、男子人口の二割に急増した。第二次産業就業者も、三〇年七二八万人から四四年一一五〇万人へと六割増加した。そのもとで、農業就業者はその間、一三七四万人から一一二七万人へと八割に減った。青年・男子農業専従者と年雇が減少し、農家から馬が軍に徴用されていった。太平洋戦争に突入してからは化学肥料や農機具の供給も大きく削減された。

こういった状況の推移は人力、畜力による集約的肥培管理労働に強く依拠する日本農業の生産力にとって重大な打撃となった。学徒や都市住民を援農のために動員せざるを得ないまでになった。このように戦時下の日本は、工業と農業の生産力要因が大きく削減されるもとで、軍需生産とともに農業生産をも維持増進しなければならないという解決困難な課題に直面させられた。軍、軍需工業生産、農業生産の要員を確保することは相互にぶつかりあった。

農業労働力の急激な脱農、流出のもとで、年雇依存の旧型富農経営（多くのばあい在村地主と結合）や専業農家経営の基盤が掘り崩されていき、農家経営は全体として一段と零細化と兼業化の度合いを強めていった。このような事態の推移のもとで、「農村ハ民族ノ源泉タルノ実ヲ失ヒ食料確保ノ重要使命ヲ完遂シ得ザルコトトナ」り、「自己崩壊ノ一途アルノミト謂ハザルベカラズ」と農政当局も深刻に憂慮するまでになった(四三年)。体制側としても、食料確保と民族の源泉である「皇国農村」の保持の要請に応えうる農業生産の担い手を早急に育成、確保する必要に迫られた。

戦時農業政策　三四、三五年の米の不作をへて戦時体制に入るもとで、昭和恐慌の傷も次第に癒え、米価も持ち直した。それは高額現物小作料制に依拠する地主経済を好転させた。地主は小作料を目一杯取ろうとし、地価は上昇傾向を示した。それは小作経営を圧迫し、食料増産や自作農創設事業を推進する障碍ともなった。小作料を払った後には小作農の手許には賃金相当部分さえ満足に残らない状態にあることが農政当局者からも指摘された。

戦時体制下の思想動員や規制の強化もあって、小作農は大正期のように小作組合を組織し、小作争議に打ってでて賃金相当部分を確保することも困難になった(一九三五年以降、小作争議件数急減)。そのような状態のもとで、体制の側が小作農に「C＋V」相当のものを補償する施策を講じることなしには食料増産の課題に応えることは困難だった。

三八年、「農地調整法」が公布され、地主は小作農が「宥恕スベキ事情ナキニ拘ラズ小作料ヲ滞納スル等信義ニ反シタル行為ナキ限リ」という条件付きではあるが、賃貸借を解約し、更新を拒んではならないとされ、小作農の賃借権を強化する措置がとられた。また、小作官か農地委員会は当事者の申し立てがなくても職権によって裁判所に調停を申し立て、小作調停と争議の解決を促すことができることとした。

さらに、小作料と農地価格が高騰しつつあった三九年には、「国家総動員法」(三七年)にもとづいて「小作料統制令」が、四一年には「臨時農地価格統制令」が公布された。前者は現物小作料制を同年九月一八日現在の契約高水準に固定しようとしたものだった（代金納の場合は契約で定めた代金換算時の米価に換算することが認められる）。また、地方長官の権限で現行小作条件に変更を加えうることとなった（現実には、僅かに不在地主について小作料引き下げ措置がとられたに過ぎなかった）。後者は、農地価格の高騰と投機傾向を抑え、自作農創設維持事業（以下、自創事業）の展開の妨げとならないようにするための措置だった。

農村の「自己崩壊」の危機が深まり、食料不足が深刻化して増産が緊要な課題になるなかで、四二年一一月、「皇国農村確立促進」政策が閣議決定された。それは、「皇国農村の基礎」として「適正規模の自作経営」を創設することを柱に据えたものであり、適正規模経営と自作農の創設をセットにした政策だった。三七年に自創事業は全小作農の四分の一（一〇〇万戸）、全小作地の七分の一（四一万七〇〇〇ha）の自作化を目標にするものに大幅に拡充され、「農地調整法」はそのための法的整備とされた。四二年には、自創事業はさらに全小作地の二分の一強を自作地化する目標にまで飛躍的に拡充された。そのさい、「むらびと」と共に生活し農業を営む在村地主と違って、ただ小作料を徴収するだけの寄生的な不在村・大地主の小作地から優先的に自作地化していく方針がとられた。この方針は、「供出制度」のもとで地方自治体や「むら」に供出の連帯責任が課されるもとで一層強化された。だが、農地価格が高騰する傾向にあるもとでは、農地売買を地主の自由意志に委ねる「自由・間接創設主義」に基づく自創事業を拡充することは、地主の協力も得難く、困難だった。自創事業の実績は目標を大幅に下回った。

四二年の「皇国農村確立促進」政策は、「日満支一体の自給自足体制の確立」、「内地人口の四割の農業確保」を謳いつつ、農業に精進しうる「適正規模専業自作経営」を農業の中核的担い手として育成することを掲げた。

そのさい注目すべきは、「むら」に基礎を置きつつ広汎に存在した在村（耕作）地主層を「適正規模専業自作経営」の最有力候補と考えていたことである。在村（耕作）地主層こそ目標とする経営の創設のために最も近道にあり、実現可能性の高い位置にある存在だと捉えられた。

在村地主はすでに農地所有者であり、耕作意欲もある自作農予備軍だとされた。ただ、彼らが貸し付けている小作農から農地の返却を受けて自作地化する必要があった。そのさい、農家の次三男層や長く農業に精進しうる見込みの薄い小作貧農層については、「満州や内地開発農地に入植を斡旋するなど万全の策を講じたうえで」、小作農が現に耕作している農地を在村地主に返還させることが構想された。しかし、この構想も実施に移す準備も整わないまま、日本は敗戦の渕へと沈みこんでいった。

さらに、食料不足が深刻化した四一年や四五年段階に、農政当局は旧来建て前とされてきた「物納小作料制」をこのさい「定額金納小作料制」に改めるべき時がきたとして成案にまで至るが、閣議決定にまでは持ち込めなかった。それだけ戦争末期に至るまでなお地主制度の力には無視しえないものがあったということだろう。

食料不足が深刻化するもとで政府は主要食料の管理強化にのりだし（一九四二年「食糧管理法」）、主要食料（米中心）の供出制と価格統制を通して間接的に高額現物小作料を規制する措置を強めた。それによって耕作農民の生産意欲を少しでも刺激しようとした。すなわち、四一年産米から「三重米価」が設定された。第一は「地主米価」であり、地主が小作農から徴収し、供出に回される現物小作料相当分に対して政府が支払う米価である。第二は「生産者米価」で、生産の直接の担い手である小作農が供出する米（収穫から小作料と自家飯米のための保有米相当分を差し引いた残り）に対して政府が支払う米価であり、地主米価にプラスする形で「補給金」が上積みされた。この上積み分は次第に手厚くされていき、地主米価に対して生産者米価は相対的に高く設定されていった。こうして小作農の取り分を相対的に多くすることによって食料生産の維持、増進に役立てようとした。第三は「政府売渡し（消費者）米価」である。インフレが進行するもとで、政府はそれを低く抑えることによって国民生活への圧迫を緩和しようとした。このようにして、高額現物小作料を収取してきた地主制度は、食糧管理制度を媒介にしてその収取を制限され、経済的地位の低下を余儀なくされていった。

この場合も、在村地主と不在村地主で取り扱いに差があったことに留意する必要がある。すなわち、在村地主には、家族や使用人を含めて自家保有米の確保が認められ、現物小作料制の実体がある程度残されたのに対して、不在地主には自家保有米は認められなかった。

以上のような戦時体制下の施策のもとで、日本農業と農村における地主の経済的、社会的地位の低下がさらに進行した。とくに、ただ単に高額小作料を小作農から収取するだけの寄生的な不在村地主は、「むら」に住み「むら」のために働き、自らも耕作することの多い在村地主に比べて、いろいろの施策でより不利に扱われ、その地位の低下がより進んだ。

しかし、地主・小作間の矛盾・対立関係は戦時体制下も解消はせず、総力戦遂行のための国民総動員体制と小作運動に対する規制の一層の強化のもとで、小作争議件数は減少はしたものの、戦争末期に至るまで農地転用による土地引上げなどを巡ってなお相当数の小作争議が発生していることに注目する必要がある（小作争議件数：一九三五年六八二四件、四〇年三一六五件、四四年二一六九件）。

戦争末期に体制（農林省をはじめ政府）の内部で、食料増産の緊要性に鑑みて、いまや地主の土地所有権の一定の強制譲渡を伴う「農地改革」が必要との意見が強まり、成案に至って次官会議までは通った。しかし、貴族院筋からの反対で、閣議決定には持ち込めないまま敗戦を迎えた（下、四〇九ページ参照）。強制譲渡を伴う農地改革は戦後の占領軍の手による改革を待たなければならなかった。このことは、戦前期の日本においては、最後まで地主的土地所有が「大日本帝国憲法」が保証する私有財産権の重要な柱を構成しつづけたことを意味するといえよう。

戦時期の農業政策については他に、暉峻「戦時農地政策の展開」（『一橋論叢』、第八〇巻第五号、一橋大学一橋学会編、一九七八年一一月）、「皇国農村確立と自作農創設政策」（『一橋論叢』、一九七九年一一月）などがある（後掲「著作目録」参照）。

第七章「農地改革の軌跡」の概要

前期対日占領政策　米・英・旧中華民国首脳による、日本軍の無条件降伏、軍国主義の処罰と永遠の除去、民主主義の推進などを求めた一九四五年七月二六日の「ポツダム宣言」を日本は受諾し、降伏した。日本は連合国軍（実質アメリカ単独）の占領下に置かれ、占領軍の指令のもとに一連の「戦後改革」が行われた。そのもとで、「軍事的・半封建的」な「戦前期日本」の構造的編成替えが行われ、それを基盤として「戦後期日本」は出発することとなった。

戦後改革は、占領前期には日本の「非軍事化、民主化」を基調としたが、占領後期には中国革命の進展と朝鮮戦争の勃発などによる「東西冷戦体制」のもとで、アメリカは日本をアジアの反共拠点として育成し、工業化を軸に経済復興を図る方向に基調を移した（四八年一月、アメリカ陸軍長官・ロイヤル、対日占領政策転換の演説)。

占領前期の日本の「非軍事化、民主化」を目指す政策の経済版は三つの主要な柱からなっていた。第一は対資本、つまり対財閥、独占資本、第二は対労働、第三が対農業であった。

占領前期は対資本では、持株会社で財閥家族が支配する三井・三菱・住友など財閥本社を頂点に、商業、金融、鉱工業など日本経済の主要部門に跨がる大企業を傘下に収め、経済を主導してきた財閥と独占企業を解体し(四五年一一月GHQ、持株会社解体指令、四七年一二月「過度経済力集中排除法」)、カルテルなど独占体の結成を禁止すること(四七年四月「独占禁止法」)が主な柱であった。また、対労働では、戦前以来の労働運動弾圧・規制諸法規を撤廃し、労働者の団結権、団体交渉権、争議権を合法化する労働組合の結成を促し(四五年一二月「労働組合法」)、労働者保護立法を制定すること(四七年四月「労働基準法」)が主な柱であった。対農業では、戦前以来日本の体制側がついに着手しえなかった地主的土地所有権の強制譲渡による自作農創設としての「農地改革」(四六年一〇月「農地調整法改正」、「自作農創設特別措置法」、以下「第二次案」とする)が主な柱であった。

すでに四二、三年頃からアメリカは国務省や陸軍省を中心に、日本が降伏したさいに実施すべき占領政策について種々研究を重ねていた。そこで到達した戦前期日本についての基本的認識は大凡次のようなものだった。日本の農業は経済の重要な基盤であった。そこでは過剰人口の滞留のもとで、多くの農民は零細小作農民として地主制度の支配下に置かれ、高額小作料を徴収されて貧窮した生活を送っていた。この貧しい小作農民から極めて低賃金の、だが勤勉な労働者が大量に排出され、彼らがつくり出した低廉な商品が財閥資本によって海外に輸出され、脅威を与えた。

農民とそこから排出される労働者の貧しさは日本の国内市場を狭隘にすることによって、海外市場の略取を必至とし、軍国主義を醸成した。零細小作貧農層は兵士の重要な給源として日本軍国主義の基盤ともなった。以上のような認識は、戦前期の日本資本主義論争における「講座派」に近いといっていい。

ここから導きだされる採用すべき占領政策の基軸は、日本の「軍国主義の破砕」、すなわち「非軍事化」であり、そのための「民主化」であった。それによって日本が将来再びアメリカをはじめ世界の脅威となることを防止しうるとされた。このような考えから前述した対資本および対労働の占領政策が実施されることになった。では、対農業の政策はどのようにして農地改革に帰結したのだろうか。

対農業の改革もいろんな角度から検討された。貧しい零細小作農民経営の問題はどのようにして解決できるか。零細経営を打破するための耕地の拡張や農家労働力の他産業部門への転職による過剰人口問題の解決は近い将来実現されそうにない。また、極めて不利な条件下にある小作農の状態の改善は小作制度の改善によって可能であろうか。日本の諸産業が壊滅的状態に置かれ、過剰人口問題が深刻化するもとでは、たとえ小作条件を制度上小作農に有利にしたとしても、現実には地主の力が強化されるもとで、小作農は一層不利な状態に追いやられ、一段と劣悪な条件下の賃労働者が析出されることとなる。従って小作条件の改善を柱に据える政策は採用し難い。こうして、消去法の結果、地主の土地所有の収用による小作農への配分、すなわち農地改革による自作農創設が採用すべき政策として導きだされた。

しかしこの農地改革も、農村過剰人口問題や零細経営問題を根本的に解決しうるものでない以上、農民の境遇を僅かに改善することで満足しなければならないとされた。このような限定付きではあるが、他に比べてよりましで、より確実な政策として採用すべきだとされた。

このようにしてアメリカが日本の占領を開始する段階には、対農業の政策の柱として農地改革を実施すべきだということはほぼ固まっていたといえる。しかし、占領開始前には、アメリカは日本の複雑な地主的土地所有制度や農業経営の構造についての詳細な認識と実施すべき農地改革の具体策をもっていた訳ではない。日本で実施されることとなった農地改革の具体策は、占領開始後、農地改革の実施に熱心だった連合国軍最高司令官・D・マッカーサーの配下のGHQの主導のもと、それへの日本の行政当局の協力のもとで固められていった(四五年八月二九日、「降伏後におけるアメリカの初期対日方針」、九月二二日同「方針」をホワイトハウス指令として正式発表、一〇月二六日、マッカーサーの政治顧問G・J・アチソンがマッカーサー宛に「農地改革に関する覚書」提出。上述の点、詳しくは第二節参照)。

「第一次農地改革案」　GHQ主導下の農地改革案(「第二次案」)が固められていく前に、幣原内閣(四五年一〇月九日～四六年四月二二日)のもとで農林大臣の任にあった「開明的保守主義者」松村謙三(農政局長・和田博雄、農政課長・東畑四郎)のもとで、占領軍とは一応別に日本政府独自の農地改革案(「農地調整法改正案」)が帝国議会に提出された(一二月四日、「第一次農地改革案」、以下「第一次案」とする)。占領軍が日本の民主化を断行し、そのもとで共産主義者の活動も合法化され、農村でも食料供出や土地取り上げを巡る地主・小作間の紛争や運動も活発化しつつあり、このまま放置すると農村も共産化する危険があると松村は深刻にうけとめた。食料と体制の危機に対処し、社会を安定させるためにはこのさい農地改革を断行することが必要だと考えた。

「第一次案」は不在地主の全貸付地と在村地主の一定限度以上の貸付地の強制譲渡による自作農創設、および小作料金納化を骨子としていた。地主地の強制譲渡という点では、戦前期の自由・間接創設主義に基づく自作農創設政策からの飛躍を含むが、在村地主の保有限度は松村が当初考えた全国平均一・五haから三haへ（農政当局案）、さらに五haへ（閣議決定案）と引上げられていき、その結果、強制譲渡の対象となる地主は三ha案に比べても一〇〇万戸から一〇万戸へ、小作地は一三〇万haから九〇万haへと大幅に減少し、敗戦時の全小作地面積の三七％しか自作地化されないこととなった。小作料金納は四五年については同年産米の「地主価格」（生産者価格や消費者価格よりも低い）で換算するというものだった。

おまけに閣議で決めた「改革要項」では、不在地主の貸付地や在村地主の五haを超える貸付地で近い将来地主が自作することが適当なものは自作農創設の対象から外すという重大な抜け穴が用意された。「第一次案」では、買収農地の裁定などに重要な役割を果たす市町村農地委員会の委員構成は地主・自作・小作各五人と、土地所有者優位であったから、この抜け穴が「活用される」可能性も極めて高かった。

このような「第一次案」も、議会の保守勢力から、私有財産権を擁護する大日本帝国憲法に違反するとか、従来の農村の醇風美俗を破壊するなどと激しい攻撃を浴びせられ、審議未了に持ち込まれそうになった。そこに、四五年一二月九日、ＧＨＱから地主の貸付地の収用を求める「農地改革に関する覚書」がだされた。また、農民運動の側でも、地主による土地取上げが激化するもとで、「第一次案」が地主制度の擁護案だとしてその撤回と、真に農民解放に役立つ農地改革の実施を求める運動が激化した。このＧＨＱ「覚書」の外圧と民衆運動の高揚の内圧に圧されて、「第一次案」は議会でさらに地主側に有利な修正と政府側答弁の言質をえて、一二月一八日、ようやく可決されることとなった。

小作料金納化をめぐる地主側に有利な修正では、小作料換算の基準米価が「地主米価」からより高い「消費者米価」に変更され、また「但し書き」で小作側の申し出によって物納小作料も可能とされた。また、「第一次案」が適正規模経営の創出に何ら役立たないとする議会での攻撃に対して、在村地主層の小作農からの土地取り上げと自作化による適正規模経営の創出に対する期待と、土地を取り上げられた小作農を五カ年計画による「大規模開墾、干拓事業」で収容する方針が政府答弁から引きだされた。この在村地主層の自作化による適正規模経営の創出の構想は、前章でのべた戦時体制下の適正規模経営創出の延長線上にあるものだった。

しかし、この「第一次案」は地主的土地所有制度の解体による自作農創設という点で極めて不十分なものとしてGHQの承認を得られず、農地改革案の再検討、再提出を求められた（期限：四六年三月一五日）。こうして「第一次案」は可決成立はしたものの、小作料金納化を除いてほとんど実施されることなく終った。だが、「第一次案」を修正のうえ辛うじて可決させることができた状況のもとでは、日本政府には「第一次案」をさらに超える改革案を提示する力はもはやなかった。こうして実施される農地改革立案の主導権は完全にGHQの手に移ることとなった。（以上、「第一次農地改革案」について詳しくは第四節参照）。

「第二次農地改革案」　四六年二月には北朝鮮で人民委員会が成立して土地改革が実施され、中国でも共産党のもとで土地改革を軸に解放区が拡大しつつあった（↓四九年、中華人民共和国樹立）。アメリカにとってこれらは脅威であった。日本国内でも四六年に入ると労働者の賃上げを始めとする運動が、また農民の低米価・強権供出反対、地主による土地取り上げ反対運動などが激化し、食料メーデーや幣原内閣打倒人民大会が開かれるなど騒然とした状況が現れてきた。占領軍はこれらの動きを体制的秩序からの逸脱、脅威ととらえ、力によって規制する措置を強めた。

こうした状況は、四六年五月の対日理事会（米、英連邦、中国、ソ連）での米・ソの対立として現れた。

ソ連は他の連合国に先駆けて「農地改革案」を提示した。それは、地主の全貸付地を収用し、小作貧農を優先に小作農を自作化する、地主から収用する六haを超える部分は無償とする、というものだった。これに対して、アメリカ・アチソン議長は直ちに「充分な補償も与えずに土地を没収する提案は「ポツダム宣言」の原則に反する」として退けた。

アメリカとしてもソ連案への対抗上、早急に農地改革の具体案を提示する必要に迫られた。イギリスと相談のうえ具体案を練り上げ、アメリカは議長国であった関係で、アメリカを代弁する形で「イギリス案」が対日理事会に提示され、米・英・中国の賛成多数で採択された。この「イギリス案」をもとに四六年六月下旬、日本政府に対する農地改革に関する「勧告」（Recommendation）が行われた。「第一次案」の線をもはや超えられない日本政府にとって、この「勧告」は「指令」（Directive）と実質同等の意味をもち、それをもとに「第二次案」の法案（前述）が練りあげられて議会に上程、公布された（四六年一〇月二一日）。「第二次案」は日本の非軍事化、民主化を基調とする前期占領政策の末期に立案、公布され、実施に移されることとなった。

「第二次案」の骨子は、不在地主の全貸付地と、在村地主の貸付地で保有限度＝都府県平均一ha（北海道四ha）を超える部分を国が直接、強制買収し、小作農に売り渡す。ここでは、ソ連案のように無償没収でなく、私有財産制度に立脚した有償買収であることが強調され、地主層をソ連案より増しだと思わせるように仕向けた。また、在村地主に一haの貸付地保有を認める点でも、全小作地の没収を掲げるソ連案とのシンボリックな違いが強調され、不動の線とされた。

また、自作農で「営む耕作の業務が適正でない」と認定された自作地で三ha（都府県平均）を超えるものはアメリカ占領軍の強い意向で買収されることとなった。占領軍は、適正規模経営は大凡三haであり、それを超える土地所有者は全体の七・五%を占めるに過ぎないが、全農地の半分近くを所有し、日本の「封建的土地所有制度」の根幹がこの部分にあるという認識を強くもち、三ha超の買収にこだわった。占領軍は地主制度を解体し、農地所有の再配分を徹底し、小作農への所有の均霑を優先させようとした。占領軍主導の農地改革のもとで、日本政府が最も抵抗したのは三ha超の自作地認定買収であって、現実にはごく僅かしか認定買収は行われなかった。

農地改革の事業は四八年末までの二年間に完了させるとされた。残存小作地の小作料を金納制とし、「第一次案」のような物納の余地を残す規定は削除された。小作契約の文書化を義務づけ、地主による土地取り上げ制限を強化し、農地の買収、売渡し計画の作成主体である市町村農地委員会の委員構成を、地主三、自作二、小作五と、「第一次案」に比べて地主側に不利、小作側に有利にした。

このように現実に実施された「第二次案」は、「第一次案」に比べると旧来の地主的土地所有制度の解体と自作農創設という点で遥かに徹底していた。議会での和田農相の提案理由の説明でも、資本主義の枠組みのもとでの農地改革によって、農地の所有、分配、利用が合理化され、耕作農民の手に余剰が蓄積、再投資される余地が与えられ、農業の近代化と生産力発展、農村の民主化に寄与することが強調された。「第一次案」の審議でみられたような在村地主層の土地取上げによる適正規模経営創出の期待は政府側からはなされなかった。日本の体制側によって「独自に」構想された「第一次案」と、アメリカ占領軍主導下の「第二次案」との間には明らかに飛躍と断絶があった。

農地改革によって、強制譲渡の対象農地は、在村地主に五haまでの貸付地所有を認めた「第一次案」での九〇万ha（終戦時小作地の三七％相当）から一九四万ha（同八〇％）に、水田の自作地率も四七％から八六％に、純自作農も二八％から五五％に著増し、逆に純小作農は二八％から八％に著減した。激しいインフレの進行にもかかわらず農地の買収・売渡し価格（水田：賃貸価格の四〇倍）が改革完了時まで固定されたために、創設自作農は「無償に近い」価格で農地を手に入れることができた。また、創設自作農との均衡上、残存小作地を耕作する小作農も、金納小作料は低額に抑えられ、賃借権も強化された。在村地主は一haの貸付地から得られる小作料で生活することは到底不可能になった。

以上のように、「大正デモクラシー」期から戦時期にかけてその基盤が漸次掘り崩され、経済的・社会的地位の後退を余儀なくされながらも農地を基盤に頑強に存続した「前近代的・半封建的」地主制度は、ついに農地改革によって解体されて生涯を閉じ、旧来の小作農は有利な状況下に自作農に転化できた。

前述したように、四七年以降、対日占領政策の基調は「非軍事化、民主化」から「反共、経済復興」に転換した。それに伴って、対資本、対労働政策は大きく転換した。対資本では、頂点に立つ持株会社である財閥本社の解体は完遂されたが、その傘下にある独占的大企業の多くは解体、分割を免れ、温存されることになった（「過度経済力集中排除法」による当初の指定大企業三二五社は一一社を除き指定解除）。これら大企業は新たな装いのもとで戦後経済復興と高度経済成長の担い手となった。対労働も、四七年二月一日のゼネストに対するD・マッカーサーの中止命令をはじめ、労働争議や政治活動に対する占領軍の介入、規制が強まり、公務員や国鉄など公共企業体労働者について団体交渉権、争議権を否認する（四八年一一月「国家公務員法改正」、五〇年一二月「地方公務員法」公布）など、大きく転換した。

これに対して、第三の柱である対農業の中心をなす農地改革は、対資本、対労働の場合と違って占領前期と後期で政策転換はみられなかった。アメリカ占領軍当局にとって日本の「非軍事化、民主化」に役立つ農地改革は、他面で「反共、経済復興」にも役立つとされた。零細とはいえいまや有利な条件下に土地の所有権者となった膨大な農民は共産主義を受け入れない存在となり、労働の成果をすべて手にすることによって食料増産にも励み経済復興に寄与する存在になったとされた。（以上、占領政策転換と「第二次農地改革案」について詳しくは、第三、第五節参照）

背景、限界、評価　日本の農地改革は、私有財産制度を基礎とした資本主義制度の枠組みのもとでの地主制度の解体による自作農創設という点で、他国に例をみないほど徹底したものであり、比較的短期間に平穏かつ順調に実施されたといえる。日本に倣って韓国や台湾でも実施されたが、遥かに不徹底であり、東南アジアや他の発展途上の資本主義国で農地改革が課題とはなっても体制の手で実施できなかったところがほとんどといっていい。日本で行われた農地改革の背景としてはつぎのようなことが考えられる。

日本の敗戦下に、超法規的権力を保有するアメリカ占領軍の主導下に、日本の統治機構の協力、利用のもとで行われた。資本主義超大国アメリカは大企業主導の経済、政治システムになっており、日本のように地主制度が経済、政治構造の要因にはなっておらず、「独立自営農民」を理想型とするT・ジェファーソンの「自由と民主主義」の潮流が根強くみられた。そのもとで対日占領開始に当って、日本の「非軍事化、民主化」のために地主制度の解体による自作農創設、すなわち農地改革の実施方針がすでに定まっており、加えて農地改革にきわめて熱心だったD・マッカーサーが連合国軍総司令官の任についた。

日本でも、「大正デモクラシー」期から戦時体制期にかけて、広範な小作農民層の間に、小作料減免からさらに「土地を農民へ」の根強い要求と運動が展開されており、資本主義の展開のもとで地主制度の経済的、社会的、政治的地位の後退が進展しつつあった。前述したように、体制の側でも社会的協調や農業生産力の増進を図るために、地主制度に譲歩を求める施策を種々講じざるを得なかった。農地改革前、日本の地主制度は資本主義体制のもとですでに経済的、政治的に劣位の状況に置かれていた。

農地改革にはいろいろの限界もあった。二年で事業完了という期限がつけられるもとでは、法令上は交換分合を併せ行い、耕地を集団化して分散錯圃制を和らげ、経営を合理化することも可能ではあった。だが、利害錯綜する耕地片の交換分合を行うには二年という期限は余りにも短かく、それを合わせ実施できたのは後述の長野県鼎村(現・飯田市)など少数の事例に止まった(鼎村の農地改革について詳しくは、Ⅶ四参照)。総じて、小作農民が改革時に耕作していた小作地が機械的に地主の手から小作農の手に譲渡されたといっていい。

また、農地改革を林野開放にまで拡げ、それを土地利用型畜産の発展など農業改革に結びつけることも法令上は可能だった。岩手県江刈村(現・葛巻町)は地頭の山支配下にある名子地帯に属していたが、「革新的」村長の努力と名子層の闘いのもとで、耕地とともに広大な林野が名子層に開放され、農民の手による新たな土地利用型畜産発展の基礎が築かれた。しかし、こうした林野開放の事例も都府県では少数に止まり、戦後発展を遂げる畜産は都府県を中心に飼料をアメリカをはじめ外国からの輸入に強く依存する「加工型畜産」という歪んだ姿となった。

このようにして、農地改革によって創設された自作農体制は総じて分散錯圃下の零細農家経営という伝来的制約を強く引き摺ったものとなった。

占領後期に「反共、経済復興」へと政策の基調が移されるもとでも、農地改革には転換はみられなかったものの、資本主義経済の急速な復興のための「傾斜生産方式」のもとで、低賃金をベースに企業の採算と利潤を確保すべく、その裏打ちとして低米価・強権供出政策と重税（所得税中心）が創設自作農層の肩に重くのしかかることとなった。農林省調査の平均米生産費をわずかに上回るかそれさえ下回るほどの低米価がこの期に設定され（戦前の平常時の米価は平均生産費のほぼ一・九〜二・〇倍）、占領軍の権力をバックにした供出が強行された。重税は戦前期の小作農に対する高額小作料の重圧に等しかった。

こうして、占領軍や日本の政府当局者によって、創設自作農は労働の成果を享受し、余剰と蓄積を自ら手にしうる存在になるとされたが、現実には低米価・強権供出、重税の収奪政策の展開のもとでその芽を摘みとられた。収奪政策が後退し、創設自作農体制が限界や歪みをもちながらも仄かに「開花する」のは、日本が戦後復興の過程を終え、高度経済成長を開始してからであった。

農地改革は日本農業の宿弊である零細経営の問題を何ら解決しえないではないかということも議会で繰り返し論議された。それに対する和田博雄農相の答弁は、産業が落ち込み、失業者が溢れるいまの状況のもとでは零細経営の問題の解決は困難であるとし、後日産業が復興し、農外雇用の場が開けたときにはじめて、その問題の解決に着手できる、とするものだった。事実、この零細経営の問題を「自立経営」の育成によって解決しようとする構造政策が登場するのは、のちの一九五五年以降六〇年代にかけての高度経済成長期のことだった。

このようにして、戦後日本の経済と農業の出発の基点として、総じて農地改革によって創出された分散錯圃の零細自作農体制が据えられることとなった。

農地改革事業が終った四九年一〇月、D・マッカーサーは吉田茂首相宛書簡を発表し、「この業績は日本が民主国家として成熟期に達せんとしているもっとも重要な一証左である。農地改革のもたらす恵沢は、日本の農村社会の永久的部分とならねばならない。農地改革以前に存在した土地小作制度に歩一歩逆戻りするようないかなる可能性もあらかじめ防止されねばならない」と、農地改革の成果は永久的に保持されるべきだとした。サンフランシスコ平和条約成立後の五二年には「農地法」が制定され、農地改革の結果成立した「農地はその耕作者自らが所有する」という原則に立った自作農体制を将来にわたり日本農業の根幹に据える法的枠組みが整備された。

しかし後述するように、日本が対米従属・依存体制のもとで高度経済成長を遂げ、貿易自由化体制への参入を強めていくなかで、経営規模の拡大が求められるようになり、そのために農地の賃貸借の容認、小作料統制の撤廃、物納小作料容認といった、一見D・マッカーサーが警告した「歩一歩逆戻りするような」措置が法的にとられるようになる(七〇年、八〇年「農地法改正」、七五年「農振法改正」、八〇年「農用地利用増進法」など)。農地改革が生み出した分散錯圃の零細自作農体制は経営規模拡大の時代の要請に合わなくなったとされ、政策的にもそれを分解することによる、農地賃貸借関係の拡大のもとでの借地型大規模経営の創出が追求されるようになる。自作農体制の理念は次第に色あせたものになっていった。

以上述べたように、農地改革にはいろいろの面で限界があり、将来に課題を残したことは確かであるが、総じてそれをどのように評価すべきであろうか。井出一太郎議員や渡辺洋三(東大社研)は自作農創設ではなく耕作権の保証こそが重要だ(だった)とした。しかし敗戦後に経済が大きく落ち込み、農村でも過剰、失業人口が溢れていた状況のもとで、地主的土地所有に触れることなく小作農民に耕作権を保証することは、現実問題として困難だったというべきだろう。農地改革は小作農を極めて有利な条件で自作農に転化することによって耕作権を保証したといえる。

のちにも述べるように大内力は、農地改革が生み出したものは過小自作農であって、彼らは低生産力や貧困から解放されず、総じて没落し、プロレタリア化していかざるを得ない存在である。貧困からの解放のためには農業社会主義化の道、つまりこれら過小農を協同組合的共同経営に導く以外にないが、農地改革は過小農を小土地所有者として小ブルジョア化し、その道からも遠ざけてしまった、と否定的に評価している（Ⅷ、Ⅺ参照）。

だが、農地改革は種々の制約をもちながらも、総じて、旧来の「前近代的・半封建的」地主制度を解体し、高額小作料収取のもとで債務奴隷的状態に喘いできた多くの小作農民を有利に自作農化することによって、改革前に比べると農民が労働の成果をよりよく享受し、農業生産力を増進し、経営と生活を向上、安定化させる契機を与えたといえよう。零細自作農民層から賃労働者が排出される場合も、かつての債務奴隷的状態の農民から排出された「女工哀史的」賃労働者に比べるならば、総じてより教育と知的水準の高い、より増しな条件下での賃労働者化となったといえよう。農地改革は、総じて農村の平準化と民主化、生産の担い手である小作農民の人格的、経済的自立を促し、農業生産への意欲を高めることに寄与した重要な「改良」としてポジティブに評価すべきであろう。

また、山田盛太郎（東大経済）は、農地改革と長野県塩尻村（現・塩尻市）における農民の実践を高く評価しつつ、農地改革を契機にさらに農民による土地の共同管理のもとで土地国有化と社会主義的集団経営の創出へと進み、「日本農業を本格的農業への解放の道を拓き」、「瓦解した軍事的半封建的、日本資本主義の揚棄としての、日本経済再建」の道を拓く「正に、革命的」コースに進むことに希望を託した。

塩尻村では一時、農地改革で国が地主から買収した農地を小作農は買取らずに（国有化）、それを共同管理しつつ共同経営を構築しようとする運動が展開され、このことを山田は「金字塔」として高く評価した。しかし、前述のように農地価格が農民にとって格安に設定されたもとでは、小作農は自作農化する道を選択したのは当然だった。塩尻の運動は一時的、局部的なものに止まった。農地改革は、私有財産制度のもとでの資本主義の枠組みのなかでの「改良」という域をでなかった（山田盛太郎「農地改革の歴史的意義」（東大経済学部『戦後日本経済の諸問題』有斐閣、一九四九年、所収）。山田の農業理論についてものちのⅧ、Ⅺ参照）。（以上、背景、限界、評価について詳しくは第六節を参照）。

このようにして戦後日本は、次項二、三でのべるように、戦後改革による日本経済の構造再編と自作農体制をベースにして、「東西冷戦体制」下に、日米安保体制、ガット（ＧＡＴＴ）とブレトンウッズ（ＢＷ）体制という三つの主要な柱のもとで出発することとなった。

『展開』上、下に対する学術雑誌での書評

以上のように、私は『展開』の「上」と「下」で、近代日本の出発点である幕末・明治維新期から、敗戦による戦前期日本の終焉、そして占領下の「戦後改革」による戦後日本出発の基点の設定に至るほぼ一世紀に亘る、日本資本主義と農業問題の構造的特徴、その展開と変化の歴史を一応体系的に考察することを試みた。これに対して新聞や雑誌で多くの紹介や書評が寄せられた。以下、学術雑誌に掲載された書評に絞って評者と掲載誌名のみ記しておこう。

「上」について：

喜多克己：『農林図書資料月報』農林省図書館、一九七〇年一〇月

御園喜博：『農業経済研究』第42巻第3号、冬期号、日本農業経済学会編集、岩波書店、一九七〇年一二月

大石嘉一郎：『土地制度史学』第52号、XIII-4、1971・7、土地制度史学会編集、農林統計協会、一九七一年七月

中村政則：『歴史評論』No.255、歴史科学協議会編集、校倉書房、一九七一年一〇月

松元宏：『歴史学研究』No.383、歴史学研究会編集、一九七二年四月

田代洋一：『農業総合研究』第26巻第3号、農業総合研究所、一九七二年七月

「下」について：

牛山敬二：『農林水産図書資料月報』農林水産省図書館、一九八四年九月

河相一成：『経済』No.245、新日本出版社、一九八四年九月

野田公夫：『日本史研究』267号、日本史研究会、一九八四年一一月

岩本純明：『史学雑誌』史学会（東大文学部内）、第93編第11号　一九八四年一一月

坂根嘉弘：『農業と経済』第50巻第13号、富民協会、一九八四年一二月

大門正克：『歴史評論』No.418、歴史科学協議会編集、一九八五年二月

林宥一：「読書ノート」『季刊　科学と思想』No.56、新日本出版社、一九八五年四月

橋本玲子：『日本の科学者』Vol.20 No.3、日本科学者会議編集、一九八五年三月

佐伯尚美：『季刊　経済学論集』第51巻第1号、東京大学経済学部経済学論集編集委員会、一九八五年四

月。

庄司俊作：『新しい歴史学のために』178号、京都民主主義科学者協会歴史部会機関誌、一九八五年五月二〇日

伊藤喜雄：『日本歴史』第443号、日本歴史学会編集、一九八五年四月

森武麿：『土地制度史学』第108号、土地制度史学会編集、一九八五年七月

清水洋二：『社会経済史学』Vol. 51 No. 3、社会経済史学会編集、一九八五年一〇月

田中　學：『農業経済研究』第58巻第3号、日本農業経済学会編集、一九八六年一二月

「上、下」まとめて：

玉　真之介：「日本農業問題論の再検討――暉峻衆三著『日本農業問題の展開』上・下を手がかりに――」（『岡山大学経済学会雑誌』第19巻第1号、一九八七年、所収）。玉のこの論文はのちに玉真之介『農家と農地の経済学』農文協、一九九四年、第六章に収録。この玉の暉峻批判論文に対する暉峻の反批判は、暉峻「「戦前期」日本農業問題の方法――玉真之介君の批判と所説によせて――」（梶井功編著『農業問題　その外延と内包』農文協、一九九七年、その第二章として収録）。

二　**『日本の農業一五〇年　一八五〇～二〇〇〇年』［編］**（有斐閣、二〇〇三年、（以下『一五〇年』））。

前述したように、これは『日本農業史』、『日本の農業一〇〇年のあゆみ』（いずれも有斐閣）を引き継い

だものだ。

この本も、幕末・明治維新期から二〇世紀末までのほぼ一五〇年にわたる日本資本主義の展開のもとでの農業問題の推移を追った。単著『展開』の形ですでに「戦前期」をまとめた私は、『一五〇年』では、本書の中心をなす「戦後期」（一九四五～二〇〇〇年）の部分、つまり第五章から第七章を執筆した。それは、戦後資本主義出発の基点をなす占領下の戦後改革・農地改革期（第五章）、五〇年代半ばから六〇年代～七〇年代初めにかけての対米従属体制下の高度経済成長期（第六章）、それ以降の低成長、多国籍企業基軸のグローバル資本主義への移行のもとに、農政も市場原理主義的に編成替えされていく時期（第七章）からなる。それぞれの時期の農政・農業・農民・食料問題を、資本主義が置かれた状況と政策と関連させて考察した。一九八〇年代以降、日本農業の後退と食料自給率の低下とからんで、食料安全保障の危機が重大化するもとで、私はこの食料安全保障の問題を重要な論点に据えるようになる。

『一五〇年』の概要は、次項三の著作と内容が重複するので、そこで一括して述べることにしよう。

一の『展開』上、下とあわせると、一応、幕末・明治維新期から二一世紀の始めまでの一世紀半に及ぶ、日本資本主義の生成、展開のもとでの農業・食料問題の歴史的推移を私なりに体系的に追ったことになる。

なお、『一五〇年』の「戦前期」（～一九四五年）の部分のうち、第一章「近代日本への出発」（幕藩体制から明治維新期）は加藤幸三郎（日本経済史、専修大学経済学部）、第二章「日本資本主義の確立」（一八八〇年代末から第一次世界大戦まで）は牛山敬二（日本農村史、北海道大学経済学部）、第三章「独占段階への移行」（第一次大戦から世界大恐慌）と第四章「世界大恐慌から戦時体制」（世界大恐慌から敗戦まで）は林宥一（日本農村史、金沢大学経済学部）、「年表　日本資本主義と農業」は庄司俊作（日本農村史、同志社大学）が執筆した。これら共同執筆者はいずれも、私の教育大時代の大学院ゼミ参加者である。

『一五〇年』が刊行されるとすぐ、大韓民国の江原大学校教授・全雲聖は本書をハングルに翻訳して、二〇〇四年九月、同国のｈａｎｕｌ社から刊行した。また、二〇一一年四月には、中華人民共和国、南京農業大学教授・胡浩を中心とする六名の教授も本書を中国語に翻訳し、中国農業大学出版社から刊行した。中国語版の「前書き」を、日本の農業事情にも詳しい国務院参事・農業部農村経済研究中心研究員（二〇一一年当時）である劉志仁が執筆した。彼によると『一五〇年』は中国が当面する農業問題を理解する上でも参考になる由で、自ら「前書き」の執筆を申しでてくれた。

なお、『一五〇年』の前編である前掲『日本農業一〇〇年のあゆみ』についての学術誌の書評で気のついたものは下記の如くである。評者の名前と掲載誌名のみあげる。

坂根嘉弘：『日本史研究』４１９号、日本史研究会編集、一九九七年七月

宇佐見繁：『農業経済研究』第69巻第4号、日本農業経済学会、一九九八年三月

三　『日本資本主義の食と農　軌跡と課題』筑波書房ブックレット、二〇一一年

この本では、二〇〇〇年以降の状況変化を汲み取りながら、改めて戦後日本資本主義と農業、食料安全保障問題の変化を、一九四五年～七〇年代初め、七〇年代の曲がり角の時期を経て、市場原理主義が本格化する八〇年代以降今日に至る三つの時期に大別して論じた。そして、今日に至る第三の時期に、日本資本主義、農業、食糧安全保障のいずれも行き詰まりと危機に逢着するもとで、その現状をどう打開し、再

生させることができるのかを、日本を巡る国際情勢とも関連させて考えてみた。

前述したように、この本はさきの二『一五〇年』と対象とする時期と論旨が重なっているので、以下、両者を合わせて私がそこで論じていることの概略を紹介することにしよう。

前述したように、明治維新期から一九四五年の敗戦に至る「戦前期」のうち、一八九〇～一九〇〇（明治二〇～三〇）年代は、日本で繊維産業を基軸に産業資本が確立し、立ち後れた農業構造を基礎にふまえつつ、「軍事的・半封建的」資本主義が特有な構造のもとに成立した時期だといっていい。この時期に、「戦前型日本資本主義」が形作られたといえる。一九四五年に至る過程で、その型は変貌し、その特徴は薄められてきはしたが、最後まで「戦前期」を特徴づけるものとして存在した。では、「戦後型日本資本主義」はどのように特徴づけることができるのだろうか。

高度経済成長と「戦後型日本資本主義」・「日本型経営」の形成

四五年から今日に至る「戦後期」のうち、戦後改革、農地改革による日本資本主義の構造再編については、すでに『展開』第七章で述べたので、ここでは省略する。一九五〇年代前半の助走期を経て、その後半から七〇年代初めは、敗戦と占領下の戦後改革による新たな基盤と国際的枠組みのもとで、日本資本主義が新たに新鋭重化学工業を基軸に、戦前とは違う特有な構造のもとに高度経済成長を遂げた時期だった。この時期に「戦後型日本資本主義」が形作られたといっていい。

前述したように、当初「非軍事化・民主化」を目指したアメリカの対日占領政策は、東西冷戦体制下に、日本をアジアの反共拠点として育成すべく、日本の工業力と、それを担う大企業を温存し、経済復興を図る方向へと大きく転換した。農業部門では、「非軍事化、民主化」、「反共、経済復興」双方に役立つとされた農地改革によって創出された零細自作農体制が戦後出発の基盤となった。

戦後日本資本主義は、財閥本社解体後も温存された工業と大企業、零細自作農体制の基盤の上に、つぎの三つを主要な柱として構築された。すなわち、日米安全保障条約（以下、日米安保体制）、GATT（ガット）体制、そしてBW（ブレトン・ウッズ）体制がそれであった。日米安保体制は、日本の戦後期における軍事的、経済的な対米従属、依存を根本で規定することとなった。BW体制は、金との兌換を保障された米ドルを世界の基軸通貨として、各国通貨を固定相場で結びつけ（当時、一ドル＝三六〇円）、貿易や投資の安定的発展を図ろうとしたものであり、GATTはそのもとで関税や非関税障壁を撤廃しつつ貿易や投資を盛んにして経済成長を図ろうとするものだった。いずれも、超大国アメリカ主導、アメリカ本位の戦後世界システムであり、そのもとに戦後日本は組み込まれた。

冷戦体制下、朝鮮戦争やベトナム戦争による特需にテコ入れされながら、日本は軍需に偏ったアメリカ経済を補充する形で、民需向け自動車、電気機器、鉄鋼といった重化学工業を、アメリカから最新の技術や装備を導入しつつ急速に発展させた。大企業を担い手とする対米輸出志向型の新鋭重化学工業を基軸に、日本資本主義は一九五〇～七〇年代初めにかけて、世界が目を見張る高度経済成長を遂げて、西欧を抜き、アメリカを追い上げ、先進国化を成し遂げた。政府は、所得倍増計画など、企業の発展を中心に据えた経済成長政策を推進した。

この時期に、新鋭重化学工業・大企業主導の「企業国家」ができあがった。そのもとで、終身雇用制、年功序列賃金、企業内労働組合によって特徴づけられる「日本型経営」が成立した。終身雇用制のもとでは、大企業が雇う社員の多くは、正規の終身雇用労働者であり、定年まで雇用が保障された。そのもとでの年功序列賃金は、はじめは低賃金から出発しながらも年功を積むなかで徐々に昇給していき、そのもとで企業のために働く動機付けが高められ、仕事に熟達していくシステムだった。企業内労働組合は企業あっての存在で、労働者が企業のために働いて企業が得たもののうち、いかに労働者の取り分を多くするかが関心事だった。この日本型経営のもとでは、社員は企業のために猛烈に働く「企業戦士」であり、その働きを妻は「専業主婦」として家庭で支えた。家事や育児、親の介護の仕事は主として主婦の肩にのしかかった。

日本では、企業が自らの安定的発展のために、「企業戦士」のための健康管理や保養施設の提供など社会福祉の機能の一部を担った。西欧では、この高度経済成長期に「福祉国家」が成立した。日本でもこの時期に、いくつかの社会保障制度が成立しはするが、西欧に比べると、日本の政府は「日本型経営」が福祉機能を一部代行することによって、社会福祉を安上がりで不十分に済ませた（「未熟な福祉国家」の形成）。

高度経済成長下の「基本法農政」の展開

農業ではどうか。敗戦直後の日本は深刻な食料不足に陥ったが、農業超大国でもあるアメリカは逆に終戦とともに麦類や飼料穀物、乳製品など農産物の過剰に直面し、その過剰処理のために対日援助と結合した食料戦略を展開した。疲弊し食料不足に苦しむ日本はそれに飛びつき、小麦や大豆、飼料穀（作）物の国内生産を放棄し、対米輸入依存に走った。

学校給食の普及と結合して、輸入小麦や大豆、脱脂粉乳などによる日本人の食の洋風・パン食化が若年層をはじめとして急進し、畜産も本来の土地利用型から、アメリカからの飼料輸入依存による加工型畜産という歪んだ特徴をもって発展することとなった。アメリカの食料戦略に乗った日本人の食の洋風化の急進は、のちに日本での米の過剰化を促し、早めた。

高度経済成長のもとで、日本国民の食料需要が増大、高度化するとともに、農外労働市場が急拡大して農業部門から若年層を中心に大量の農家労働力が都市、工業部門へと流出するという、空前の事態が起った。このような状況のもとで、農地改革後も積み残しにされてきた零細自作農体制の構造改革に着手する好機が到来したと考えられた。

零細自作農層の分解を促し、そのなかから経営規模のより大きな、近代的で合理的な農業生産の担い手を選別的に育成し、彼らが増産が求められる農産物の主要な担い手となることを促すというかつて見られなかった構造農政が登場することとなった。高度経済成長真っ直中の一九六一年を起点とする「基本法農政」の発足がそれであり（同年「農業基本法」成立）、それは戦前期の（過）小農を（過）小農として維持しようとした政策からの歴史的飛躍を意味した。前述したように、大内『農業問題』は出稼ぎ低賃金労働者を多数排出する過小農は資本にとって誠に愛好すべき存在であり、資本は過小農を過小農として維持する政策を採用したとした。だが、いまや資本は過小農制を破壊、分解し、それによって賃労働者を格安、有利に確保する政策に踏みだした。

農業生産では、需要増のもとで増産が求められる稲作を基礎に、畜産（飼料対米依存の加工型の性格の強い）、果樹作、蔬菜・園芸作を柱に「選択的拡大」を図る政策が採用された（逆に、麦類・大豆・飼料穀（作）物は対米依存して「選択的に」切り捨てるという歪んだ形）。

零細自作農体制下の、とりわけ零細な層の離農と自給的兼業農家化を促し、その農地を農業で勤労者並みの所得が得られる「自立経営」の育成に振向け、彼らを新たな中心的農業の担い手として位置づけるという、零細自作農体制の分解を目指す「構造政策」が登場した。ここでの「自立経営」は、家族協業体としての農家を基軸に、それが自立的な勤労者世帯と同等の所得を農業によって確保することが目標とされた。それは、「大正デモクラシー」期に小作農民層が農家近傍日雇賃金の確保を目標に掲げて地主に小作料減免を迫ったのとは段階を画するといえる。

「自立経営」とあわせて、協業や協同経営による農業の近代化、合理化も奨励されたが、それは副次的で、主軸は家族協業体である個別経営としての「自立経営」の育成にあった。

需要増のもとで「選択的拡大」が求められる農産物の増産と農業所得増を促すために、米や畜産物などに対する価格支持政策がこの時期にそれなりに整備された。また農業の構造改善を促すために土地基盤整備や機械化、自立経営育成のための補助金や投融資政策も積極的に推進された。この時期は、日本農業が歪みをもちながらも（麦作の切り捨て、対米飼料輸入依存の加工型畜産に象徴される）、農家が食料増産に励み、戦後自作農体制が分解を孕みながらも仄かに花開いた時期だった。食料自給率（供給熱量ベース）は六〇年七九％、七〇年でも六〇％と、当時はまだ過半を保っていた。

六〇年代には、日本の農家平均でみて、農家世帯員一人当りの農家所得は上昇して都市勤労者世帯一人当りの実収入に接近していき、七〇年代初めにはそれを若干上回るようになった。農家所得のうち、農業所得は農産物価格の上昇のもとで六七年まで増加するが、以後米の過剰が表面化するもとで減少に転じる。しかし、農外労働市場が拡大するもとで兼業所得が引き続き急速に伸びて、農家所得を押し上げた。農家の耐久消費財（ＴＶ、洗濯機、冷蔵庫、掃除機などの電気機器）の装備は七〇年代には都市勤労者世帯と同等になり、乗用車は勤労者世帯を上回った。乗用車は兼業や日常生活のためにも農家にとって必需品だった。

前述したように、戦前期は、経営零細で過剰人口を滞留させた農家、とりわけその多くを占める小作農家は都市勤労者世帯に比べて一般に貧しく、農家、農村の貧しさからの解放が重要な社会的課題とされた。だが、戦後の高度成長期の七〇年代初めになると、もはや農家、農村が貧困だとは一般的にはいえなくなった。貧農は基本的に解消し、前述した長塚節の小説『土』の世界はもはや過去のものとなった。もちろん、高度経済成長が終焉し、のちに資本主義が多国籍企業を基軸にグローバル展開するもとで、貧困の問題が重大な社会問題となるが、それは都市と農村を通じての現代的貧困であり、都市世帯に比べて農家、農村がとりわけ貧困という事態ではなくなった。

BW体制の崩壊、円高、市場原理主義の時代へ

だが、一九八〇年代以降今日に至る時期には、高度経済成長期に形成された上述の戦後日本資本主義と農業の構造・型が共に壁にぶつかり、掘り崩されて新たな段階を迎えることになる。

七〇年代の二度の石油危機は日米欧の高度経済成長を直撃した。財政投融資を積極化して不況脱出を図るが成功せず、不況とインフレが併存するスタグフレーションに陥った。ケインズ政策はもはや有効性を失ったといわれるようになった。そのなかにあって、日本はマイクロエレクトロニックス（ME）技術革新とリストラ、相対的低賃金によって、欧米に比べてより増しにこの不況を切り抜けた。サッチャー（一九七九～九〇年）、レーガン（八一～八九年）、中曽根（八二～八七年）政権が誕生するもとで、小さな政府、官から民へ、規制緩和を標榜する市場原理主義の流れが強まった。

日本などの追い上げのもと、七一～七三年、アメリカはＢＷ体制をもはや維持できず、ドルの金との兌換停止と、変動相場制への移行によるドル切り下げに踏み切らざるをえなくなった。そのもとで、円は逆に一挙に一ドル＝二七〇円台に切り上がった。米ドルに象徴される超大国アメリカの斜陽化が表面化してきた。

だが、ドル安への移行にもかかわらず、アメリカの貿易収支は一向に改善されず、逆に、日本は円高移行にもかかわらず対米輸出を伸ばしつづけ、日米貿易摩擦は繊維から電気機器、自動車へと拡大しつつ熾烈化した。一九八五年に七〇年ぶりに純債務国に転落したアメリカは、「プラザ合意」のもとで、さらに一段のドル安へと移行せざるをえなくなり、ドルは八八年一二八円台まで急落した。ドル安のもとで、八六年、貿易と投資の自由化を格段に拡大、強化することを目指すＧＡＴＴ ＵＲ（ウルグアイ・ラウンド）交渉が開始され、九三年一二月に農業交渉が合意に達し、九五年一月にＷＴＯ（世界貿易機関）が発足した。そのもとで、アメリカは農産物を含め輸出を大きく伸ばし、貿易収支を改善しようとした。

円高・ドル安の急進にもかかわらず日米貿易摩擦が一層激化するもとで、後述するように、日本はアメリカから内需主導型の経済構造への転換、農産物市場の開放を強く迫られた。そのもとで、住宅建設、リゾート開発などのための大々的公共投融資や、牛肉・オレンジやその加工品をはじめ農産物・食品の市場開放が推進された。国民の労働と生活の場に基礎を置かない「内需拡大」は異常なバブルを発生させたが、それは間もなくはじけるべくしてはじけ、深刻な財政債務危機と二一世紀にまで続く長期の不況を招いた。

ＷＴＯ発足と熾烈な日米貿易摩擦の対米調整のもとで、日本でも農産物の貿易自由化と農業・食料政策のＷＴＯ適応型への編成替えが一段と進められ、国境調整政策、市場調整や価格支持政策からの政府の撤退が進んだ。円高の急進とあいまって農産物、食料品の輸入が急増し、外食産業の発展とともに日本人の食の洋風化と外見上の多彩さ、豊かさが進展した。しかし、その反面で日本農業と食料安全保障の危機が進行した。九七年、日本は六〇〇万トンもの大量の小麦を輸入する反面で、米の過剰のために水田面積の四割近くを米を作らずに減反（約一〇〇万ha、五〇〇万トン相当）するといった状況下に置かれた。

ドル安・円高はさらに九〇年代から二〇〇〇年代にかけて続き、二〇一一年一月には七七円にまでなった。円は一ドル＝三六〇円当時の五倍も強くなった。それだけ工業製品や農産物、食料品が外国から日本に安く輸入されることとなり、そのもとで日本の製造工業と農業が一段と厳しいグローバル競争に晒され、輸出環境もそれだけ厳しさを増した。

二〇一三年五月追記：一二年一二月、政権を民主党から奪還した自民党・安倍政権は、所謂「アベノミクス」のもとで、「デフレ不況からの脱却」を旗印に「異次元の金融緩和」を実施し、円は一転して安値に移行した（一三年五月一六日現在で一ドル＝一〇二円台）。しかし、国民の労働と生活の場の沈下（労働所得の低下、福祉や年金の削減など）のもとで、さらに円安による輸入物資の値上がり、一四年からの消費税増税、金利上昇など、景気浮揚の見通しは明るくない。一時急騰していた株価も一転して乱高下している。マスメディアに持ち上げられた「アベノミクス」の足下は早くも揺らいできたと言わなければならない。

日米経済摩擦の熾烈化と対米経済構造・政策の調整

ドル安・円高の急進にもかかわらずアメリカの貿易収支は一向に改善せず、八八年にはアメリカの貿易赤字の四一％までが対日赤字で占められるに至った。アメリカは為替相場の調整ではもはや事態の改善は見込めないとし、日本の経済構造とそれに基づく政策、そして農業・食料政策の在り方に根本的な問題が横たわっており、それを改めさせることこそが必要だとの認識に到達した。八〇年代半ば、アメリカからの強い要求のもとに、その問題を討議し、日米共通の認識と対策を打ちだすための構造問題協議がおこなわれた（八三年五月「日米諮問委員会」設置、八四年九月、日米両首脳への「提案」として同「委員会」の「報告」発表）。

同「委員会」「報告」に盛られた基本点はつぎの如くだった。

（1）日本は自動車をはじめ「外需依存型」（対米輸出指向型）の経済構造を「内需主導型」に改め、日米経済摩擦の解消に努める。あわせて、自動車産業などは輸出を自主規制し、アメリカへの直接投資を増やしてアメリカの景気浮揚と雇用拡大に寄与する。

（2）日本の経済構造を「内需主導型」にするために、日本は民間活力を用いて住宅建設やリゾート開発など土建関連の公共投融資を大々的に拡大する。

（3）農業政策も、貿易自由化のもとでの「比較優位の原則」に基づくものに改め、日本の食料安全保障も、食料自給に比重を置いた従来の政策を、輸入と備蓄で対応するように改める。当面、果実や牛肉類とその調整品の自由化を推し進め、将来は米も自由貿易の原則に沿った政策に改める。

こうして、対米輸出増によって日本の経済成長を図る従来の路線はいまや壁にぶつかり、変更を迫られることとなった。円高の急進と貿易・投資の自由化の進展のもとで、大企業を軸に海外直接投資と多国籍企業化が促進されることとなった。

異常なバブルの発生と破綻、「構造改革」の推進

住宅、リゾート開発など土建関連を中心とする「内需拡大」のための大々的な公共投融資は異常な地価や株価の急騰といったバブルを引き起こした。国民の労働と生活の場に根ざす底支えを欠いた「内需拡大」によるバブルは、九〇年に早くもはじけるべくしてはじけ、一転して不況に突入した。「住専」関連の不良債権が累積し、融資した金融機関を救済するために巨額の公的資金が注入された。そのもとで、急激に悪化した財政状況の「健全化」のために、規制緩和、「官から民へ」、「民間活力の活用」、福祉や公共サービスの削減など、のちの「小泉・竹中路線」(小泉内閣、二〇〇一年四月~〇六年九月)に象徴される市場原理主義に基づく「構造改革」が推進された。不況が長期化するると、九〇年代の「失われた一〇年」は、二〇〇八年のリーマン・ショック、それに続くEU債務危機とも絡んで、「失われた二〇年」へと長期化し、さらには「失われた三〇年」へと継続しかねない状況になっている。

グローバル資本主義と多国籍企業化、「戦後型」の崩れ

円高、ICT(情報通信技術)革命の急進、WTO下の貿易・投資の自由化、旧ソ連邦崩壊に伴う冷戦体制の終焉、中国、ベトナムなど「社会主義志向国」の市場経済化、新興国の台頭のもとで、経済のグローバル化が急進した。そのもとで、日本の企業は長引く不況と円高下に厳しい国際競争に晒され、国内では企業の倒産や統廃合が、また、中国をはじめアジアを中心に海外への直接投資による多国籍企業化が急

進した。

電気機器など高度経済成長期の輸出志向の基幹部門の一角が、激しい国際競争のもとで大きな打撃を受けて掘り崩され、大規模な企業の統廃合やリストラを余儀なくされた。急激な多国籍企業化のもとで二〇一一年には、日本の主要企業一三〇社の海外売上高比率は過半に達し、経常利益も半分近くが海外からとなった。いまや日本の最大の貿易相手国はアメリカから中国に移り、売り上げや利益の中心はアジアに移った。

日本企業の多国籍企業化の急進のもとで、国内では産業と地域の空洞化が生じ、不況に拍車をかけた。多国籍企業の利益と国民・地域経済の利益とが乖離する傾向がつよまった。九〇年代以降今日にかけて、前述した「日本型経営」の動揺と崩壊が進んだ。正規労働者は低賃金、不安定、短期雇用の非正規労働者に置換えられ、「終身雇用制」と「年功序列賃金」が崩されていった。そのもとで、労働者の賃金の低下が起り、労働組合の組織率も急落した。

「企業内福祉」とともに、不十分な政府の公的福祉も削減された。「企業戦士」である夫が、専業主婦である妻や子供を扶養する関係も崩されていった。「企業戦士」がリストラされ、賃金が低下し、そのもとで多くの妻が家計を支えるために低賃金のパートででも働かざるをえなくなった。保育施設に入れない待機児童急増の背景にはこのような事情がある。

賃金低下とともに失業者や生活保護受給者、自殺者も増加した。とくに、将来を担う若者を中心に失業や低賃金、不安定雇用が急増するもとで、将来への希望の喪失が広がり、放置できない事態になっている。比較的に小さいとされてきた日本での貧富の格差も拡大しつつある。日本を巡る国際関係も、先進諸国の不況や債務危機の波及、領有権問題の重大化のもとで厳しさを増し、それが貿易や投資事情にも影響を及ぼしつつある。

日本の国民が今後どのようにして平和に、希望と幸福感をもって、安定的に働き、生活することができるか、そのための経済再生の中身と方向はどうあるべきかが真剣に問われる時代を迎えているといえる。

農業部門でも「戦後型」の崩れが

農業部門でも、八〇年代を転機に、高度経済成長期の「基本法農政」下の状況と型の揺らぎと崩れが生じ、総じて農業の衰退と食料安全保障の危機が進んだ。基本法農政下に日本農業を支える成長の四本柱とされた稲作、果樹作、畜産、蔬菜・園芸作のいずれもが九〇年代以降、生産指数、粗生産額共に減少に転じ（稲作はすでに七〇年代以降）、総農業所得も減少に転じた。構造政策のもとで、農業の主な担い手になることを期待された「自立経営」も、円高のもとでの自由化の急進、価格支持や助成政策からの撤退、地価高騰が進むもとで順調に育たず、若手担い手の減少と高齢化、（販売）農家の減少、耕作放棄地の増大といった日本農業の後退が進んだ。

ＷＴＯ体制下の自由化状況に耐えられるように、政府の政策的支援下に戦後自作農体制の分解と借地関係の拡大のもとでの農業経営規模の拡大が追求された。そのもとで、北海道をはじめ各地で個別農家経営、法人経営、集落営農、作業受委託など様々な形での規模拡大が進みはした。しかし、その規模拡大が追いつかないほどに外圧下の貿易自由化と円高が急進した。そのもとで、これら大規模経営といえども安定性を欠くものが多く、日本農業の主要な担い手として、農業と食料自給率の後退を食い止めることができる存在になっていない。これら大規模経営は、他の多くの農民経営が農業に見切りをつけ生産から退場していき、日本農業が全体として後退を続けるなかでの「功成る一将」といえる。だが、今日の「功成る一将」は明日にはもうその座を維持できず、限りない規模拡大に追い立てられることになる。

また、のちの六「先進資本主義国農業」の項でもふれるが、貿易と投資の自由化のもとで、規模拡大、「多投入型」農業経営が政策的にも追求されるなかで、環境と食の安全・安心の破壊も進行した。それに危機感を抱き、それらを守ろうとする市民、消費者側の要求が日本でも強まった。また、その地域特有の多様で、旬の、新鮮でおいしい農産物に対する要求も強まった。それらの要求に応え、市民と連携しつつ、たとえ経営規模は小さくとも、持続可能で、安全で安心できる農業を行い、農産物（加工品を含む）を提供しようという農民側の動きも強まった。それは、日本農業が全体として後退局面にあるなかでの貴重な努力だといえよう。

日本農業の後退がつづき、食料自給率が四〇％にまで低下するもとで、多くの国民は日本の食料安全保障に危機感を抱き、自給率向上に注力すべきだとした。その声に押されて自民党政権は、二〇〇〇年の「食料・農業・農村基本計画」で一〇年後の二〇一〇年には自給率を四五％に引上げる目標を掲げた。しかし、一％たりとも引上げることができず、自給率はその後も四〇％に張りついたままで、目標年次の二〇一五年への先延ばしを宣言せざるを得なかった。

自民党政権の向こうを張って登場した民主党政権は、二〇一〇年の「基本計画」で、二〇二〇年には自給率を五〇％に引上げる「大目標」を掲げた。だが、自給率は上向くどころか一一年には三九％に低下した。当初、民主党政権は、上層経営に絞りこんで所得補償を行おうとした自民党政権に対して、「多様な農業の担い手」を対象に「戸別所得補償」を行い、そのもとで自給率を向上させることも可能だとした。しかし、戸別所得補償は自民党から悪しきバラマキ農政と攻撃され、また財政的制約も加わってこの制度の前途は危うく、自給率向上に寄与しそうもない。そもそも、自民党政権と同じく、WTO現行ルールと日米安保体制を前提に政策を組み立て、TPP（環太平洋連携協定）参加に意欲を示す民主党政権が自給率向上を実現することは不可能というべきである。

農水省調査による農家一戸当り平均所得の推移は、一九八〇年代までは農業所得は減っても兼業所得が増えて農家所得も増えることを示した。だが、九〇年代以降になると、農業所得のみならず長期不況下に兼業所得も減るもとで、農家所得も減るという、かつて見られなかった農家経済の危機が現れるようになった。高度経済成長期に見られた農家経済の好状況は明らかに崩れてきた。そのもとで、耕作放棄や潰廃による農地の減少、農業就業者の減少と高齢化に示される日本農業の危機と食料安全保障の危機が止まることなく進みつつある。

日本経済と農業の危機打開に向けて

日本政府もこのような事態を危機として捉えざるをえなくなり、二〇〇〇年、GATT DR（ドーハ・ラウンド）の交渉開始に当って『WTO農業交渉　日本提案』を政府としてまとめ、副題を「多様な農業の共存をめざして」とした。それは、WTO現行ルールがアメリカをはじめ大農場制・大農産物輸出国本位のものとなっていて、国際ルールとして公正さを欠いており、もっと各国の風土的条件の差による農業の多様性を許容するものに改めるべきだとする妥当な提案だった。しかし、この折角の提案も対米配慮もあってその実現を目指して国際的働きかけに注力することなく、現実には店晒しにされた。
風土的条件と農業生産者の高い技術力のもとで、日本では多様性に富み、品質的にも優れた農産物とその加工品が生産される。しかし、福島原発事故による風評被害も加わって食の安全性が大きく損なわれる事態が発生した。除染の徹底、脱原発、再生可能エネルギーの開発による食の安全、安心の回復が強く求められる。それらが実現し、農業生産基盤がしっかり確保されれば、日本食に対する評価が世界的に高まりつつある今日、急成長を遂げ、中間層も急増するアジア向けを中心に、日本の優れた農産物とその加工品の輸出を増進する可能性もかなりあるといっていい。円高の急進や領有権問題を巡る国際紛争はその障害となるが、円高の抑制と平和共存による紛争の打開が日本農業の再生のためにも強く求められる。

このようにして、日本経済と農業が直面する危機をどう打開し、その再生を図ることができるのか、そのもとで食料安全保障を含め国民がどのようにしてより安心でき、安定した生活を送ることができるのか、が問われる時代を迎えている。

そのさい、箇条書き的に列挙すればつぎのようなことが課題となるといえよう。これらはいずれも日本国憲法第九条や第二五条の内実化に関わるものでもある。

まず、日本経済と農業の再生の国際的条件に関わる問題である。平和共存あっての経済、国民生活であり、農業、食料安全保障である。諸困難があっても平和共存のための国際環境を確保することがまず何よりも重要である。そのために、日本経済と農業の有り様に重要な影響を及ぼしてきた、従来の安保体制下の対米従属・依存を見直し、平和共存をかかげるＡＳＥＡＮを軸とするアジア諸国との連携（ＡＳＥＡＮプラス三、六、一〇といった）を平等、互恵の原則のもとで強化していくことが当面の課題となろう。アジア地域は今や世界の経済成長と興隆の中心であり、日本経済がこんごもさらに関係を深めていくところである。その地域で平和共存、平等、互恵の原則のもとで連携を強めていくことはこれからの日本経済と国民生活の再生および自立的発展にとって極めて重要である。

ＴＰＰ（環太平洋連携協定）参加の意味するもの

民主党政権や日本の財界が参加に意欲を示すＴＰＰは、原則として例外なき関税ゼロ化や大幅な規制緩和を目指すなど、農業に止まらず医療、保健など広範な分野に甚大な打撃を加え、食料自給率向上の目標にも完全に逆行するものといわなければならない。農水省も、今いわれている条件を前提に日本がＴＰＰに加われば、農林水産業は大きな打撃をうけ、食料自給率はさらに一四％にまで激落するであろうと試算している。

アメリカを主軸とする現在のＴＰＰ参加九カ国に、さらに日本、カナダ、メキシコが加わるとすれば、一二カ国のＧＤＰのうち、五九％をアメリカ、二二％を日本が占め、この二カ国だけで八一％と圧倒的比重を占めることになる。ＴＰＰは、安保体制下にある米日（アメリカ優位）主導、巨大多国籍企業主導のルールのもとでアジア・太平洋地域の経済成長の有利な取り込みを図る経済連携協定（ＦＴＡ）であり、平和共存下に経済および農業の再生と自立的発展をめざす日本として参加すべき道ではない。

「ＡＳＥＡＮプラス」の経済連携が追求されている多くの地域では、家族的農民経営が農業の主要な担い手となっており、現行ＷＴＯやＴＰＰのように大農場制・大農産物輸出国基準を押し付けることはまずない。前述の「ＷＴＯ農業交渉　日本提案　多様な農業の共存をめざして」をもとに、日本がＷＴＯ現行ルールの改定を求め、農業の多様性を相互に尊重しつつ、アジアで経済連携の交渉を進め易い地域である。また、品質の優れた日本の農産物、食品を輸出する可能性も大きい地域でもある。

二〇一三年四月二五日追記：以上の概要論述がベースにしている『日本資本主義の食と農　軌跡と課題』(筑波書房ブックレット、二〇一一年)の刊行後、TPPを巡って新たな事態が発生した。

二〇一二年一二月の総選挙で大勝し、民主党に代わって政権の座に復帰した自民党(公明党と連立)・安倍晋三政権は、一三年三月一五日、TPP交渉への参加を正式に表明した。そのさい安倍首相はTPP参加が日米安全保障絡みであることを明らかにした。「普遍的価値を共有する国々と経済的相互依存関係を深めていくことは、わが国の安全保障にもアジア太平洋地域の安定にも大きく寄与する」、とした。

政府はTPPに参加したばあいの影響試算も同時に発表した。それによるとGDPが一〇年後に実質三・二兆円(わずか〇・六六%)増加するものの、農林水産業の生産額は三兆円減少、食料自給率(カロリーベース)も二〇〇九年の四〇%から二七%に低下するとしている。政府自身、農林水産業に甚大な打撃がもたらされると認めている。

TPPを巡って二〇一三年四月までに新たに生起した事態をふまえての論稿は、暉峻「日本の農業と食の安全を破壊するTPP」(『経済』No.214、新日本出版社、二〇一三年七月)を参照してほしい。『筑波書房ブックレット』をベースに本論で述べた趣旨をいまここに変更する必要がないばかりか、ますます声を大にしてTPP参加に警告を発せざるを得ない。

以上の国際的関係のもとで、労働し生活する国民をベースにした日本経済再生の基本的条件は何か。従来日本は、自動車、電気機器など巨大企業を基軸にひたすら高い経済成長を追求する「企業国家」の道を突き進んできた。その道が壁にぶつかり、国民の労働と生活の基盤が掘り崩されつつあるこんにち、転換の中身は国民の労働と生活の場の安心と安定に基礎を置き、食料安全保障や教育も含む広義の「福祉型国家」の構築であろう。それは、従来の巨大企業を基軸にひたすら輸出増と高利潤、高成長を追求する方向とは異なる道の選択を意味する。

原発依存からの脱却と再生可能エネルギーの開発。貧富の格差によらず、貧しい家庭の子供にも自分の能力と生き甲斐を将来発揮できるような高等教育を受ける機会の提供。それによって日本の高い文化的、技術的水準が開発、確保される。ＧＤＰで日本は世界第二位、第三位の経済大国とされながら、教育機関への公的支出割合は先進諸国中最低の部類にあるという恥ずべき「教育貧国」であり、家計の教育費負担は極めて重い。

女性が結婚・出産後も安定して、かつ安心して働いて経済と社会の発展に貢献できる条件を整備すること。それは、男性も含めた労働者の労働と生活条件の改善の一環である。

前述したように、高度経済成長期、日本は「未熟で不完全な福祉国家の形成」に終わった。その福祉さえ財政再建の名のもとに削減されつつあり、「企業内福祉」も削減されつつあるこんにち、国民が安心でき安定した生活を送れるように充実した福祉国家を構築することが当面する重要課題というべきであろう。

このような労働条件の改善や本来の福祉国家の充実によって国民の労働と生活に基礎を置いた新たな内需も拡大することも可能になるだろう。

良質で安全かつ安心できる食料の基礎的部分が日本の農業によって提供されるという食料安全保障の確保も「福祉型国家」構築の重要な一環であることはいうまでもない。

農業再生と食料安全保障

農業再建の中身はどうか。いま、多くの農地が潰廃、耕作放棄されて減少し、農業の担い手の高齢化と減少が進んでいる。農業の再生と食料安全保障の確保のためにもこの事態は放置できない。主食用米の生産のための水田の四割もが減反されている。農地の基盤である水田を乾田化し、その多面的利用を増進することが強く求められよう。

戦後、日本は麦類や飼料穀(作)物の生産を放棄し、それらは極度の対米輸入依存になった。そのもとで、本来土地利用型であった畜産が極度に輸入飼料依存の加工型畜産という歪んだ姿になった。耕作放棄地や水田に飼料作物(飼料稲・米を含む)を作り、林野利用と合わせて、本来の土地利用型畜産を強化すべきだろう。その方向は、麦類の増産とあわせて、自給率向上と食料安全保障に大きく寄与しうるであろう。

これらは従来政府も実施しようと政策に掲げてきたことである。しかし、市場原理主義的、対米配慮優先的な対応のもとで、きわめて不十分だった。これらの実現のためには政府による助成が必要とされる。日本農業は「過保護だ」とする攻撃が財界やマスメディアから盛んに行われる。だが、それは事実誤認である。日本はこんにち米(七七八%)などごく少数の農産物に限って高関税を課して保護しているが、農産物平均関税率はＥＵやスイス、北欧などに比べて低い(二〇〇〇年のデータ)。また、ＷＴＯのもとで削減対象とされる国内農業保護額はＥＵの七分の一、アメリカの三分の一ほどで、農業生産額に対するその割合（七％）も、ＥＵ（一二％）より遥かに低く、アメリカと同等である。さらに、農業所得に占める政府による直接支払いの割合（一五・六％）も、ＥＵやスイス（九〇〜九五％台）はもとより、アメリカ（二六・四％）よりも格段に低い。日本はこれらの国に比べると農業保護「過少国」とさえいえる。このような事態は、自動車や電気機器などの大企業本位にその輸出拡大とそれによる経済成長に注力することを国益としてきた結果といえる。日本政府は農業自給率向上と食料安全保障のために農業に対する助成をむしろ強めるべきだ。そのためにも農産物の増産刺激的な助成の削減を一律に義務づける現行ＷＴＯルールを変える必要がある。二〇一二年、政府は遅まきながら、若年層をはじめとする農業への新規参入者に対する助成開始を決めるが、それは不十分ながら一歩前進といえよう。

大凡、以上のようなことを二と三の『一五〇年』と『日本資本主義の食と農』で述べた。

四　『日本資本主義と農業保護政策——農基法成立後の日本農業の再編過程』［編著］（御茶の水書房、一九九〇年）

この本は、一九九〇年、私が東京教育大、信州大、宇都宮大と国立大学を渡り歩いて定年退官を迎えるにあたって企画、刊行された。

この本が執筆された当時の時代状況を簡単に説明しておこう。六〇年代の高度経済成長の時代が去り、七〇年代の二度の石油危機のもとで日本を含む先進諸国はスタグフレーションに陥り、台頭した市場原理主義的政策手法による経済の立て直しに躍起になっていた。

八〇年代に入ると過剰農産物の輸出をめぐって、農産物輸出大国アメリカとＥＣとの間の対立が激化し、また日米間にも貿易を巡って深刻な対立が生じていた。そういった問題をアメリカの主導下に農業保護の削減によって市場原理主義的に打開すべく、八六年から貿易、投資の自由化を格段に進める国際ルールの構築を目指してGATTUR交渉が開始されていた（九三年合意に到達、九五年WTO発足）。

西ヨーロッパではフランス、西ドイツを軸にEC共通農業政策（CAP）が展開され（六八年、農業共同市場一応完成）、超大国アメリカに対抗、自立すべく農業保護政策（共通関税や価格支持など）が採用され、そのもとで農業構造の近代化と農産物の増産と自給率向上が達成された。さらに農業保護政策によって農産物が過剰化するもとで、輸出補助金付きでの域外輸出増進が図られ、それをめぐってアメリカとのあいだの対立が激化していた。GATTUR農業交渉の重要局面は農業保護削減を巡るアメリカとECの対立の調整にあったといってもいい。ECとしても農産物過剰を抑制するために農業保護を削減し、環境や景観といった農業の多面的機能を重視する方向に保護を転換していく必要が新たに生じた。

敗戦と安保体制下に置かれた日本のアメリカに対する地位は、ECに較べると対米従属・依存的で脆弱だった。新鋭重化学工業を軸に経済を復興させ、日本をアジアの反共拠点として育成しようとしたアメリカの占領政策と、朝鮮・ベトナム戦争の特需で拍車をかけられて、日本は対米を中心に輸出を急速に伸ばし、世界的にも例をみないほどの高度経済成長を遂げて経済大国化した。そのもとで前述した空前の基本法農政が展開された。五五年にGATTに加入した日本は高度成長期にこの体制に本格的に参入し、農産物についても六〇年、七〇年代初めを節目に自由化を大きく進めた。

そして日本は七〇年代以降の不況を、七〇年代初めのブレトン・ウッズ体制の崩壊、八五年のプラザ合意のもとでの円高・ドル安への急激な移行にも拘らず、対米輸出を伸ばしつつ相対的に有利に切り抜けた。

そのもとでアメリカの対日貿易赤字は累積しつづけ、日米間の貿易摩擦がアメリカにとって放置できないほどに熾烈化した。

前述したように（Ⅲ二、三）、アメリカからの要求による八〇年代半ばの「日米経済構造問題協議」によって、日本はアメリカ側から輸出指向型経済構造の内需主導型への転換、基本法農政下に成長部門とされた柑橘・牛肉とその加工品、さらに将来的には米の市場開放と自由化、農産物貿易における「比較優位原則」の適用を強く迫られた。

ＥＣに較べてアメリカに対する地位の脆弱な日本は、そのアメリカの要求を全体として受け入れる形で経済政策と、貿易を含む農業政策を大きく転換させ、農業保護を後退させることになった。住宅建設やリゾート開発を軸とした内需拡大のための大々的公共投融資は異常なバブルを生み、九〇年にはじけるべくしてはじけた。巨額の不良債権を抱えた金融機関救済のために巨額の公的資金が投入された。そのもとで日本の財政状況は頓に悪化し、財政緊縮のために国民の労働と生活の場へのしわよせが行われ、「失われた一〇年、二〇年」の長期不況に苦しむこととなった。

対米農産物市場開放の推進による農業保護の後退のもとで、成長部門とされた果樹作や畜産部門をはじめ、基幹部門である稲作にも打撃が及び、日本農業の後退と食料自給率の低下に拍車がかかろうとしていた。日本農業の危機が意識されるようになった時代だった。八五年を転機に以後、農業生産指数や粗生産額はいずれも低落を示した。この本が執筆、刊行されたのはこのような時代背景のもとであった。

この本は、一九五〇年代前半の高度経済成長の助走期から、以後それが本格化し農業基本法（六一年）農政が展開する六〇～七〇年代、さらに高度成長が終焉し、低成長と市場原理主義に移行していく八〇年代に至る日本の農業とその構造の変化、それに対応した農業保護政策の変化を、総論的、さらには農業の分野別、地域別に追究し、あわせて七〇年代以降のＥＣ共通農業政策下のフランスを中心とする農業動向を日本とも対比する形で明らかにしようとした。

当時、私が研究上の交流を密接にもっていた、教育大時代の私のゼミ出身の研究者を含む二〇名の若手研究者が、当時の各自の研究上の関心にしたがって各章を分担執筆した。各執筆者は、研究対象と捉え方にそれぞれ違いはあったにしても、「マルクス経済学」をもとにして農業問題を研究し、市場原理主義の台頭下に体制側が打ちだす諸政策のもとで農業の後退と危機が深まりつつあり、それを打開するために主体の問題を含めてどうすべきかを考えるという点では関心を共有していたといっていい。この本は文部省の科学研究費の助成をうけて刊行されたが、この本の企画は、教育大時代のゼミ生・田代洋一（横浜国大）が中心になって担当してくれた。

私はこの本の「序章　本書の課題と構成」、「第一章　高度経済成長期の農業保護政策」を執筆した。「序章」では、さきに述べたこの本の時代背景とほぼ同様のことを述べ、全二〇章にわたって分担執筆された各章について、その概要を説明した。

「第一章」で私は、一九五〇年代から七〇年代初めの高度経済成長期の農業保護政策の推移と特徴を三つの時期に分けて考察した。Ⅰは五一～五四年の高度経済成長の助走期で、「総合的食料増産政策」が展開される時期。Ⅱは五五年～六五年の高度成長が本格化し、「基本法農政」が展開される時期。Ⅲはベトナム戦争特需のもとでⅡを上回る高度成長が実現し、そのもとで農業部門でも歪みと影が現れ、「総合農政」が展開される時期。

Ⅰでは、敗戦後に極度に落ち込んだ経済の復興と「自立」を目指して、工業では戦前系譜の軽工業から新鋭重化学工業への編成替えの基礎工事が推進された。それに対応して、農業でも戦後の極度の食料不足を打開すべく「総合的食料自給度向上」を旗印に「食料増産計画」が立案された。そこでは、アメリカの食料戦略に乗る形で小麦や大豆、飼料穀物は対米依存して増産から切り落としていきつつ、米を中心にその他の農産物を増産すべく、農地改革後の零細自作農体制全体を生産の基盤に、「食糧管理体制」下に増産刺激的価格政策（公定政府買入価格に「付録米価」を付ける形での）や土地改良事業などが展開された。

Ⅱでは、「新長期経済計画」（五六年）、「国民所得倍増計画」（六〇年）など経済成長推進政策のもとで、新鋭重化学工業・大企業を基軸に高度経済成長が実現し、それまで零細自作農体制のもとに滞留していた過剰人口が若者をはじめ都市、製造工業や土建部門などに低賃金で大量に吸引されるという空前の事態が発生した。そのもとで所得水準も次第に上昇していき、食料農産物に対する需要も増大、高度化した。

農業、農政を巡る状況にも注目すべき変化が生じた。「新農村建設事業」（五六年発足）、「農業基本法農政」（六一年発足）が展開された。増大し高度化する食料需要に対応して、国民の基本食料である米や、畜産物、果実、野菜類の増産を図る（他方、麦や大豆、飼料穀物は対米依存で切り捨てる）「生産の選択的拡大政策」が採用された。

また、農政が対象とする生産の担い手も、従来のように零細自作農体制丸ごとではなく、零細層の賃労働者化による脱農のもとで、その農地を集積しつつ都市勤労者世帯並みの所得を農業所得で実現しうるような、より規模の大きい「自立経営」の育成に軸足を移すこととなった。その「自立経営」が市場向け農業生産の大宗を担えるように、零細自作農体制の分解を促す「構造政策」が採用されることになった。「自立経営」は基本的に家族協業体としての農家を基盤とする個別経営として捉えられ、協同（業）組織も同時に構想はされたが、それは「自立経営」を補充する副次的なものとして位置づけられた。

農家労働力が大量に脱農、流出するもとで、零細農家の農地が「自立経営」農家の手に流動化することが展望され、その方向を政策的にも促進することが望ましいとされた。このような「構造政策」は、従来の零細（自作）農を丸ごと保護しようとした（過）小農保護政策と違って、日本の農政史上も空前の（過）小農分解政策であり、それによって日本農業がようやく合理化と近代化の緒に就くことが期待された。

「自立経営」を育成すべく、土地基盤整備や機械化のための公共投融資が推進され（「農業構造改善事業」（六二年開始）や「農業近代化資金助成法」（六一年）など）、「自立経営」を基準に「選択的拡大」部門の増産と経営の安定を図るために農産物価格支持政策がこの期に整備された（米価：「生産費および所得補償方式」の採用（六〇年）、「畜産物価格安定法」（六一年）、「原料乳不足払い制度」採用（六五年）など）。

このような施策のもとで、総じて農民の増産意欲は刺激され、「選択的拡大部門」の生産は拡大し、「構造政策」のもとで「自立経営」が順調に育成されることが期待された。

Ⅲでは都市、工業部門のみならず農業部門でもⅡでは見られなかった壁や影が新たに生じてきた。日本は六五年不況の一時的中断を経て、ベトナム特需に支えられつつ新鋭重化学工業・大企業を基軸にⅡ期を大きく上回る高度成長を実現し、経済・輸出大国、国際収支黒字基調国にのしあがった（六八年、ＧＮＰで世界第二の経済大国に）。日本の追い上げのもとでアメリカの貿易収支は悪化し、日米間の貿易摩擦も強まり、七〇年代始めにアメリカはもはやブレトン・ウッズ体制を維持できなくなった。固定相場制から変動相場制へ移行し、ドル安・円高の時代が開始された。

急激な経済成長のもとで、歪みと影もまた急成長した。労働者の長時間・過密労働による労働力乱費、都市の過密と農村部での過疎、環境破壊と公害がこの期に噴出した。これらに抵抗し、人権と環境を守ろうとする労働・住民運動が盛んになった。都市部を中心にこの期に革新首長が誕生した（六七年、美濃部東京都知事の誕生）。

農業部門でもこの期にこれまでの基本法農政が壁にぶつかる新たな事態が発生した。日本人のパン食普及、食の洋風化に促されて、基本法農政が増産と近代化の柱に据えた稲作部門で、六八年に早くも「米の過剰」が発生した。従来連年引上げてきた政策米価を抑制せざるを得なくなり、「食糧管理制度」のバイパスとして「自主流通米制度」を発足させるなどの政策的対応を迫られた。増産刺激的価格政策を転換し、そのもとで構造政策を実施する必要が生じた。

高度成長下に乱開発、つまり工場や住宅建設などのための農地の農外転用と潰廃が進んだ。そのもとで農地を巡る生産条件が悪化した（日照や農業用水の劣悪化、分散錯圃の固定化など）。輸入飼料依存の加工型大規模畜産の発展は土壌・生活用水を汚染した。農村での過疎化の進行は、農家の高齢化や集落機能の喪失を招くなど、農業、農村を巡る環境が悪化した。

農地価格の上昇のもとで農家が農地を資産的に保有する志向が強まった。それは先祖代々の農地を守ろうとする志向と相まって農地流動化と農業構造改善を阻害する条件として作用した。また、工場が農村部にまで進出して農家労働力を賃労働者化しようとするなかで（七一年、「農村地域工業導入促進法」）、農家は兼業化を強めつつ零細農業を継続しようとした。農業機械化の急進展、農村の車社会化がそれを可能とした（七〇年代、稲作機械化一貫体系の完成）。農家労働力が雇用される賃金の低さと、将来の雇用や生活の不安定も零細経営を保有し続けようとする志向を強めた。

もともと日本農業には水田稲作と分散錯圃制下の零細経営という特徴のもとで、経営規模を拡大して農業近代化を進めるうえで困難があった。それに加えて以上述べたような諸条件が重なって、稲作部門をはじめとする土地利用型農業部門での個別経営体としての「自立経営」の形成は政策担当層が期待したように進展することは困難だった。

以上の事態を踏まえて、六〇年代末には日本農業の構造を改善するためにより総合的観点から多面的に「構造政策」を実施していく必要があることが認識された（七〇年、「総合農政基本方針」閣議決定）。「総合農政」のもとで次のような施策が新たに編みだされた。水田農業の基盤のもとで生産調整（減反）や他作目への転換を実施するために、地域（集落を基礎とする）での話し合いと合意の形成を行う。乱開発を防ぎ農業構造改善を進めるためには、土地利用計画をきっちり定め、農業的に利用すべき農地の確保を図る（六九年、「農業振興地域の整備に関する法律」）。減反と兼業農家の滞留のもとで構造改善を進めるためには、兼業農家を含めた「集団的生産組織」、「広域営農集団組織」、農業法人を作っていく必要があり、それによって農業のシステム化を図る。農地価格の高騰のもとで構造改善を進めるために、農地賃貸借による流動化を進める（七〇年、「農地法」改定。農地改革による自作農主義綻びはじめる）。（兼業）農家の離農を促すためにも、国民年金制度の上乗せとして「農業者年金制度」（七〇年）が、また、さきの「農村地域工業導入促進法」が導入された。

このような「総合農政」の推進によって、日本農業の構造改善の推進が図られたが、七〇年代初め以降の円高・ドル安と農産物貿易の自由化の急進に阻まれて順調には進行しなかった。

以下、私以外の各執筆者の氏名と分担項目（表題は簡略化）のみ記しておこう。第二章　経済構造調整、田代洋一、第三章　国土政策、飯島充男（福島大）、第四章　農地政策、田畑保（農林省農業総合研究所、のち明治大）、第五章　土地改良政策、堀口健治（東京農大、のち早稲田大）、第六章　農業構造政策、後藤光蔵（武蔵大）、第七章　食糧管理政策、三国英実（広島大）、第八章　財政再建、水本忠武（宇都宮大）、第九章　金融政策、栗原るみ（福島大）、第十章　ＥＣ・ＣＡＰ、清水卓（駒沢大）、第十一章　水田農業、宇野忠義（農業総合研究所、のち弘前大）、第十二章　畜産の生産構造、新山陽子（京都大）、第十三章　果樹の再生産構造、豊田隆（筑波大、のち東京農工大）、第十四章　林業政策、笠原義人（宇都宮大）、第十五章　北海道農業、牛山敬二（北大）、第十六章　東北農業、宇佐見繁（宇都宮大）、第十七章　九州農業、磯田宏（佐賀大、のち九大）、第十八章　地域の経済と農業、守友裕一（福島大、のち宇都宮大）、第十九章　農協青年部と後継者問題、青木紀（北大）、第二十章　農民の主体形成、鈴木敏正（北大）。

五　“Agriculture in the Modernization of Japan (1850 – 2000)” (Ed.) (Manohar, Delhi, India, 2008.)

これは、英語圏の人びとに、日本の農業・食料問題についての理解を広め、深めてもらうために刊行した。従来、日本の社会科学研究者、とりわけマルクス経済学系統の研究者は、国内では侃々諤々の論を展開して理論と現状分析での「ガラパゴス的進化」に寄与したといえるが、それらを外国人向けに発信する努力がきわめて不十分だったように思う。グローバル化の時代を迎えて、このさい、世界でもっとも広く通用している英語で、日本の農業・食料問題の一五〇年にわたる歴史的推移と現状を総括的に伝える必要があると考えて、この英語本の出版を思いたった。

刊行にあたっては、インド、Delhi大学東アジア研究科の教授・G.BalatchandiraneがManohal社と交渉してくれ、三七五ページというかなり大部のこの本を比較的に安価に刊行することができた。彼は日本の農業問題の歴史にも関心をもち、かつて金沢大学に留学して林宥一のもとで研究し、私の本も読んでいて私とも面識があった。

また、イギリスのOxford大学のSt.Antony's College（Nissan Institute）のEmeritus Fellowで日本の農業史にも詳しいDr.Ann Waswoがこの英語本の表紙に「推薦文」（Blurb）を書いてくれた。

英語版の刊行にあたっては、日本語版『一五〇年』の「戦前期」の部分は第一章を中心に圧縮し、「戦後期」に重点をおく形に編集し直した。しかし、英語版の論旨は『一五〇年』と同じと考えていいので、ここではその概要の紹介は省略する。

原文日本語の原稿執筆者も『一五〇年』と同じで、ここでも私は「戦後期」を執筆し、さらに本書全体にわたる「概要」と「序文」の執筆、校閲に当たった。ところが、大正期から世界大恐慌を経て戦時体制に至る時期を扱う第三章と第四章担当の林宥一が、一九九九年九月、金沢から北海道への帰郷の途中、心臓発作で不慮の死を遂げるというアクシデントが起こった。彼の日本語の遺稿は私がうけつぎ、英語版出版にむけた作業を担うことになった。

英語版を刊行したいという志は良かったが、完成させるまでの作業は思いのほか難航し、八年近くの歳月を要した。英語への翻訳は、かつてワシントン大学で日本史を学んだアメリカ人女性、Sarah Akamineが引きうけてくれた。彼女はワシントン大学卒業後、しばらく金沢で生活し、日本人の男性と結婚、アイルランドの民俗音楽に魅せられて夫婦でアイルランドに移住した。日本語は良く理解できるが、農業問題や社会科学について専門知識をもっていたわけではない。

多くの図表を含め、日本語の原稿全般にわたり熟語を中心に私が英文化し、それをアイルランドにPCで送って翻訳してもらい、送られてきた訳文を全般にわたり点検し、問題点について相互の調整作業を行った。それはかなりの難事業だった。何しろ、法律用語一つとってもそれをどう英語で表記できるかは簡単ではなかった。最近は官公庁が法律にも英文名を併記することが多いが、古いものについては不明で、図表を含め、こういった熟語の英文処理のためにも官公庁や知っていそうな人と連絡をとり、文献に当たって調べるなど、細かいことに多大の労力と時間を費やした。

翻訳を担当してくれたSarah Akamineにとっても、さぞ難解だったにちがいない日本語の大部の原稿の翻訳は大変困難な作業だったことだろう。それをよくぞ一人でやり遂げてくれたと彼女に感謝している。と同時に、いま振り返ると、自分も七面倒臭い作業をよくぞやり遂げたものだという思いが強い。執念の産物といえる。

二一世紀を迎えたこんにち、アジア、とりわけ東アジアで、平和共存のもとで経済連携を強め、「共同体」を将来どう構築することができるのかが重要な課題となっている。そのような状況のもとで、この英語版とともに、前述したハングル版、中国語版の刊行は、この地域の人びとが、日本の過去から現在に至る農業、食料問題の推移についての理解を広め、深めるのに若干なりとも役立つのではないかと思うし、そう願っている。

この英語版『一五〇年』に対する、学術雑誌での書評はつぎのごとくである。

（1）G.Balatchandirane: Teruoka,S.,ed.,Agriculture in the Modernization of Japan（1850-2000），（The Japanese Journal of Rural Economics ,Volume 10, 2008（Journal of Rural Economics Vol.79 No.5）），The Agricultural Economics Society of Japan

（2）Penelope FRANCKS: Agriculture in the Modernization of Japan（1850-2000）（Shuzo Teruoka,ed.），（Social Science Japan Journal, An International Journal of Social Science Research on Japan, Volume11 Number 2 Winter 2008）,OXFORD JOURNALS

六　先進資本主義国農業やユーゴ「自主管理社会主義」のことなど

先進資本主義国農業

「日本資本主義の農業問題」という私の中心的な研究課題を、より広い視野で捉え深めるべく、私は欧米先進資本主義諸国の農業の動向にも関心をもち、若干研究もした。いまから二〇年以上も前の、ＷＴＯ（世界貿易機関）設立以前に書いたものであるが、ややまとまった形での論文（四〇〇字詰め原稿用紙約一八〇枚）を「現代資本主義と先進国農業——日本・アメリカ・ＥＣ基軸国——」（『季刊　科学と思想』84号、新日本出版社、一九九二年四月）と題して発表した。その他、本書巻末に添付した『経歴』のなかの「外国出張」欄にもみられるように、イギリスやフランスを中心に西欧諸国の農村や、アメリカの農村を何回か訪問して、随想風の小論稿をいくつか執筆した（『著作目録』のなかの「論文」・「⑶海外・社会主義農業分析」、「調査資料」を参照）。[2]

ここでとりあげる論文「先進国農業」で述べている概要はほぼ以下の如くである。

論文発表の九〇年代始めは、ソ連・東欧「社会主義」の崩壊という劇的事態のもとで「東西冷戦体制」が終焉して間もない時期だった。超大国アメリカ（すでに七〇年代以降、斜陽化の傾向を示しつつあったが）を先頭に、西欧ＥＣ（ヨーロッパ共同体、当時）では英・独・仏・伊、アジアでは日本といったＧ７が主導するかたちで、資本主義がＩＣＴ革命の進展とも絡んでグローバルに急展開しつつあった。市場原理主義の潮流が強まるもとで、世界の貿易や投資のルールの自由化を格段に推進し、ＷＴＯ（世界貿易機関）の早期設立を目指すＧＡＴＴＵＲ（ウルグアイ・ラウンド）が進行中であり、合意到達も近かった。こういった状況のもとで巨大企業の多国籍企業化が急進し、競争の激化と統合、寡占化が進み、現代資本主義における巨大多国籍企業の主導性が強まった。

まず**アメリカ：**軍事・金融・経済・農業超大国アメリカは自国で基本的食料の自給を達成しているばかりでなく、農産物輸出の超大国であり、同国に本拠をおく巨大アグリビジネス多国籍企業が農産物・同加工品（以下、農産物とする）の市場、輸出市場で主導的力を発揮していた。穀作・畜産・蔬菜園芸作などの農業分野ではごく少数の巨大な企業型の市場・輸出指向的農場に生産が集中しつつあった。アメリカは、ローン・レートの設定による最低価格保障、目標価格設定のもとでの不足払いなどによって農業に対する手厚い保護政策を行うとともに、それが安い価格での農産物輸出をも可能にし、事実上の「隠れた輸出補助政策」の役割をも果たしていた。

これら巨大な近代的、効率的経営のもとでの大量生産は品目が単一化され、そこでの大型農業機械、農薬、化学肥料の大量投入は土壌の固化や劣化、硝酸態窒素による地下水汚染、残留農薬による農産物の安全性の破壊など様々な環境問題を発生させ深刻化させた。さらに、大量の農産物輸出はアメリカから大量の土壌、養分元素（N・P・K）を流亡させて土壌侵食を引き起し、逆に日本のように大量の農産物をアメリカから輸入する国では窒素分の大量流入のもとで、地下水や水の汚染、富栄養化といった環境問題を発生させた。

貿易赤字に苦しむアメリカは農産物の輸出拡大を戦略的課題にすえ、GATT体制のもとで、一方では、輸入国に対しては農産物の増産を刺激するような助成の削減を求めつつ、他方では、巨大経営の手で大量に生産されるアメリカの農産物を世界に売り込むために、市場開放と貿易自由化を強く求めた。それが、フランスをはじめ農産物輸出指向を強めるECとのあいだで農業保護政策の削減と輸出市場の確保を巡る激しい対立を引き起すこととなった。また、日米安保体制下に対米従属・依存の状態にあった日本は、アメリカからの強い農産物市場開放の圧力のもとで、農産物輸入自由化を推し進め、円高の進行と相まって農産物輸入の急増、農業の後退と自給率低下、農業と食料安全保障の危機の深化を招いた。

近代的、効率的とされる大量生産の巨大経営が深刻な環境問題を引き起すなかで、従来、農業保護政策のもとで近代的経営の成長を支援してきたアメリカ政府の政策にも一定の変化が現れてきた。農業機械・農薬・化学肥料「多投入型」の環境破壊的農業に対して、それらが「低投入型」である、環境保全的で「持続可能な農業」（Low Input, Sustainable Agriculture, ＬＩＳＡと略称される）や有機農業の開発研究のために予算をつけ、政策的に支援しようとする動きがそれである（八五年、九〇年の「農業法」）。

広大な国土と農地を抱え、生産の場と消費の場が一般に遠く離れるという困難を抱えてではあるが、アメリカでも消費者・環境保護団体の側から、安全で多様、新鮮で美味な農産物、環境に易しいＬＩＳＡを近くに求める運動が活発化してきた。また、その動きに呼応して、中小の家族経営およびその農民諸団体の側でも、消費者と連携しつつＬＩＳＡや有機農業を追求して消費者の要求に応えていこうという運動も活発化しはじめた。

ECはどうか：日本に比べてＥＣ諸国は経済的、軍事・外交的に超大国アメリカに対する自立性が遥かに強い。冷戦体制の崩壊はこの傾向をさらに強めた。貿易でも、日本に比べて対米依存の度合いは遥かに小さく、ＥＣ域内貿易の比重が過半と高い。

一九六〇～七〇年代にかけての高度経済成長のもとで、ＥＣはＣＡＰ（「共通農業政策」、六二年起点）によって強力な農業保護政策を採用し、農業の構造改革による農業近代化と、農業生産力増進による域内自給態勢の強化、さらに輸出の増進を図った。ＥＣはその周囲に強固な城壁を構築し、その域内では主要農産物に対して、国際価格より高い支持価格（指標・介入価格）を設定し、域外から流入する農産物には課徴金を徴収し、それを原資に農産物の域外輸出には補助金をつけて輸出増進を図った。対米従属・依存体制下に置かれた日本では採用し難い、自立的で強力な農業保護政策が採用されたといえる。その背景には国民生活の基礎である食料はできるだけ自国、域内で自給することが望ましく、自給率が高い水準に保持されていることが国民経済の安定の基礎でもある、という考えがあるといっていい。

このような政策のもとで、穀作や畜産などの主要な部門で農業生産力が増進し、域内自給態勢が整ったのみでなく、域外への輸出余力も強まった。また、農業構造の改善による農業近代化も進展した。零細経営を中心に離農が進み、アメリカに比べると規模が小さく、家族経営的性格が強いとはいえ、経営規模を拡大した企業型の近代的経営が成長した。そのもとで、農家の「総兼業化」が指摘される日本と違って、フランスをはじめ、一般に規模がより小さなドイツでも、専業農業経営層が分厚く保持され、農業生産の重要な担い手となった。

と同時にECでも、近代化の進展に伴う「多投入型」農業への移行は、アメリカでみたのと同様の様々な環境破壊、市民生活への脅威や不充足を発現、増大させた。大規模畜産に伴う地下水汚染は、生活飲料を地下水に依存する度合いの強いECにとって放置できない問題となった。経営規模拡大による農業近代化は、大型機械化のために圃場の境界にあった生け垣や石垣など、農村で形成された伝来的な美しい景観やそこに生息した野生動物を容赦なく破壊し、追放した。

CAPの強力な農業保護政策のもとでの生産力増進に伴う輸出余力と過剰を、ECは輸出補助金付き輸出増進政策で処理しようとした。そのもとで、同じく国内農業保護価格政策をバックに農産物輸出市場の拡大を強く追求するアメリカと激しくぶつかることとなった。GATT農業交渉における国際対立の重要局面は、ECの輸出補助金の削減を求めるアメリカとそれに反対するECの対立を巡ってであったといっていい。輸出補助金付き輸出増進政策は、途上国側でも自国農業に対して破壊的だとして反発する空気が強かった。

ECでの農産物過剰の発現、輸出補助金を巡るアメリカとの激しい対立、農業近代化のもとでの様々な環境・景観破壊、このような状況のもとで従来の強力な農業保護政策であるCAPは壁にぶつかり、修正を迫られることとなった。八〇年代にCAPの転換が起った。八五年、EC委員会は「CAPの展望」(通称「グリーン・ペーパー」)を公表した。

そこでは次のようなことが謳われた。㈠CAPの当初の目標であった農業生産力増進と食料安全保障が達成され、いまや過剰問題が重大化するもとで、農産物支持価格をはじめ従来の農業保護の水準を引き下げ、過剰を抑制する必要がある。㈡そのもとで打撃を受ける概して小規模の農業者に対しては別途助成を講じる必要がある。そのために、農業と地域経済との間の密接な関連に改めて着目し、小規模農業者と関係の深い観光、手工業（農産物加工など）、兼業（民宿、農産物販売、レストランなど）などと結びつけた、農業と農村の多角化を図っていく必要がある。㈢農業を、環境や景観の保全との関連で捉え、重視する必要がある。

「グリーン・ペーパー」を契機にCAPに新たな施策が採用された。㈠八五年以降、農産物価格支持水準の引き下げと価格支持を保障する限度数量の設定。それによる過剰と農業財政支出の抑制。㈡過剰生産誘発的助成の削減と他面での環境保全的施策の重視。そのために、農業条件不利指定地域（八六年末、EC全農地面積の五二％）の農家に対する直接的所得補償交付。新概念である「環境的に傷つき易い地域」（Environmentaly Sensitive Areas）の指定により（国土の四％以下）、その地域の農業者がLISA、畜産飼育頭数の削減、休耕を実施するさいに、面積、頭数当りの補助金の交付。耕地の保全休耕（Set Aside）政策の導入をEC各国に義務づけ、そのための補償金の交付。有機食品に対するEC基準の策定（九〇年）。総じてこれらの施策は農産物過剰を抑制し、環境と景観を保全し、食の安全を確保するためのものといっていい。このようなCAPの施策の新たな枠組みのもとで、EC各国はさらに独自の施策を導入することとなった（その内容は省略）。

日本：以上、アメリカや、フランス・ドイツ・イギリスなどEC諸国の農業と政策に対して、日本の状況は、その国際的位置づけと関わって、特異で例外的性格をもつといっていい。日本は日米安保体制と東西冷戦下、自動車、電気機器など新鋭重化学工業・大企業を基軸にアメリカやEC諸国を凌ぐ高度経済成長を遂げ、アメリカ向けを中心に輸出を急伸し、世界の経済大国にのし上がった。

その反面で、麦類や飼料穀物をはじめとしてアメリカなどから大量の農産物が輸入され、極度の農業の後退と歪み（飼料輸入に偏した加工型畜産など）、自給率の低下と食料安全保障の危機が進行した。ECがCAPのもとで主要農産物の増産と自給を達成し、そのもとで食料安全保障を確保し、さらに農産物輸出増進に注力したのとは対照的だった。日本はCAP同様、高度経済成長下に「基本法農政」（六一年起点）を採用した。だがそれは、はじめから麦や飼料穀物はアメリカからの全面輸入依存として国内生産は「切り捨て」、稲作と、飼料対米依存の加工型畜産、果樹作、野菜作の四本柱に絞って「自立経営」を育成しつつ増産を図ろうとしたものだった。だが、それも間もなく日米貿易摩擦と円高の急進、地価高騰のもとで腰砕けになるような脆弱性をもっていた。

日本は工業製品の対米輸出急増による、アメリカの対日貿易赤字急増のもとで、アメリカから農産物市場開放、貿易自由化の厳しい要求を突きつけられた。その要求は、「基本法農政」が成長・増産の柱に据えていた果樹作、畜産に関連して早急な市場開放を迫るものであり、日本人の主食である米についてさえも今後の自由化を求めるものだった。大企業主導の日本の財界と政府はこのアメリカの要求を受け入れ、円高の進行とも絡んで果実や畜産物・同加工品の輸入が急増し、果樹・畜産部門にまず打撃が加わった。

日本人の主食であり、日本農業の基盤である米については政府は辛うじて守ろうとした。だが、大量の麦のアメリカからの輸入のもとでのパン食の普及と日本人の食の洋風化の進展という壁のもとで、高度経済成長の真っ直中の六八年には早くも米の過剰が表面化し、以後、増産とは逆に大幅な減反、政府による米の買入価格の抑制、減反地の米作以外への転用を図らざるを得なくなった。ECと違って、円高の急進とも関わって、農産物輸入の急増と農業の後退、食料自給率の急激な低下が進行した。だが、工業品の輸出による豊富な外貨によって輸入さえ確保できれば、日本の食料安全保障は安泰だとする主張がアメリカ側や日本の政財界から行われた。

ところが、アメリカには「輸出管理法」(The Export Administration Act, 六九年)がある。そこでは、「大統領が外交目的の遂行と国際責務の充足のため農産物の輸出制限が必要とされると決定するとき、または、輸出制限が国の安全保障のために緊要であるとき」、農産物輸出制限を実施できることになっている。現に日本もふくめ、アメリカは過去何回かその外交目的達成の手段としてこの食料戦略を実行に移し、日本経済もそのもとでパニックに陥った経験をもっている(七三年)。(このカッコ内は今回加筆:さらに、このアメリカの法律を踏まえて、現行WTOルールは、食料輸入国には輸入制限の自由は認めないのに、輸出国には輸出する自由、しない自由を認めるという不公正な規定を盛り込んでいる)。食料自給率の異常な低水準での日本の食料安全保障は地雷の上の危うさをもっており、国民経済の基礎を安定させるためにも日本は食料自給率の向上に努めるべきであろう。

自給率の異常な低下の基礎にある日本農業の後退と危機の諸相について、高度経済成長真っ直中の六〇年とバブル崩壊時の九〇年を対比しながら本論文で考察した。だが、これについては前述したところ(Ⅲ二、三)と重なるところも多いのでここではごく簡略化する。農業の担い手については、農家、専業農家、「自立経営」、「中核農家」の激減、(基幹的)農業就業者の激減と高齢化、新規学卒者中の就農者、農外就業者中離職就農者の激減の様相について述べている。農地についても、潰廃や耕作放棄による面積の急減とその利用率の急低下などに言及している。中山間地域の荒廃の進展についても述べているが、それについては日本ものちにＥＣにならって中山間条件不利地域に対する助成、それによる国土と地域の保全を考慮せざるをえなくなる。

総じて日本農業が大きく後退を余儀なくされながら、そのもとで、六〇年以降、農業生産の近代化、つまり農業用機械、化学肥料や農薬の「多投入型」化が進展した。また、多くの農家が脱農、兼業化を強める中で、少数ではあるが日本でも上層大規模経営の形成とそれへの生産集中の傾向が進行した（ＥＣに比べて小規模だが）。これら大規模経営は単に個別農家に止まらず、畜産や園芸部門を中心に農家以外の農業事業体（法人経営、会社、集落営農などさまざま）として成立するものが多い。土地利用型の大規模経営では、農地の価格高騰、資産保有志向の強まりのもとで、借地による規模拡大が多い。これら大規模経営は多額の負債を背負うものが多く、経営の安定性を欠くものが少なくない。これら上層大規模経営は「万骨枯れる中での功成る一将」として形成されたものであり、全体としての農業の後退、自給率の低落、食料安全保障の危機の深化の流れのなかでの存在である。

大規模経営を始めとして、日本農業全般の近代化、「多投入型」化が進むもとで、アメリカやＥＣでみたのと同様の環境破壊、残留農薬などによる農産物の安全性の脅威といった問題が日本でも生じた。さらに、大量の農産物をアメリカをはじめ世界の各地から輸入する日本の場合は、長距離輸送に伴うポスト・ハーベストやフード・マイレージとも関わって、農産物の安全性への脅威や地球環境への負荷は極めて大きいものとなった。こうした中で、日本でも新鮮で安全、かつ美味で多様な、そして地元産の農産物を求める消費者運動が、またそれに応えようとする農業生産者の動きが活発化し、生産地と消費地の距離が概して短いという日本の条件下に、産直や生消提携、生協運動がアメリカは勿論のことEC諸国を凌ぐ規模と勢いで発展した。(このカッコ内は今回加筆:二〇一一年の福島第一原子力発電所の事故は日本の農産物の安全性と安心に甚大な打撃を加えたことは前述。)

以上述べてきたように、先進諸国のなかでも特異、例外的に食料自給率を低下させ、大量の農産物を輸入し、国内農業を後退させた日本にとって、食料自給率の向上、そのための農業とその担い手の確保、それによる食料安全保障の確保は当面する第一義的課題だというべきである。それは単に国民経済の基礎の安定という一国レベルの問題に止まらず、稼ぐ外貨に任せて、アメリカをはじめ世界から農産物を大量輸入するという在り方が、世界の環境保全や貧困と飢餓の緩和と克服という課題からも是認されないという問題でもある。(このカッコ内は今回加筆:自給率向上のためには、Ⅲ三でも述べたように、日本で生産が低落した麦や大豆の増産、飼料作物(飼料用稲・米を含む)の増産による、加工型に偏った畜産を本来の土地利用型に編成替えすること(それにより大量の飼料穀物の輸入削減が可能になる)が必要であろう)。

その実現のためには、トヨタ、日産、ホンダなど僅か三〇の巨大企業が輸出額の過半を占める形で輸出を急増させ、アメリカとの間に深刻な貿易摩擦を引き起こし、その跳ね返りとして日本農業に強力なしわ寄せが行われるといった経済構造を変えていく必要がある。日本の就業者の大多数を占める労働者が、企業のために世界でも稀な長時間・過密労働下に働くといった労働と生活条件の改善が必要だろう。そこでは、大企業を基軸に限りない高度経済成長と輸出増を追求する有り様は是認されない。また、アメリカに強く偏った日本の経済、貿易の在り方を、平和共存、平等、互恵の原則のもとに日本が位置するアジアにより比重を置く形に変えていく必要があろう。アメリカ本位に運用されがちな現行GATT(さらにはWTO)

の在り様を変えていく必要もあるだろう。これらの問題は、ゆくゆくは日米安保体制の問題にも関ってくることにもなるだろう。（このカッコ内は今回加筆：二一世紀に入って、日本の貿易状況に変化が生じた。貿易赤字が続き「稼ぐ外貨に任せて」農産物を大量に輸入する従来に在り方に赤信号が点るようになった。）

以上が大凡「現代資本主義と先進国農業」で述べた概要である。

ユーゴ「自主管理社会主義」のことなど

ユーゴへの関心　私は先進資本主義諸国の経済と農業に関心を抱いたばかりでなく、つとに「社会主義体制」にも関心を抱き、そのもとで農業問題がどうなっているのかをみるべく、旧ソ連、東欧諸国や中国を旅する機会ももった。とくに、旧ソ連型の国権的、官僚的「社会主義」に対し、コミンフォルムからの追放のもとで非同盟・中立の外交政策を採用し、民主主義的「自主管理型の社会主義」の建設を対置した旧ユーゴスラビア連邦人民共和国（以下、ユーゴ）について強い関心を抱き、一九七〇年代から、既に体制の危機がいわれていた八六年にかけて何度か同国を訪問し、いくつかの論稿を発表した。

八六年には、私が代表者となって申請した文部省海外学術調査研究に対する補助を受けて、私の他、小山洋司、竹森正孝、秋津那美子、山中武士（前掲、Ⅱ、注（1）参照）の五人で現地調査を実施した。旧ソ連と違って、ユーゴでは建て前でなく実態を聞き出し、把握することが可能だったので、職場や農村にまで足を運んで調査した。この調査をもとにして暉峻他三人の共著の形で（秋津を除く）『ユーゴ社会主義の実像』（リベルタ出版、一九九〇年）を刊行した。私はこの本の「序章」と「第六章　零細農民経営と大規模社会経営の重層構造」を執筆した。

ユーゴという国と特徴　詳細はその著書に譲ることとして、ここではごく簡単に、また事柄を単純化して述べるにとどめよう。旧ソ連「社会主義」同様、それに対置したユーゴ「自主管理社会主義」も、一九九〇年代に痛ましい各共和国・民族間の対立と内戦のもとで崩壊した。統一国家としての出発の歴史の浅いユーゴは、当初から内部に矛盾と対立、困難を抱えており、理念と現実との間に大きな乖離があった。統一国家として「ユーゴ王国」が樹立されるのはようやく一九二九年であり、第二次世界大戦でのナチ・ドイツの占領支配に対する、チトーを中心とする共産党員たちの苦難に満ちた民族解放戦争での勝利を経て「ユーゴ連邦人民共和国」が樹立されたのは一九四六年のことだった。以後、「ユーゴ共産主義者同盟」の全連邦的統一組織と、それが体制の基本理念とする「労働者自主管理制度」のもとで体制的統一を図ってきたといっていい。

よくいわれているように、ユーゴは一から七までの特色をもつ複雑なモザイク国家だった。まず、七つもの国と国境を接する国である。六つの共和国からなる（北からスロヴェニア、クロアチア、ボスニア・ヘルツェゴビナ、セルビア、モンテネグロ、マケドニア）。さらに、セルビア共和国は二つの自治州をもつ。セルビア人を中心にハンガリー人、スロヴァキア人など多民族を抱えるヴォイヴォディナ自治州と、人口の八割がアルバニア人で占められるコソヴォ自治州。ユーゴは成立当初から先進的スロヴェニアに対して後進的コソヴォといった大きな南北間格差を抱えていた。

五つの主要な民族（一〇〇万人を超える）からなる（セルビア人（八一四万人）、クロアチア人（四四三万人）、スロヴェニア人（一七六万人）、アルバニア人（一七三万人）、マケドニア人（一三四万人））。このほか、モンテネグロ人（五八万人）、ハンガリー人（四三万人）、ロマ（「ジプシー」、一七万人）など、一九八一年当時、総人口二三四〇万人ほどのユーゴは、歴史と文化を異にする二〇を超える民族を抱えていた。

四つの公用語をもつ（セルビア語、スロヴェニア語、クロアチア語、マケドニア語）。ところが、人口がスロヴェニア人とほぼ同じ、マケドニア人よりも遥かに多いアルバニア人が用いるアルバニア語は公用語の扱いをされなかった。ここにも、ユーゴ、とりわけセルビア共和国におけるアルバニア人（語）の差別的取り扱いをみることができる。複雑多様な民族構成のもとで、ユーゴでは現実には多様な言語が用いられていた。

三つの主要な宗教（セルビア正教、カトリック（クロアチア、スロヴェニアを中心とする）、イスラム（ボスニア・ヘルツェゴビナやコソヴォを中心とする））。二つの文字（キリールとラテン）。そしていまや過去のものとなった一つの「連邦国家」である。

「自主管理システム」　ユーゴは、西欧に比して立ち後れた農業・途上国的状態から出発して、チトー率いる共産主義者同盟による全連邦的執権（Dictatorship）のもとで、労働者が職場を、住民が地域を直接管理することを基礎に、「自主管理システム」を全体制の理念上の根幹に据える特有な「社会主義」を構築しようとした。それは、一九五〇年の「労働者自主管理法」の制定に始まり、七四年の「憲法」、七六年の「連合労働法」の制定と、体制を律する理念として整備され、体系化されていった。

自主管理の仕組みをごく単純化して述べるとこうだ。そこでは、モノの生産からサービスの提供に至るすべての事業体が「連合労働組織」（Organization of Associate Labor）によって構成されており、労働者が連合して「社会有」の生産手段を自主的に管理しつつ生産やサービスの提供を行うというシステムになっている。ユーゴでは、国権的ソ連型と区別するために「国有」概念は否定され、それに代えて「社会有」概念が採用された。その際の末端職場の組織が「連合労働基礎組織」(Basic Organization of Associate Labor)であり、それらがいくつか組み合わされて「複合連合労働組織」が構成される。その中で「商品」やサービスを市場に提供する主体であり、収支と収益性を算定する基礎とされる「企業」に相当するものが「労働組織」(Labor Organization)と呼ばれる。

自主管理のもとで、労働者は相互に「協議」を行い、そこでの「意見の一致」(合意、Consensus)が形成されることに基づいて末端職場が自主管理され、さらに労働諸組織間の自主管理協定や社会契約が結ばれることとなる。末端職場の「連合労働基礎組織」から、さらに企業に相当する「労働組織」、さらにより広い、上部の「複合連合労働組織」へとこの協議と合意が幾重にも積み上げられていって、ユーゴ型の自主管理のもとでの社会主義的計画経済も構築されるとされる。

このような理念上の仕組みをみただけでも、それを現実の場で運用するさいの複雑さと困難さを推測できよう。労働者は自主管理システムのもとで、基礎組織からより上部の、またより広汎な組織に向けて、幾重もの協議を重ねて合意形成と自主管理協定や社会契約の締結にたどり着くために、多大の労力と時間を費やさねばならないこととなる。それは、生産力と効率性の増進を追求しつつ可及的速やかに農業・途上国的状態からの脱却が求められるユーゴにとって矛盾であり、困難なことだった。

ユーゴ自主管理社会主義の特徴は、旧ソ連と違って市場を否定しなかったことである。もともとユーゴには農業から商工業に跨がって多数の中小零細な家族的経営と所有が広範に存在しており、共産主義者同盟政権は、そのような経営と所有の存在を尊重したことが市場の承認と結びついている。また、「労働組織」を通してモノやサービスは市場に提供されることにもなる。しかし、市場の存在は承認されるが、資本主義における市場のように利潤原理が基軸になって経済が律せられる市場ではない。

危機の進展と崩壊へ　市場の承認は、対外的には（西）ドイツ・マルクを中心とする西側資本主義市場との結びつきの承認にも繋がる。全体として途上国的状態に置かれ、その上に南北格差のもとで後れた条件を抱えるユーゴの「商品」は一般に国際的競争で劣位に置かれ、そのもとでユーゴは多額の貿易と国際収支の赤字を背負うこととなった。

また対内的にも、「労働組織」（「企業」）の手を通して市場に供給される「商品」の競争力や「収益性」が問われることになり、「企業」や共和国のあいだの格差が開く事態を招いた。市場の承認のもとで、「労働組織」の企業としての存在とその収益性が次第に重視されざるを得なくなっていき、八八年には「企業法」が制定された。自主管理社会主義の基礎理念とされた「連合労働基礎組織における労働者の自主管理」の後退と形骸化がもたらされることになった。そのもとで、「企業」管理層の役割を強化する必要性の認識が強まった。労働者自主管理を体現する「労働組織」と、「企業」として「効率性」と「収益性」を重視する「労働組織」が相互に矛盾を強める存在になってきた。

「商品」を市場に供給する主体である企業としての「労働組織」では、経営収支と剰余の算出と関連して、生産の「効率性」と「収益性」が重視されざるをえない。マルクス経済学的にいうと、企業としての「労働組織」では、一定の管理された市場向けに売られるモノやサービスの販売価額から、主として社会有の生産手段からなる「不変資本」（C、固定資本の原価消却費＋物的流動資本）相当部分を差し引いた残りの「生産された価値」相当部分（V＋M、労働報酬およびそれを超える剰余価値相当部分）をできるだけ大きくすることが求められる。この得られたV＋Mを労働者は自主管理のもとで、労働者自身の労働報酬や、医療保険、年金部分など社会保障に振向け、その残りを剰余として蓄積資金に充てる。

総じて途上国的な生産力の低い状態のもとで労働者自主管理社会主義を建設する課題に取り組んだユーゴでは、早急に生産力を増進し、経済発展のための「資本蓄積」を推進する必要があった。しかし他面で、途上国的低生産力水準にありながら、労働者自主管理社会主義の名のもとで、八時間労働制、長期有給休暇、雇用と最低賃金、年金・医療などの社会保障、教育の無償化などを労働者に保障する努力をしなければならなかった。こうして、「生産された価値」相当部分の多くを労働者自主管理のもとで労働者の報酬や社会福祉などに配分しようとする力が働き、そのもとで蓄積に廻す「剰余」が制限されることとなった（そこでは、南北間で、また「企業」間で大きな格差がみられた）。八八年の「企業法」の制定は、この矛盾を「労働組織の企業性の強化」によって打開しようとする措置だった。だが、それは「労働者自主管理システム」そのものの後退と否定に繋がりかねない危機を内包していた。

蓄積に回される「剰余」が制限されるもとで、要請される蓄積を外部からの資金投入に強く依存する傾向が強まり、それがインフレーションを引き起こしてユーゴ経済の安定的発展を困難にした。「ソ連型国権」に対置した「ユーゴ型自主管理」のもとでは、むしろ「非国家化」、国家・官僚の権限の希薄化が指向され、それが国家・官僚の管理、調整、誘導機能を弱化し、無秩序な状態をもたらした。「連合労働基礎組織」を基礎に「労働組織」、コミューン、共和国、連邦へと下からの積み上げのもとで組み立てられる筈の経済計画も有効に機能しえない状況のもとで、連邦からコミューンに至る官僚層の機能を強化すべきではないかという意見が強まった。これも、下からの積み上げをモットーとする「自主管理システム」の危機を意味した。

そのもとで八九年には、「社会主義にあるまじき」とされたハイパーインフレが現出し、ユーゴ経済、ひいては自主管理社会主義そのものが深刻な危機に陥った。そのもとで、先進的北による遅れた南への連帯援助資金の供与の義務づけとも絡んで、南北間、共和国間、民族間の対立は一層増幅され、先進的スロヴェニアが九一年、真っ先にユーゴからの離脱・独立を敢行し、以後、ユーゴは急速に解体に向かうこととなった。ユーゴ自主管理型社会主義建設の試みも、一九五〇年の「労働者自主管理法」の制定からわずか四〇年足らずの短命に終わった。

「自主管理システム」と農業　ところで、労働者自主管理システムのもとでの農業についても簡単に触れておこう。ユーゴの農業は二層からなる。少数の大規模な「社会有経営」と二六八万に及ぶ膨大な伝来的で分散錯圃的な零細農民の土地所有と経営がそれである。

革命によって、旧来の大規模な地主的土地所有・大規模経営は収用されて「社会有」化され、労働者自主管理システムに統合された。ユーゴの農地の大凡一五％がこうした「社会有」のもとに置かれた。その「社会有経営」の多くを占めるEstateは、畜産や、麦・トウモロコシなどの穀作、ひまわり・甜菜などの工芸作物の生産を大規模に行う「労働組織」(「企業」)であり、その内部はいくつかの「連合労働基礎組織」に分けられ、農場の労働者によって自主管理された。これらの労働者は工業部門の「社会有経営」の労働者と同等の権利と義務を有した。

「社会有経営」の中のあるものは、農業生産ばかりでなく加工や販売、さらにはホテルやレストランなども兼営する巨大な農工コンビナートを構成した。これらは、大規模な複合「企業体」としてユーゴ市場における有力な存在をなし、周辺の農民経営から加工原料用農産物を購入するさいにも強い交渉力の行使者だった。

ユーゴ農業の基層をなし、農地の八五％までを占める二六八万の農民経営と彼らの土地所有は大凡一〜数haと零細で、農民経営の七割と大部分が、兼業農家と一ha未満経営の自給的「土地持ち労働者」によって占められた。そこでは、男子は農外で就労し、女性が農業の担い手として重要な役割を果たす場合が多い。残り三割の農家が畜産を中心に大凡三haを超える商品生産的経営を行う専業農家層を構成したといっていい。彼らはユーゴの全農地の四〇数％を耕作していた。経済の発展段階を異にするとはいえ、兼業化した分散錯圃の零細農民経営とその土地所有が多いという点は、日本の農業と共通している。

ごく概括的にいうと、南北間格差を抱えるユーゴの中で、最も先進的であったスロヴェニアでは畜産を中心に専業的な農民経営が多く展開し、それを基礎にして農業協同組合も比較的に発達していた。それに対して、より後進的な南部の地域では旧ユンカー的地主経営の系譜を引くエステイト大規模経営と零細農民経営に分化し、その基礎上に巨大な農工コンビナートが成立して強い市場支配力を行使していた。

ユーゴは一九五〇年代早々に「ソ連型農業集団化政策」を放棄し、個人農民の土地所有と経営を尊重する政策に転換した。しかし、個人農民の所有と経営を放置するのではなく、彼らの経営を、彼らの自発性に基づいてできるだけ「社会有経営」（エステイト、コンビナート、農業協同組合）に結びつけ、連合させることによって、自主管理社会主義システムに包摂、統合する政策を採用した。そのもとで、「社会有経営」と連合した農民には連合労働者と同等の権利と義務を与えようとした。しかし、個人農民の「社会有経営」との連合は順調に進んだとはいえないようだ。

「社会主義」と私のマルクス研究　以上が大凡ユーゴについて述べた概要であるが、「国権的社会主義」の旧ソ連・

東欧諸国も、それに対置した「自主管理型社会主義」の旧ユーゴも、一九八〇年代末から九〇年代初めにかけて体制崩壊し、資本主義的市場経済に包摂されていった。その後も共産党が執権を維持している中国やベトナム、キューバも、「社会主義」の旗を掲げ続けながらも「市場経済」の潮流にますます強く身を委ねつつあるように見える（国によって程度の差はあるが）。

周知のようにK・マルクスは、利潤原理に基づく資本主義市場経済の運動法則を明らかにし、資本主義が一面では生産諸力とその「文明化作用」を発展させつつ、他面では恐慌と失業、貧困をも拡大再生産せざるを得ない矛盾によって、その歴史的限界と社会主義への移行の必然性を明らかにしようとした。

世界で初めての「社会主義」体制をレーニンの指導下に実現し、スターリンのもとで「国権化」されていった旧ソ連や、それに対置したユーゴ「社会主義」が共に崩壊したこんにち、私は一八八〇年当時の、晩年のマルクスが、世界の資本主義と革命の状況に関連してロシア、東欧の問題に大きな関心を寄せて熱心に研究したことにあらためて注目した。

マルクスは、ロシアの活動家・ヴェラ・ザスーリチの質問に答える形で、世界の資本主義とそのなかでのロシア資本主義の位置づけ、その危機と革命の状況、ならびに当時なおロシアで根強く広汎に命脈を保っていた農村共同体が、ロシア農業の社会主義化と関連させてもつ位置と役割について、ザスーリチへの返答の手紙の形で自分の意見を述べた。私は、マルクスが苦労して何度も書き直したその手紙の内容を研究し、「私にとってのマルクス」（『季論21』、二〇〇八年七月）と題する小論にまとめて発表した。その要旨を以下の注（3）で紹介しておくことにする。[3]

旧ソ連・ユーゴ「社会主義」の崩壊と資本主義世界への包摂、現存「社会主義（志向）国」の市場経済化、それらは世界の人びとにつぎのような重要な問題を投げかけているのではないだろうか。旧ソ連やユーゴの「社会主義」の実験はなぜ失敗に終ったのか。中国、ベトナムなど途上国的性格を強くもった国での「社会主義建設」の事業はどのような問題、困難に直面し、それらの国は何故に「社会主義志向市場経済」に急速に移行することになったのか。「社会主義志向市場経済」の内実はどのようなものであり、その「市場経済化」はなぜ「社会主義志向」というべきなのか。それは特有な性格の「国家資本主義」とどう違うのか。そもそも社会主義とは何であり、どういう条件と経過のもとで、またどのような内実をもって実現されるものなのか。

これまで「社会主義(志向)革命」を実現したとされるのはいずれも伝来的農業を基部にもつ途上国的性格の強い諸国だった。そのいずれもが体制崩壊して資本主義に統合されるか、体制は維持しつつも「市場経済化」に転換し、そのもとで生産力の増大と高い経済成長、それによる国民生活の向上を追求しようとしている。

他方、資本主義の世界はといえば、一面ではＩＣＴ革命の目覚ましい進展のもとで生産諸力は大いに高まり、グローバル化が急進展した。だが他面で、国や国際レベルでの総力を挙げた対策の実施にもかかわらず、景気変動、そのもとでの(構造的)失業、貧困と飢餓、貧富の格差、環境の破壊といった問題を解決できないでいる。市場原理主義のもと、多国籍企業を基軸にグローバル資本主義が急展開するもとで、それらの問題はより深刻化しつつあるとさえいえる。それは、資本主義が解決し得ない原罪、構造上の欠陥というべきだろう。

社会が、ひたすら生産諸力の増進と利潤追求の企業を基軸に高い経済成長を追求することを止め(それができるほどに経済の発展が高度の段階に達し）、人びとの労働と生活の場に基礎を置いて、資本主義がついに解決し得なかった上述の諸問題の解決に重点を置いて取り組もうとするとき、社会主義は初めて現実性をもって論じうるようになるのではないだろうか。

もちろん、資本主義の枠組みのもとで、資本主義が生み出すもろもろの影をできるだけ小さくし、薄める「改良」の努力は、たとえそれが根本的な解決策にならないにしても極めて有意義である。なぜなら、それは資本主義のもとで生きる人間の労働と生活の条件の改善に役立つのみならず、その影の根本的除去を目指す社会主義が担わなければならない負担をそれだけ軽減してくれるからである。

こういった現代世界が投げかける諸問題を、資本主義体制の命脈とも関連させながら明らかにすることがいま強く求められているといえよう。

注

（2）先進資本主義国の農業問題については、本文中にあげた『季刊　科学と思想』の論文、および前記注（1）（P.21）であげたものの他、さしあたりつぎの二点をあげておく（より詳しくは。添付の『著作目録』中の「論文」、「調査資料」を参照）。「アメリカのコメ事情と家族農業経営を守る運動」（『書斎の窓』No.４０４、所収）有斐閣、一九九一年五月「フランスでみたこと、感じたこと」（『農業と農協』通巻第53号、所収）農業・農協問題研究所、二〇〇二年二月

（3）旧ユーゴや旧ソ連の農業問題については、前記注（1）の論文を参照。

なお、マルクスが『資本論』と関連してロシアの資本主義と農村共同体をどのように捉えていたか、それを社会主義への移行とどのように関連させていたのかを、マルクスの四通の「ヴェラ・ザスーリチ宛の手紙」の草稿をもとに考えるために、つぎの論文を発表した。

暉峻衆三「私にとってのマルクス」（『季論21』創刊号、本の泉社、二〇〇八年七月

そこでは私は、当時マルクスがつぎのように考えていたと理解した。㈠生産手段と労働力の分離が農業部門も含め

て根底的に行われたのはイギリスであるが、同国をモデルに『資本論』で説いたこの分離運動の「歴史的宿命性」は西ヨーロッパに限定され、ロシアをはじめ東欧、アジアの諸国には当てはまらない、とマルクスは考えていた。(二)かなり崩れているとはいえ農村共同体が「資本主義的生産と同時的に存在し」、なお社会的再生産の重要な拠点となっていたロシアでは、一定の条件が確保されるならば、農村共同体は分解されることなく、「直接に、より高度の共産主義的土地共有制のより高度な形態に移行できる」、と考えていた。そのさい農村共同体は「資本主義的制度によって作り上げられた肯定的な諸成果を自らの中に組み入れることができる。それは、ロシアの地勢が促している機械の助けによる大規模農業に置換えることができ、近代社会が指向している経済制度の直接の出発点となることができる」、と考えていた。(三)繰り返される恐慌、一八七一年のパリ・コミューン、八一年のロシアのアレクサンドル二世の暗殺や三世の幽閉に象徴されるように、「今日のブルジョア的所有の没落が不可避的に迫っている」、ロシア資本主義は「世界市場を支配している西欧の資本主義」と結びついており、資本主義体制全体が危機に直面しており、世界革命は遠くない、と捉えていた。そのもとで、ロシアにおける社会主義革命はいまや現実的可能性を内包しており、広範かつ強固に命脈を保つ農村共同体も、一定の条件が確保されれば生産力と生産関係の新たな内実のもとで近代的(機械化)社会主義農業の基礎として再生することができる、と考えていた(カギ括弧内は「ヴェ・イ・ザスーリチの手紙への回答の下書き」『マルクス・エンゲルス全集』第19巻所収、大月書店、からの引用部分。くわしくは、前掲、暉峻「私にとってのマルクス」参照)。

ロシア農村共同体についてのマルクスの捉え方と、旧ソ連で強行された農業集団化政策をどのように関連づけて理解するか、また、ソ連以外の「社会主義国」において農村共同体がどのような形で存在し、意義づけられ、取り扱われたかは、大変重要かつ興味ある問題といえよう。

Ⅳ　生いたち——父母や故郷・倉敷のことなど

これまで述べてきた私のささやかな著作に集約された研究が、どのような私の生い立ちや時代背景、人間的交流のもとで形成されたのかを中心に、さらにその周辺でどんなドラマがあったのかを交えながら、以下思いつくままに述べることにしよう。そのことが私の研究への理解に少しでも役立てばと思う。

一　大原孫三郎との出会いと労働科学の創始

「変わり者」の多い家系

私の研究には家庭環境が大きく影響しているようだ。

父・義等（ぎとう、一八八九－一九六六年）は、一九一七年、東京帝国大学医学部を卒業し、生理学教室で研究をはじめることになった。世の中に変革の嵐が吹き始めた時代だった。一七年にはロシア革命が、そして翌一八年には日本人の主要食料である米の価格の暴騰を契機に、近代日本で初めての貧民層の全国的蜂起である米騒動が勃発した。これらが当時の青年学徒に与えた衝撃は極めて大きく、ここから日本での社会問題への着目と、マルクス主義によるその社会科学的研究が本格的に始まることとなった。

マルクス主義者ではないがヒューマニストであった父は医学部からただ一人「新人会」に参加し、一八年、有馬頼寧らが開いた「労働者学校」の講師として週一回夜間、労働者に生理学の講義をし、さらに貧民（ワーキング・プアー）が密集して居住していた東京の本所深川の「貧民窟」に住み込んでその生活状態の研究に着手し（社会衛生学）、注目されたようだ。

当時、東京帝国大学のなかでもとりわけ医学部は古い「徒弟制的、権威主義的」雰囲気の強いところだったといえよう。そういうなかで、労働者学校の教壇にたち、「貧民窟」に飛び込んで彼らの生活の社会衛生学的研究に着手した父の存在はかなり特異で、変わり種だったに違いない。一九一八年、東京帝国大学法学部教授（一九年、経済学部独立にともない同教授）で、労働者の生活問題の研究にも取り組んでいた高野岩三郎（一八七一－一九四九年）が父の案内で貧民窟の視察にきた。それをきっかけに父と高野の交流が始まった。

ちょっと横道にそれるが、父は兵庫県印南郡伊保村（現・高砂市伊保崎）の、浄土真宗本願寺派の西秀寺の長男として生まれた（一八八九年）。父の祖父・暉峻普瑞は「名僧」といわれた人物で、明治維新のさい本願寺から鹿児島に派遣され（一八七六年）、志布志の周辺地域で布教活動を行った。しかし、翌七七年二月、西南戦争が起るもとで、維新政府の間諜と疑われて西郷軍に逮捕、投獄され、いつ斬殺されるかわからない心痛の日々を送った。事実、普瑞と同じ時期に本願寺から鹿児島に派遣された僧侶の五人が戦役の渦中に斬殺されたという。幸い普瑞は一命をとりとめて、官軍の手で救出され、軍艦で大阪へ護送された。一旦、本山に帰るが、維新政府によって鹿児島が平定に向かうなかで、再び同年九月、鹿児島での布教活動を再開し、翌七八年、志布志に金剛寺を開き、しばらく西秀寺住職と兼務した。のちに、普瑞の長女・はると結婚する義子・光浄に西秀寺を継がせ、普瑞は金剛寺の専従となった。父・義等は、はると光浄の長男として生まれた。

鹿児島は島津藩が一向宗を長年禁じてきたところである。そのような場所で他所からの新参僧が布教活動をし、信者を得、拡げていくためには、その地の民衆の実生活の要求に即した活動と結びつける必要があると普瑞は考えた。前田正名などとも親交を結んでいた普瑞は、布教の傍ら農産物の種子交換会、品評会、農談会など殖産興業の活動を精力的に行った。西秀寺のある兵庫の播州平野は当時、稲作の生産力も高く、また西洋の品種や農業技術を導入するなど日本で農業の最も盛んな先進地だった。

その播州から新品種や新技術を導入し、農業指導員を招くなど、鹿児島の農業生産力の発展に尽力した。金剛寺の建物の一角は農産物の品評会や農談会など農事改良の集会や農事指導員の宿泊ができる設計になっている。寺はたんなる念仏を唱える場ではなく、地域民衆の殖産興業学習の場でもあった。一九一〇年、「全国篤農家懇談会」が開催されたのを記念して『全国篤農家列伝』（愛知県農会編）が刊行されたが、暉峻普瑞は全府県で一六〇人、鹿児島で四人の篤農家の一人として、同書でその業績が紹介されている。

どうも暉峻ファミリーには「変わり者」が多いようだ。父・義等は寺の長男でありながら寺は継がずに、貧民を対象に社会衛生学を研究する道を選んだ。しかし、そこには貧しい民衆に心を寄せる浄土真宗の僧侶のヒューマンな精神が底流としてあったように思う。

普瑞の長男・康範は父の開いた金剛寺を継ぐが、東京専門学校（現・早稲田大学）英文科に入学、小泉八雲らに学んだ。なかなかの行動派で、「信ずる道一筋に生きた」人物だったようで、学生時代に足尾鉱毒事件が起きたとき、正義感からじっとしていられず、東京の学徒一〇〇〇人余と共に現地を視察、調査に入っている。一九〇二年元旦、「学生鉱毒救済会」によって「この民を救え」というスローガンのもとに街頭演説会が開催されたが、警察はそれを弾圧。康範はその首謀者の一人として検挙、留置場に入れられた。四日後に内村鑑三が身元引受人として康範を引き取りにきてこう励ましたという。「君はすばらしい体験をした。人びとのため、悩める民衆のために人生を生きることが最も尊いことだ。とくに宗教家は現実から逃避して自分をごまかしてはいけない」、と。この内村の一言を康範は一生肝に銘じたという。(『金剛寺誌』、同編集委員会、一九七六年、八二~八四ページ)。

康範の息子、普瑞の孫・康隆も、長男ではあるが弟・康民に寺を継がせ、自分は早稲田大学で国文学の研究者、教授となった。酒をこよなく愛し、井原西鶴をはじめとする江戸文学や俳句、季語などを研究し、多くの著作を残した。

大原社研と倉敷労研の創設

話を本筋に戻そう。父・義等が大学を卒業するころ、日本では社会問題が重大化しつつあった。当時、優れて開明的で人道主義的な資本家であった倉敷紡績株式会社(以下、倉紡)の社長・大原孫三郎(一八八〇―一九四三年)は、米騒動(一九一八年)をはじめ、貧民、労働者、小作農民の人間としての覚醒に大きな衝撃をうけ、従来のように資本家や地主、統治者が恩情主義によって事柄を処理できる時代はもはや過ぎ去り、社会問題の存在をリアルに捉えて研究し、働く民衆の立場をも汲み取って協調的に問題を処理しなければならない時代が到来したと考えた。倉敷でも米騒動当時、大原家の周辺で不穏な空気が漂った。一九一七年には、ロシア革命の遠雷が響いていた。

こうして大原は、一九一九年、当時、産業と社会問題の一大中心地だった大阪に、大原社会問題研究所を設立(以下、大原社研)、同年まで東大経済学部教授であった高野岩三郎を所長に招いた。そのもとに、大内兵衛、久留間鮫造、森戸辰男、細川嘉六、櫛田民蔵、宇野弘蔵など若い俊英「マルクス主義研究者」が多数集められて社会問題の本格的研究が開始された。医学者として貧民の研究を行い、高野とも交流があった父も同研究所に招かれて「社会医学」を担当することとなった。高野は宇野弘蔵の岳父でもあった。創立期の大原社研社会科学部門のこれらスタッフと父との幅広い交友関係が、のちに私の研究にも大きな影響を及ぼすこととなる。

クリスチャンでもあった大原は、倉紡社長である自分が手にする多額の利益が、倉紡の現場での、多くの貧農出身の子女による、低賃金で深夜十数時間にも及ぶ苛酷な長時間労働によってもたらされることに悩んだ。当時、多くの女工が、工場内で多量の綿埃を吸い込み、結核に罹り、簡単に首を切られて農村の親元に送り返されていた。代わりはいくらでも補充できた。このまま放置しておくと、自分の良心が救われないばかりか、会社も健全になれず、社会問題の解決にもならない。

大原は倉紡の経営者として、女工たちが働く現場を早急かつ具体的に改善する必要があると考え、一九二一年、倉紡の工場敷地のなかに倉敷労働科学研究所(以下、倉敷労研)を大原社研の「社会医学」部門を移すかたちで設立、父をその所長に据えた。「君、なんとかしてこの少女たちが健康でしあわせになるように、ここで一つ(研究を)やってくれんか」というのが、大原が父に託したたっての願いだった。

低賃金で雇用条件が不安定、企業によって使い捨てにされる労働者が若年世代を中心に急増しているこんにち、労働者の労働と生活の現状に思いを馳せ、その現状を汲み取りながら自らの企業を運営しようと心がける企業家が果たしてどれほどいるのだろうか。

こうして、倉紡工場の現場で、女工をはじめとする労働者の労働と生活条件についての研究が医学、心理学部門を中心に開始された。ここでの研究は、女工の深夜業を禁止する「工場法」改定（一九二九年）の有力な根拠とされ、また倉紡工場の現場でも女工の労働、生活条件を改善するため防塵・防暑施設や作業台の設置、女工が結婚しても働きつづけられるような職員宿舎の建設など、さまざまな施策に活かされた。

と同時に、貧しい女工の状態を改善するには、その出身母体である農村の貧しい農民の労働と生活の状態を改善することが不可欠であるとの父の認識から、倉敷労研設立から一三年後の一九三三年、岡山県高月村に「農業労働調査所」が設立され、農民の労働と生活についての調査研究が開始された[4]。

このように労働者や農漁民の労働と生活の「現場に即した研究」をおこなうことは父の終生変わらぬ研究姿勢であり、この点は私も常に心に留めねばと思ってきた。しかし、結局は自分には真似ができず、一書斎人に終ったという思いが強い。

父は一九六二年、七三歳のとき脳軟化症を発病し、闘病生活に入るが、発病の直前までの数年間は東シナ海を中心に遠洋漁業船に乗り込んで漁業労働者の作業現場での調査や、東京築地魚市場でのマグロ漁船の厳寒深夜の水揚げ作業の調査に打ち込んでいた。工場労働者や鉱山労働者から農民の労働と生活の調査へと研究の場を拡げていった父は、戦後、労研所長を退いたあとは、それまで研究の手薄だった、漁民、漁業労働者の調査研究、それも沿岸からさらに遠洋漁業へと場を拡げていった。

脳軟化症を発病してからは文字と言語、歩行のリハビリテーションをつづけ、代沢の自宅から、永年通いなれた祖師谷の労研の顧問室に連日のように杖をついて通う日が続いた。六四年一月には、「日本における労働科学の建設と発展に尽くした業績」によって、「朝日賞」を受賞した。その受賞祝賀会では、母とともに出席し、もはや言葉を発することができないで微笑むだけの父の姿があった。その父も六六年一二月七日、ついに帰らぬ人となった。こうして、労働者と農漁民の労働と生活がある現場に赴き、その人びとの労働と生活条件が少しでも改善されればとのねがいで調査研究に打ち込んだ父の一生が終った。

倉敷――宇野弘蔵や大原孫三郎、山川均のことなど

倉敷労研が創設されてから三年目、両親が欧米留学の旅から帰国した翌年の一九二四年、私は倉敷で生まれ、小学六年生までの一二年間を同地で過ごした。

徳川期に天領だった倉敷は、大原をはじめ町人や地主の旧家層を中心に独特の文化圏を形成していた。兵庫県出身の私の両親は余所者だったが、倉敷に居を定めてからはこれら旧家層との交流を深めた。

興味深いのは、倉敷とその周辺から「マルクス主義者」が輩出していることだ。「宇野経済学の祖」とされる宇野弘蔵（一八九七－一九七七年）の実家は倉敷の阿知町で「愛文社」という書店を営んでいた。二一年、宇野は私の両親と同じくドイツ留学の目的で同じ船でヨーロッパに渡った。船中、父から帰国後に倉敷に居住する予定を聞いた宇野の世話で、二三年、わが家は宇野の実家の貸家に居を定めることとなった。こうしてわが家は宇野家の店子となった。

この家は倉敷市浜にあり、山陽本線の南側、倉敷駅から東に歩いて六～七分のところにあった。家にいても列車の走る音や警笛がよく聞こえた。家の土塀の東側はすぐ水田地帯が開けており、そのはるか先にはすでに廃鉱になって煙も途絶えていた帯江銅山の赤い煉瓦作りの煙突を展望できた。

宇野が若くして社会主義の文献や人物について多くを学び、生涯尊敬の念をもって私にも語っていた西雅雄も宇野の中学同窓生だ。西は戦前期の岩波文庫にマルクス、エンゲルス、レーニンの著作をいくつか翻訳している。(5)

また、「労農派マルクス主義の指導的理論家」とされる山川均(一八八〇－一九五八年)の実家も倉敷の旧家で、大原家との縁も深い。実は、大原孫三郎と山川均は小学校の同級生で、生涯懇意にしていた。大原は山川の意見に常に耳をかたむけ、山川が主宰する『平民新聞』や雑誌『新社会』、山川の著書『農村問題の真相』などを熱心に読んだという。

山川が一九〇〇(明三三)年に、発行していた『青年の福音』の一文が不敬罪に問われて三年六ヵ月の重禁錮刑に処されたときや、一九〇八(明治四一)年、堺利彦の「赤旗事件」に連座して投獄されたときも、山川を「非国民、危険思想の持主」視する風潮が強いなかを大原は獄中慰問にでかけている。

大原孫三郎が青年時代から心から敬慕し、毎日のように出かけては何かにつけて相談し、頼りにしていたのが、大原より一五歳年上で、倉敷の第十一代目の薬種商・林源十郎(クリスチャン、一八六五－一九三五年)だった。(6) その林源十郎の妻・浦の弟が山川均で、均は一時源十郎の家業を手伝ってもいた。林源十郎商店は一六五七(明暦三)年に倉敷で唯一の薬種商として開業した旧家だった。私の義兄(林雄次郎、分子生物学、東京教育大、私の姉・瑞子の夫)は十一代林源十郎の孫で、山川と姻戚関係にあった。山川の息子・振作は生物学者(東大)で、義兄は振作の影響をうけて生物学者になる道を選んだようだ。

林源十郎を介して大原は岡山で孤児院を運営していた敬虔なクリスチャン・石井十次と知りあい、一九〇五年、自らも洗礼を受けた。大原は、自分が信頼し、自分に益をもたらしてくれる「益者三友」をあげる。その一人が「識友」の山川均で、「世間の事理に通じ、それを教える友」、もう一人は「諒友」の林源十郎で、「真実で表裏なく、信頼しうる友」、あと一人が「真友」の森三郎で、「自分の短所を指摘し、親切に直言する友」だった(7)。

このように、「大紡績資本家」・大原孫三郎が、多額の私財を投じて大原社研や倉敷労研を設立し、自らの工場労働者に対しても進取の開明的、協調的システムを導入し、市民に公開する美術館や病院を設立するなどした背景には、クリスチャンである林源十郎や石井十次の影響、そして森三郎から教えられた二宮尊徳の「報徳思想」の影響が考えられるが、それとともに小学生時代からの「識友」・山川均の存在とその影響があったことを見逃してはならないだろう。

日中戦争に始まる戦時中、山川均・菊栄夫妻は言論封殺と特高監視のもとで、神奈川県藤沢の田舎で鶉を飼ってわずかな現金収入を得、自給的農業をしながらひっそりと暮らしていた。戦時中、その山川夫妻を私は義兄・林雄次郎と訪ね、戦局と、日本の行く末を語り合った。四四年末に訪れたとき、山川が「君たち、今頃こんなところに来て大丈夫か」とわれわれの身の安全を案じ、自家菜園でとれたトマトやセロリーでもてなしてくれながら歓談の時を過ごした。そのとき山川が、いまや国民自身の力で、反戦、終戦に導く条件は日本にはない、「日本帝国主義はアメリカ帝国主義と戦って徹底的に敗北する以外に日本再生の道はない」と力説していたことが、いまも忘れ難い(8)。

なお、先述した倉敷周辺から「マルクス主義者」が輩出したことと関連して付言しておくと、大原社研の久留間鮫造(のち、法政大学)も岡山市、また明治から大正期にかけて労働・社会主義運動に大きな役割を演じた片山潜も岡山県津山近在の生まれである。

倉敷から東京へ

ところで、倉敷労研の機能と役割が時局の推移のもとで拡大するなかで、三七年、同労研は大原の手を離れて東京に移転、財団法人・日本労働科学研究所（以下、労研）として再出発することとなった。それに伴ってわが家の生活も倉敷から東京に移った。東京での労研については、のちに触れることにする。

世田谷区代沢（当時は北沢）のわが家は、宅地は近所の旧家の大地主からの借地だったが、平屋の家屋はもともと明治の末に、当時名の知れた出版社・博文館の館主・大橋新太郎が麹町に別邸として建てたものだという。大橋新太郎といえば、尾崎紅葉の『金色夜叉』の主人公・間貫一の許嫁であるお宮を横取りする金持ちの銀行家御曹司・富山唯継のモデルといわれる人物だ。その家が何かの事情で解体、処分されることになり、それに関わった建築家が、使われている建材がいいので廃棄するには忍びないと自分の倉庫に保管しておいた。それを、三六年、代沢の地に移築し、売りにだしたのを父が偶然の機会に知って購入した。当時の代沢は、京王井の頭線が三三年に開通してまもなくで、農地の宅地化が進んでいたが、まだ近辺に茅葺きの家が残り、農村の風情をとどめていた。近所には牧場や馬場もあった。一九四五年五月の空襲による焼夷弾攻撃で、近くの三軒茶屋から池尻一帯は消失したが、代沢の家は幸い被災を免れ、築後今日まで一世紀を超えて、わが家の住居としてまだ機能しつづけてくれている。

倉敷時代からずっと借地、借家住まいだったわが家も、東京に移住してはじめて家屋だけは持ち家となった。研究者として給料生活を送ってきた父夫婦には預貯金や有価証券は少なかった。とくに敗戦後は父の公職追放もあって「竹の子生活」を余儀なくされ、かつて父や母が購入していた陶器類や美術品、衣類を売って生活費に充てる生活がつづいた。わが家が借地していた大地主も財産税を土地で物納せざるをえなくなり、その機会に両親は無理算段してその土地を購入し、戦後はじめて宅地の所有者になった。

二　与謝野晶子のひと言で「ひどい目にあった」兄と姉

ここで少し時期が遡り、脇道にそれるが、与謝野晶子（一八七八－一九四二年）にまつわるエピソードにふれておこう。

一九二一年、わたしの母がドイツを中心とする父の二年間にわたる西ヨーロッパ留学に同行したことはさきに触れた。母は晶子より一七歳若かったが、短歌の会を通してかどうかは母から聞く機会を失して定かではないが、ちょくちょく東京在住の晶子のもとに出入りしていたようだ。晶子から母あての手紙も私の手許に残っている。大原孫三郎の援助で父の洋行の話しがもちあがったとき、母は父に同行したものかどうか迷い、晶子に相談にいっている。

母が相談した相手が「悪かった」。周知のように、晶子といえば二二歳のとき、妻子ある鉄幹と激しい恋に落ち、周囲の反対を押し切って結婚（一九〇一年）、一二年には、七人の子供を日本に残して、鉄幹の後を追って一人シベリア鉄道経由でパリに赴き、四ヵ月間、イギリスやドイツなどを歴訪し、鉄幹とのあいだに一三人もの子を生み、一一人を育てあげた「猛女」だ（あと二人は、死産と夭折）。残した歌は五万首にも及び、さらに「源氏物語」などの現代語訳を手がけ、自ら小説や童話を書き、女性の経済的自立を説き、かつ実践し、社会評論や教育活動など多くの分野で幅広い足跡を残した「女傑」である。

母の相談に晶子はたちどころに答えたという。「ああ、夫と一緒にいきなさい、いきなさい。ただし、二人の子供は日本に置いていくのですよ。そうでないと、あなたは向こうにいっても何も得られないまま帰ってくることになりますからね」。晶子は、自分が敢行したのと同じことを実行するよう母に迫ったのだった。

当時、母の長男、つまり私の兄・淩三（のちに哲学、東洋大学）はまだ五歳、娘、つまり私の姉・瑞子（のちに、前述の林雄次郎の妻）に至っては一歳そこそこだった。母は晶子の助言に「従順に従い」、兄と姉は父の生家のある前述の兵庫県伊保村の西秀寺の住職をしている父の弟のところに預けられることになった。そこならば安心して預けられると思ったのだろう。

両親がヨーロッパにむけ旅発つ日、夏の日盛りのなかを二台の人力車が叔父の家から父、母を乗せて去っていくのを見ながら号泣した、と兄はのちに記している。一歳そこそこの姉はなおさらだった。毎日泣き叫び、とうとう叔父一家の手に負えなくなって里子にだされたそうだ。

わが子の様子は伝えられ知っていたと思うが、母は別に異国の地でノイローゼになった様子もなく父とヨーロッパ生活をつづけ、二年後の二三年に、アメリカに渡っていたとき、関東大震災の報に接して予定を早めて横浜に帰ってきた。晶子と付き合いのあった母も相当気丈な女性だった。姉はいまでも（二〇一三年現在）、恨み言をいっている。「あ～あ、あの与謝野晶子のひと言のためにひどい目にあった。私が一番親の情愛を必要とした年ごろだったのに、叔父のところに置いていかれ、おまけに里子にまでだされて！」。

姉の晶子評はすこぶる芳しくない。両親が洋行から帰った翌年に生まれた私は危うく難を逃れることができた。

三　母の遺言

私の母・文（ふみ）は父と同じ兵庫県の明石の安藤宗七の八人の子供の三女として生まれた（一八九五（明治二八）年）。明石の旧家で、醸造業を営んでいたようだが、長男が大の浪費癖のある人物で、第一次大戦後に没落してしまった。安藤家は代々、父の実家・西秀寺の熱心な檀家だったようで、その関係で父は母を見初め、周囲の反対を押し切って結婚したようだ。

子供の目から見ても、母はのちのことまで考えて身辺を整えた生活をし、ものごとを割と近代的、合理的に考えて生きた人だったように思う。

七〇歳になったとき、母は自分が死んだときに着る着物を縫ってきちんと整えていた。世田谷区代沢の宅地と建物のことについては前述したが、父もすでに他界したあるとき、母は兄、姉、私を前にしてこういった。「あなたたちに遺せるものはこの二〇〇坪の土地と古い家屋以外は何もありません。これらは、あなたたちが自分の働きで得たものではないのだから、長男、次男、息子、娘に関係なく、あなたたち兄弟三人で仲良く平等に分けなさいよ」。こうして、母が亡くなってから、代沢の宅地は兄弟三人で三等分され、その区分に従って家屋も棟割りされた。母は「いえ制度」の思考からは解放されていた。存命中は同じ家屋に兄夫婦も生活していたが、玄関、台所、トイレも別にし、最後まで自立した生活を送っていた。

一九八九年九月二二日、母は心臓の僧帽弁閉鎖不全からくる心不全のために九四歳九ヵ月の生涯を病院で閉じた。それまでは割と健康で、亡くなるまで頭脳も明晰だった。母にとって初めての、そして最後の二週間の入院となった。

母が亡くなる丁度二年前の九月二二日、母はわれわれ三人の兄弟に遺書を認めていた（以下、原文のまま。「和田掘別院」とあるのは京王線明大前にある築地本願寺和田掘別院）。

「格別だった今夏の暑さもやうやく終らうとしています。あすは彼岸の中日です。私の年齢も、九二歳から九三歳の方へと近づいています。面前に押迫った「死」を考えないわけには行きません。二、三言ひ残しておきたいことを書き誌しておきます。

一、死去の時、いわゆるお葬式は行わないで下さい。

一、定められた規則通りに、どうぞ心静かにことを運んで下さい。

一、死に顔は直ちに被ってほしいです。

一、火葬場から最小限の遺骨を受け取り和田掘別院総墓へ。

一、その時本堂で決まったお経を上げることになっているでせう。その通りにして下さい。

この私、稀にみる長寿を与えられ乍ら、善いことの一つもなし得ないで終る身かと思えば慚愧に堪えぬ思ひです。

あれを思ひ、これを思ひ、熱い涙が落ちるばかりです。「いづれの行も及び難く、力尽きて終る身なり」との親鸞上人の言葉が身に滲みます。南無阿弥陀仏。

どうぞ皆、毎日をいとほしみ、大切に、得難い「生」を全うして下さい。いろいろありがとう、ありがとう。文」

晩年の母にとって、毎日が「今日、死が迎えにくるか」を考える生活だったようだ。長寿を生きる大変さは子供の心にも伝わった。いつでも死を迎えられるように、母の身辺は見事なまでに簡素に、美しく整えられていた。

九月八日の夕刻、胸苦しさを訴えて自分でタクシーに乗って病院へ行き、そのまま不帰の客となった。母が出ていった部屋の電話機の側には、遺書がそっと置かれていた。そして、火葬や和田掘別院総廟への納骨などに必要な費用もきちんと用意されていた。最後まで、精神的にも経済的にも自立した、学ぶところの多い母だった。

澄み切った青空の一〇月二〇日、兄弟たち五人で、父も眠る和田掘別院総廟に母の遺骨を納めた。「母さんのように晩年を送り、死を迎えたいねえ」。兄弟でそうしみじみ語りあった。和田掘別院総廟にはのちに兄夫婦も納骨された。

注

（4）労研設立を巡る大原と父の関係についてくわしくは、城山三郎『わしの眼は十年先が見える　大原孫三郎の生涯』新潮文庫、一九九七年、三浦豊彦『暉峻義等　労働科学を創った男』リブロポート、一九九一年、引用箇所はP.100、兼田麗子『大原孫三郎―善意と戦略の経営者』中公新書、二〇一二年、とくにその第五章を参照。

　また、大原社会問題研究所設立時の詳しい経過、および父と高野岩三郎の関係については、大島清『高野岩三郎』岩波書店、一九六八年、および三浦、前掲書を参照。

　倉敷及び東京移転後の労研の活動、労研付属の「農業労働調査所」の活動について詳しくは、三浦、前掲書のほか、暉峻義等『農業の労働科学序説』国土社、一九五三年、暉峻義等博士追憶出版刊行会編集『暉峻義等博士と労働科学』、一九六七年、を参照。

なお、大原は大原社研、労研のほか、農民の生産技術、経営、生活の改善のために大原農業研究所（一九一四年）、西欧名画の市民への公開のために大原美術館（三〇年）、倉紡関係者のみならず地域住民の医療のために倉敷中央病院（二三年）を設立、それらはいずれもこんにちまで大きな社会的活動と貢献をつづけていることは周知の通り。
（5）西雅雄についてよりくわしくは、宇野弘蔵『資本論五十年』上、法政大学出版局、一九七〇年、その第一、二章参照。
（6）林源十郎と大原孫三郎の関係についてくわしくは、城山、前掲書、参照。
（7）竹中正夫「明治期における岡山・倉敷の信徒の交わり―大原・石井・林の三家の場合―」（『キリスト教社会問題研究』第26号、同志社大学人文科学研究所、一九七七年一二月）を参照。
「真友」の森三郎は、大原が東京専門学校（早稲田大学の前身）に在学中、東京帝国大学農学部学生として同じ下宿に住み、のちに千葉県農事試験場長を務めた。森は足尾銅山に大原を連れて行き公害汚染の恐るべき実態を説き、かねて愛読していた二宮尊徳の『報徳記』や『二宮翁夜話』を大原に送って学ぶところが大きいことを説き、大原は尊徳思想からも多くを学んだという。
（8）暉峻衆三「敗色濃い日、山川均・菊栄夫妻を訪ねて」『山川均全集』「月報」（13）、第17巻、勁草書房、一九九五年五月

V　社会科学への関心を強める

一　戦時下の労研に集った人びと

話しを再び本筋に戻そう。父の影響もあって自分も「社会医学」の研究者にでもなろうかと、旧制成城高校は理科乙類を選んだ。成城学園には戦時中も比較的リベラルな雰囲気が残っていた。また、大原社研との関係からか、父の書斎には医学研究者にしてはめずらしくマルクスやエンゲルス、レーニンの翻訳書、『貧乏物語』（弘文堂、一九一七年）をはじめとする河上肇（一八七九－一九四六年）の一連の著作、山田盛太郎『日本資本主義分析』（岩波書店、一九三四年、以下『分析』）、『日本資本主義発達史講座』（岩波書店、一九三二～三三年）など社会科学関連の本もかなりあった。

戦時体制下、父が所長をしていた労研は日本産業報国会の傘下に入り、戦争協力の一翼を担うこととなった。そのもとで、労働者の労働と生活条件についての医学的、心理学的、社会科学的研究が、倉敷労研時代よりも範囲と規模を拡大して行われた。また、東京移転後も、農家の労働と生活状態を研究する「農業労働調査所」の活動が神奈川県中郡成瀬村（一九三八～三九年）と栃木県足利郡筑波村（一九四〇～四三年）で継続された。

父にはわりと包容力があり、戦時下に「マルクス主義者」といわれようと、有能な研究者と思えば所員に採用し、所員として尊重し、かばいもした。マルクス系統の人としては、風早八十二（日本社会政策史）、藤本武（労働問題）、西口克己（作家）、渋谷定輔（農民運動・作家、『農民哀史』勁草書房）その他多士済済だった。戦時中、私の家に来たある客が言っていたことをいまも鮮明に覚えている。「いまや労研は日本の地平線上に残るマルクス主義の唯一のピラミッドだ」。戦後、風早が私にしばしば述懐していた。「私が戦時中も給料をもらって生活できたのは、義等先生のおかげです」、と。事実、戦時中、わが家の夕餉のとき、父が憤慨した面持ちでこういっていた。「今日もまた憲兵隊の奴がやってきて、風早を早く辞めさせろ、というんだ。けしからん。俺は、風早君が優れた研究者だと思うから所員としていてもらっている、そう言って帰ってもらった」。

また、変わり種としては音楽学者・評論家で、「ピアニスト無用論」を唱えて有名だった兼常清佐がいた。(9) 兼常は若いときからの父の友人で、父の口利きで大原孫三郎から資金援助をうけ、父と同時期にドイツに留学した。父は一九三〇年代末、日本の各地に古くから伝承される民謡—民衆の労働歌—を蒐集、研究することを託して兼常を所員に採用した。

兼常は戦時中もリベラルで反戦・平和、合理的精神を保持しつづけた。一九四〇年、日本が「紀元は二六〇〇年」の奉祝ムードに沸いていたさなか、私に葉書をくれて、「何？二六〇〇年がめでたいって？ちゃんちゃらおかしいね！ぼくには二六〇一年こそ、めでたいよ。なぜって？三で割り切れるからさ」。およそ組織体の一員として研究し、生活するにはなじめない人で、「研究所の研究」にはあまり役立たなかったが、父は兼常をかばい、好きなように研究させていた。私は戦時中から戦後にかけて兼常の研究室をちょくちょく訪ね、彼との談話を愉しんだ。

戦時中も、こうした「左翼系」からリベラル派までを含む大所帯の労研所員が生活することができたのも、一九四二年、労研が大日本産業報国会という総力戦遂行組織の傘下に入り、父がその所長職についていたことによるところが大きいといえよう。父は大政翼賛会への関与もあって、敗戦後の四六年、公職追放の指定をうけることになる。戦時中多くの日本人が戦争協力者となっていったが、父の役割も労働者や農漁民といった日本の働く民衆の労働と生活条件の改善に資する労働科学の研究所の所長としての原点から、日本の総力戦遂行のための生産力向上に資する労働科学の研究所の所長としての役割に推転していったといえる。勿論、戦争遂行のための生産力向上に役立つ労働科学の研究においても、現場で働く労働者や農漁民の労働と生活条件の改善が不可欠な課題ではあった。戦前から戦時中にかけての父の航跡は、戦後を研究者として生きてきた私にとって常に心に留めるべき教訓となった。ただ、父は戦時中も家族の者に戦意高揚的、戦争協力的な発言をすることは全くなかった。

二　高校理科乙類——「でも、しか農業問題研究者」の道へ

こういったマルクス系統の人やリベラルな人たちが戦時中もわが家によく訪ねてきて、わたしも彼らの座談に接していた。そして父の書斎にあったマルクス関係の本などを読むうちに、社会科学に関心が向くようになった。

まともに進むと医者になるものが多かった高校理科乙類だったが、どういうわけか、われわれのクラス

には、私のほか安部公房（一九二四－九三年、作家）、河竹登志夫（一九二四－二〇一三年、演劇学、河竹默阿弥の曾孫、早稲田大学、文化功労者）、菊池英樹（映画産業、作家・菊池寛の長男）、小尾信弥（天文学、東京大学、放送大学）など正道を逸れる「変わり種」が多くいた。

ところが、当時、私のように理科系の高校生でありながら社会科学に興味をもったものには経済学部や法学部の門戸は閉ざされていた。開いてくれたのは、農学部の農業経済学科しかなかった。こうして、四三年一〇月、戦況急を告げるなか成城高校を二年六ヵ月で繰上げ卒業することになった私は、東京帝国大学農学部農業経済学科に入学、農業問題の研究に連なる道に進むことになった。高校に入るさいには「社会医学の研究者」にでもなろうかと理科乙類を選んだ私だが、社会科学に関心をもつようになって、農業経済学科しか選ぶ道はなかったわけだ。このようにして、はなはだいい加減な話しだが、「でも、しか農業問題研究者」の道に進むこととなった。

こうして大学には入ったものの、すぐに「学徒出陣」。新入生は出陣学徒を明治神宮外苑競技場に行って見送るようにといわれた。秋の冷たい雨がそぼ降るなかを戦地に赴く先輩学徒たちが銃をかつぎ行進しながら競技場外に去って行くのを観客席から寒々とした気持ちで見送ったことをいまも鮮明に覚えている。あの先輩たちの多くが帰らぬ人となったであろうことを思うと、いまもいたたまれない気持ちになる。

三　戦時下の農業経済学教室　近藤康男や古島敏雄のことなど

日本が太平洋戦争に突入して半年後の四二年六月のミッドウェー海戦での敗北を転機に、戦局は急激に悪化の一路を辿った。ガダルカナル島撤退（四三年二月）、連合艦隊司令長官・山本五十六の搭乗機撃墜・戦死（四月）、アッツ島全滅（五月）、レイテ沖海戦での敗北（四三年一〇月）など、この戦争に日本が勝つ見込みがないことはわれわれの周辺でも分かっていた。

戦況が悪化し米軍による空襲の怖れが強まるなかで、わが家でも庭の一隅に防空壕を掘り、軒下まで庭を耕して食料の足しにし、金属類は供出、夜には窓はすべて遮蔽、電灯も傘の回りを黒いカーテンで被って、電光が外に漏れないようにするなど、生活の耐乏化が急激に進んだ。

空襲警報はしばしば鳴る、研究室の疎開が始まる、同学年生の多くが出征していくなど、落ち着いて勉強できる状態ではなかった。大学教授陣からはすでに「マルクス色」も消え失せていた。

農業経済学科でも、専任講師で、三一、二歳の若さで手堅い実証的研究『近世日本農業の構造』や『信州中馬の研究』（『古島敏雄著作集』、第三、四巻所収、東京大学出版会）を著わした、日本農業史の古島敏雄（一九一二－一九九五年）は、四四年秋には体調不良ということで、まもなく郷里の信州飯田に帰省してしまった。古島はわれわれ学生に向かって、「君たちを農村調査に連れていってやりたいけど、それには憲兵隊の許可が要るしなあ」、と言った。戦時中は農村調査も簡単には実施できなかった。古島についてはのちにまた触れることにしよう（Ⅷ）。

また、助教授だった近藤康男（一八九九－二〇〇五年）は、当局筋から著書『転換期の農業問題』（日本評論社、三九年）のある箇所を、「近藤はロシア農業を理想的形態と考えている」と攻撃され、私が大学に入学する直前の四三年八月、辞表提出を余儀なくされ、東亜研究所調査役としてすでに大学を去っていた。近藤の右の著書が刊行された当時は、農業生産力増強と低農産物価格の両立が強く求められていた。近藤はこの両立のためには農業への資本の導入、経営規模の拡大による農業合理化が必要であるが、地主的土地所有の存在がそれを阻んでいるとした。そして「私的土地所有に基づく私的生産が止揚され、純粋な形の社会的生産が行われうるのは、ロシアのごとく社会的革命を経過した場合である」、と同書で付言した。

農業生産力増強と低農産物価格の両立の必要は戦時体制下の要請であり、そのために体制側も地主的土地所有に何らかの規制を加える必要があるとして施策を講じつつあった。その限りでは、近藤の提案は体制側の要請に応えようとするものだったといえる。だが、体制側は、近藤がロシア革命を肯定的に評価した「付言」と結びつけて提案していることを問題視し、攻撃した。言論統制の厳しい戦時下に、このような付言をあえて公にしたところにも、信条を真っ正直に吐露する近藤の研究者としての誠実さが現れているといえよう。

近藤に限らず、のちに触れる宇野弘蔵や山田盛太郎など、この世代の「マルクス学者」にとって、ロシア革命のもつインパクトはまことに大きかった。

戦後、近藤は、「私の場合、幸いにして生活の心配のない東亜研究所というところへ避難することができたために、安易にその日を送ったうらみが残る。大内（兵衛）先生など思想弾圧で警察にやられた多くの人は、世間から隔絶された環境で古典を読んだり翻訳をしたり、最大限有効に時間を使って他日に備えられた。人間は最も得意のときと、失意のときに、どういう構えをするかを戒心せねばならぬ」、と述懐している。

そして、近藤は戦時中の自分を自己点検して、一面では従来未整理だった農林省の統計調査をよりきちんとした形に整理したことなどを功績としてあげる。だが他面で、日本の「過剰人口問題」を国有林や未利用地の開発による「内需拡大」によって打開するのではなく、安易に中国侵略、つまり中国人の土地の収奪による「満州」農業移民によって打開しようとしたことは重大な誤りであり、その点の批判なしに自分が安易に「満州」農業移民問題の調査研究に携わったことを心から反省している。[10]

ここにも近藤の謙虚で誠実な人柄が如実に現れているといっていい。とつとつと話す近藤は決して座談の名手とはいえない地味な人柄だったが、いまにして思うと含蓄のある言葉の数々を残した。私にも近藤は何度かいった。「君ねえ、人生いつまで自分のおもちゃをもちつづけて遊ぶことができるかだよ」。われわれの年代になると、ともすると「遊ぶおもちゃ」を失って精神的活力も萎えがちになる。そのようなこのごろ、まことに至言だと思う。

先回りしていうと、近藤は戦後、言論が自由化するもとで東大教授として復職し、農地改革論をはじめ多方面にわたり論陣をはるとともに、農林省統計調査局長や中央農地委員会委員などの公務も兼ねた。だが、資本や体制の側からでなく、農業の現場で生産力を担う農民の側から問題を捉えようとする姿勢は生涯一貫していたといっていい。

日本の農地改革についても、それを中国革命の土地改革と対比しつつ、「アメリカ占領軍と日本の官僚による上からの改革」であり、農民的要求の爆発によるものではなく、農村民主化と活発な農業展開に真に効果を発揮し得るものではないと批判的に見ていた。

また、一九六〇年代の高度経済成長下の「基本法農政」についても、それが国家独占資本主義下の労働力動員政策であり、「自立経営育成」といった、従来の農政にはみられなかった新理念の登場に着目しながらも、総じて零細な農民の首切り、独占資本によるその利用という側面が強いと捉え、批判的に見ていた。[11]

戦後、私が農学部に復学し、さらに大学院に進学したとき、近藤は私の指導教官になってくれた。

注

(9) 蒲生美津子他編『兼常清佐著作集』全15巻、大空社、二〇〇八～九年。杉本秀太郎『音楽と生活――兼常清佐随筆集』岩波文庫、一九八五年

(10) くわしくは、近藤康男『三世紀を生きて』農文協、二〇〇一年、とくにその「まえがき」、第七章「東大追放事件」、第八章「『満州』農業移民問題」を参照。引用箇所はp.144～145。

(11) 近藤の農地改革や「基本法農政」の評価については、『日本農業論』上・下巻、御茶の水書房、一九七〇年、による。

Ⅵ　陸軍経理学校への入隊と広島での原爆体験

一　徴兵検査と陸軍経理学校への入隊

私も、四四年一〇月、徴兵検査をうける身となった。

前述したように、私は小学四年のとき、右足脛骨の骨髄炎を患い手術を受けた。抗生物質もない当時、生死の境をさまよう状態のもとで長期の入院、休学を余儀なくされた。こうして右足の脛には手術の痕が大きく残り、歩行もやや不自由な身となった。戦時中は、結核などの病気で兵役を免れる人が幸せそうでうらやましく思えた。ひょっとして自分も兵役を免れることができるかもしれないという思いもあった。

さきの山川均の言のように、戦争末期、国民のあいだに公然とした反戦の主体と主張はもはや消え失せて、ほぼ全ての国民が戦争遂行のために人的にも精神的にも動員されていた。先述のように、戦時中も私の家にはマルクス系統の人やリベラルな人がしばしば訪ねてきて世の中の状況について語り合う機会が多かったこともあって、戦時中の私は「軍国青年」ではなかった。日本が遂行する戦争には批判的で、その前途を悲観的にみてはいた。かといって弾圧を怖れずに敢然と戦争反対を唱えることもせず、客観的には戦争遂行の大流のなかに身を置いていたといわなければならない。

しかし、できれば徴兵を免れたい気持ちは強かった。徴兵検査の何日も前から下剤を服用し、検査日には四七キログラム余の痩身になった。それがせめてもの厭戦の意思表示だった。検査の前日の夜、近くの北沢八幡宮のそばの竹薮に使用済みの下剤の空瓶数個を密かに捨てにいったことをいまも鮮明に覚えている。下剤の服用そのものが徴兵逃れのための犯罪行為だという意識があった。だが、戦争末期にはかなりの肢体不自由者までも現役兵として召集された。右足に大手術の痕がのこる私も「第三乙種合格」となり、召集を免れえない身になった。

こうして、大学二年生の四五年一月早々、同じ農業経済学科の同学年生五人とともに、東京の中央線国分寺駅の北方の小平にあった陸軍経理学校に「特別甲種幹部候補生」(伍長)として入隊した。入隊の日の早朝、両親とわが家の庭で撮った写真がいまも手許に残っているが、母の何とももの悲しげな姿をみるにつけて心が痛む。経理学校では、主計、土木建築、衣糧関係の学徒兵からなる第一中隊のなかの、衣糧関係の第四区隊に配属された。軍事訓練のほか、衣糧、経理関係の学科もあった。食料不足のもとで、さつまいもの作付けなど、経理学校付属農場での農作業も多かった。中隊長、学徒出身の見習士官の他はみな、同期入隊の学徒兵で、幸いにして、軍隊につきものの上官によるびんたなど鉄拳制裁の類いを一度も体験せずに敗戦を迎えることができた。

二　空襲と「和平交渉」のニュース

経理学校の近くには中島飛行機武蔵製作所や立川飛行場など軍関連の施設が多く、近辺はアメリカ空軍の格好の標的にされた。Ｂ二九爆撃機の機体から太陽光に照らされた爆弾がつぎつぎと投下されるのがみえたが、あとは目標めがけて空を切るザ～ッという物凄い落下音と炸裂音。突如、弾けるような爆音とともに飛来するグラマン戦闘機による、頭上をかすめる超低空からの凄まじい機銃掃射。全く生きた気持ちはしなかった。そして、死者一〇万人を超えた三月一〇日の「東京大空襲」や、五月二四日の「東京西方大空襲」(「山の手大空襲」)。東方や南方の夜空が長時間、炎で一面に紅く染められているのが軍隊の校庭からも望見できた。この紅く染められた空の下で、沢山の人びとが逃げまどい、絶叫し、傷つき、悶え死んでいる。はたして、代沢のわが家は、両親や兄姉、親戚は無事なのだろうか。何ともいえぬ心細く、不安な気持ちで夜空を見つめつづけた。

五月二四日の空襲では、軍校庭の防空壕に同じ区隊の仲間の学徒兵一〇数名が退避し、声を潜めて語りあった。「ああ、一度でいいから大福餅を食いたいなあ」。久しく口にできないでいる大福餅がせめてもの願望だった。このときの仲間の一人に、大学の同級生で、男爵の貴族院議員である大蔵公望の息子がいた。「おい、いま日本はロシアを仲介にしてアメリカなどと和平交渉をしているらしいぜ。戦争が終わるのも近そうだ。おれたち、犬死だけはすまいぜ」。『真空地帯』(上・下、野間宏、岩波文庫、一九五六年)といわれた軍隊にも、外の状況が漏れてきていた。この戦争に勝ち目がないことはわれわれ学徒兵には分かっていた。暗闇の壕のなかで、われわれは暗黙のうちに頷きあった。戦争が終わるのも近い!!

海外でのあいつぐ敗戦、頻発する本土空襲や艦砲射撃。アメリカ軍の本土上陸、「本土決戦」もいよいよ迫ってきた。四五年八月、われわれ「幹部候補生」(六月に軍曹に)は四六年一月の卒業予定を待たずに、各地の部署に緊急配置されることになった。

三　広島へ

奇しくも、まさに広島に原爆が投下された日のほぼ同じ時刻、つまり八月六日の午前九時に、同じ区隊の仲間四人とともに東京駅を出発して広島市宇品にむけ出発せよとの命令が下った。そこには陸軍船舶司令部がおかれていた。出発にあたって、直属区隊長から「アメリカ軍の本土上陸をひかえ、船舶部隊の任務は極めて重要になる。しっかり任務を果たすように」と諭された。終戦後、その区隊長が私に打ち明けたところによると、われわれ幹部候補生を各自どこに配置するかに当たって、長男と次三男を区別し、長男はできるだけ東京周辺など人命を温存できるように配慮し、次三男は本土決戦に備えて前線に配置するように心がけたという。「家制度」のもとで、次三男の人命は軽んじられた。次男である私は船舶部隊というもっとも危ない部署に配置されることになった。

ところが、八月六日朝、命令に従って東京駅のプラットフォームで広島に向かう指定の列車を待ったが、いつまでたってもこない。やがて、今朝ほど何かの事故が発生した模様だから一旦小平の原隊に戻って待機せよとの命令が伝えられた。ふたたび、八月一〇日早朝、東京駅を出発。途中、空襲や艦砲射撃などでつかえつかえしながら一二日の早朝にようやく広島駅に辿り着いた。

そこで目にしたのは、一面の瓦礫の原、ところどころ墓標のように空に突き出る鉄筋コンクリートの建物の残骸、赤茶色に焼けた周りの山、市街地のあちこちで燃える炎と一面にたなびく白煙。同行の仲間の一人は広島県出身だったが、列車が広島の街に入るなり、その余りにも変わり果てた姿を目の当たりにして、「えっ!!これが広島か?!」と絶句した。街一面に、なんとも表現のしようもない異臭が漂っていた。日照りのもとで、サンマなど青魚の山を放置して、それが発する腐敗臭とでも表現できようか。私には表現する力がない。

ようやく宇品の船舶司令部に辿りついたが、広島西郊海岸沿いの楽々園にある船舶部隊の物資保管所(正式名称は失念)に行けと指示され、小型の船に乗せられて最終目的地に着いた。そこには破壊を免れた軍の倉庫と建物があったが、建物には多数の原爆被災者とその家族が収容されていた(当時は原爆とはいわず、一般に「新型爆弾」とか「ピカドン」とか呼んでいた)。

四　被爆者と雑魚寝の生活。終戦

新参者の私には、間仕切りをとり外した二〇畳ほどの二階の和室が居所としてあてがわれた。そこには被爆者とその家族達がぎっしり詰め込まれていて、この人達と雑魚寝する生活が始まった。蒸し暑い真夏、窓を開け放っても異様な臭いが部屋に充満して、息をするのも困難で、食事ものどを通らない状態だった。体にひどい損傷を負い、顔の膨れ上がった被爆者たちも、消毒用のマーキュロクロームをぬり、デルマトールの粉をふりかけるといった簡単な処置のほかは、治療らしい治療もうけない状態のまま横たわっていた。

八月一五日正午、天皇陛下の「お言葉」がラジオで放送されるから全隊員食堂に集合せよとのこと。ところが、肝心の放送は雑音がひどく意味を聞きとれなかった。隊長がいった。「ただいま天皇陛下が仰せられたことが分かったものは手をあげろ」。私は真っ先に手をあげていった。「戦争が終わった、ということです」。「そうか!!」、隊長は驚きと意外さをたたえた表情でいった。すでに日本が和平交渉を進めていることを知っていた私には、放送の意味するものを即座に察知できた。ついに戦争が終わった!!広島の惨状を目の当たりにした重苦しさのなかにも、一種の解放感が胸に漂った。

部隊では八月一五日の終戦の衝撃は日がたつにつれて次第に収まっていったが、われわれ新参の外来者の預かり知らぬ世界の動きが次第に慌ただしくなってきた。隣接する軍の倉庫からいろんな物資がトラックや船で運びだされていった。多くの被爆者たちの苦しみと悲嘆をよそに、「物資が横領され、横流しされている!?」。強い疑惑と怒りがこみあげてきた。終戦間際に参入してきたわれわれ幹部候補生には、三度の食事が給与されるほかは何の任務も与えられなかった。多くの被爆者と起居を共にしながら何の介護の手伝いもできないまま毎日が無為に過ぎていった。

五　つぎつぎに人が死んでいく。恐るべき原爆

突然の異変が原爆投下から二～三週間して起こった。一見どこも傷を負っておらず、ついさきほどまで私と語りあっていた幼児や大人が、突如として四〇度を超す高熱を発し、物凄い下痢と脱水症状を起こし、「水!水!」と力なく叫びながら、つぎつぎと事切れていった。てっきり集団生活のもとでの伝染病の大量発生で、このままでは全員やられてしまう!と思った。

医務室の軍医中尉のところに駆け込んだ。高熱、下痢、脱水症状でつぎつぎと人が何の手当もうけられずに死んでいく。コレラかチフスに違いないから早急に手を打ってほしい。

終戦後とはいえ、軍の規律からすると、軍曹の私が上官に強い申し立てをすることは無謀であり、強い叱責が返ってくることも覚悟していた。だが、予想に反して軍医は力なく、穏やかにいった。「いや、これはお前が云うような伝染病ではない。こんどの新型爆弾のせいらしい。どう手の打ちようもないのだ」。恐るべき新型爆弾!!全ての人間、生きとし生けるもの全てを抹殺する新型爆弾!!そんな爆弾をアメリカは広島と長崎に投下し、爆発させた!!原爆投下当時、広島市の人口は大凡三五万、そのうち一四万人が原爆によってその年の一二月までに死去したと推定されている。

ちなみに私も原爆投下直後に、放射能についての知識の全くないまま広島に入り、多くの被爆者と長期にわたる雑魚寝の生活を送り、放射能を浴びたであろう食料を口にした。先述したように、一九八五年には症例の少ない右足大腿骨の軟骨肉腫（がん）を患い、大腿骨切除、セラミックの人工骨接合という大手術を受け、五ヵ月にわたる入院生活を余儀なくされた。同年、「身体障害者手帳」の交付をうけ、以後こんにちまで杖に頼って歩行する生活をつづけている。さらに、九三年には膀胱癌の手術をうけ、被爆後半世紀を経た一九九六年にようやく「被爆者健康手帳」の交付をうけた。

ところで、二〇〇九年三月末現在、日本全国で被爆者手帳所持者はなお二三万六〇〇〇人もいるとされる。被爆者でありながら、いろいろの事情から同手帳をもたない人が他にかなりいることを考えると、実際の生存被爆者の数はもっと多くなるはずだ。

この被爆者手帳保持者のうち、国から原爆症の認定を受けたものは僅か四四〇〇人、一・九%にすぎない。全国でなお約八〇〇〇人もが原爆症認定の審査を求めて申請中という。こうした動きのなかにも、水俣病認定の場合と同様に、政府の対応の遅れと、原爆の被害をできるだけ少なく認定しようとする政府の後ろ向きの姿勢を強く感じざるをえない。その後ろ向きの姿勢は、累次の裁判（原爆症認定集団訴訟）での国の敗訴によっても厳しく批判されるようになっている。

二〇一一年三月一一日の東日本大地震のさいの、人災というべき福島原発事故は、日本のみならず世界にも大きな衝撃を与えた。それは「安全で安価な原発」という神話を吹き飛ばし、従来のエネルギー政策の再検討を迫っている。原発周辺の人々の多くが大なり小なり放射能を浴び、従来の生活と仕事の場からの退避を余儀なくされた。まき散らされた放射能は、食料基地・東北の広大な農地や山林、魚場を汚染し、日本人の食の安全を脅かすようになった。しかもその脅威の範囲や期間も限定できない状態にある。

この福島原発事故による放射能が今後もたらすかもしれないもろもろの災難を、水俣病患者や広島や長崎での被爆者への国の対応の遅れや後ろ向きの姿勢と重ね合わせると、こんごの事態の推移は容易ではなかろうと暗澹たる気持ちにもなる。人災というべきこの福島原発事故に対して、国や東京電力に対応の遅れや後ろ向きの姿勢をとらせてはならないと思う。

ところで、広島の私の周りでは被爆者がつぎつぎに息絶えていった。いま考えても恐ろしいことだが、私は人間の死に無感覚な人間になってしまった。部屋に充満する、息をすることも困難なほどの異臭。建物の外にでて空気を吸わずにはいられず、三度の食事ものどを通らなくなった。終戦後一ヵ月もたつのに除隊の命令もでないまま、なす術もなく日々を過ごす。そんな生活を続けることにもはや耐えられなくなった。東京から同行した仲間四人で相談した。「ここから脱走しよう!!」。

六　「脱走」。東京へ

終戦後とはいえ、「脱走」はまだ冒険だった。占領軍は、日本軍の秩序維持のために憲兵隊をあとまで温存する政策をとり、脱走など規律違反者は捕まえて連れ戻され、営倉にいれられるという話だった。脱走には危険が伴なった。

私はまだ軍曹だったが、将来、少尉に任官するときのために木の鞘に収まった軍刀をもっていた。戦争も終わり、私にとってそれはもはや無用の長物だった。私は軍刀をもって部隊の食堂にいき、炊事当番兵に、「これをやるから何か食べるものを貰えないか」と頼んだ。炊事当番は、「これを頂けるのでありますか」、と恭しく軍刀をうけとり、その代わりに、甘味の入った小さな山型パン三〇個ほどをもってきてくれた。これで帰郷するための食料はどうにか用意できた。

九月二〇何日かの夜九時に消灯ラッパが鳴り、人びとが眠りについてから、われわれ四人はむっくりと毛布を抜けだし、隊列を組んで正門にむけ行進した。運良く正門の衛兵たちはわれわれより位が下の上等兵だった。「上官たちは、除隊命令がでたのでありますか?」。隊列を率いていた私は敬礼しながら答えた。「そうだ」。思いのほか簡単に正門を通過できた。四人は広島電鉄の楽々園駅から電車に飛び乗って広島駅にいき、そこから国鉄の列車に乗り換えてそれぞれの故郷を目指すことにした。

ところが、広島で乗り込もうとした上りの列車はどの車両も超満員で、潜り込む余地もない状態。仕方なく線路側に飛び降りて外側から探していたら、運良くある車両のトイレの窓が開いているのを発見。懸命に四人でよじ上ってトイレの窓からなかに入った。これまた幸いにトイレのドアのノブが壊れて開かない状態で、外から人は入りこめなかった。こうしてわれわれ四人は、超満員の列車のなかで他人に煩わされることなくトイレを独占できることになり、便器のうえに敷物を敷いて居住空間を確保した。

途中、炊事当番から仕入れた山型パンを停車駅でさつまいもなど他の食料と交換しながら、やっとの思いで、東京・世田谷区の祖師谷に疎開中の両親のもとに帰りつくことができた。四五年当時、同じ世田谷区内ではあるが既に住宅地化していた代沢とちがって祖師谷の地はまだ全くの農村だった。幸いにして両親や兄姉は無事だった。しかし、広島の惨状の体験は生々しく、しかも何の介護もできずに多くの被爆者を「見捨てる」ように軍隊を「脱走」してきた心の傷、痛み、不安から一一月末まで一歩も外出しないで過ごした。ようやく大学に復学の手続きにいったのは、四五年の一二月の末のことだった。

七　終戦と戦争責任

このようにして、原爆の惨状を体験して長かった戦争はようやく終わったが、われわれ戦中派は、何ごとにつけ天皇の名のもとに「忠君愛国」と戦意昂揚を吹き込まれた。「鬼畜米英」のかけ声のもとで国民を戦争に総動員する上で天皇が果たした役割はきわめて大きい。天皇の軍に対する統帥権のもとで戦争は行われた。そのもとで何百万もの国民が死に、傷つき、家を焼かれ、惨澹たる境遇に突き落とされた。

果たした客観的役割からみても、昭和天皇がこの戦争に対して重大な責任を負っていたことは明白だろう。敗戦後、国内で「天皇は退位すべきだ」との有力な意見もあった。だが、天皇は戦争責任をとって退位することはなかった。アメリカ占領軍は対日統治の円滑化に有効だとして天皇を利用しようとし、退位を求めなかった。昭和天皇は、マッカーサーに対して自分が平和主義者であったかのように表現し、戦争突入の責任を東條英機らにかぶせようとした。また、アメリカ軍による原爆投下をやむをえなかったものとして容認し、沖縄占領を「半永久的に希望する」ような見解さえアメリカ側に伝えた。[12] また、国民の間に、敗戦に帰結した戦争を「一億総懺悔」する気運がもちこまれ、それが昭和天皇の戦争責任を曖昧にもした。

これらのことは戦争と原爆を体験した者として看過できない重い問題であり、そういった思いが戦後の私の言動や研究にも投影することになったのは、ある意味では当然だった。このような戦争責任の処理のされ方は、のちの朝鮮植民地化や日中・太平洋戦争に対する歴史認識、中国、韓国・朝鮮をはじめアジア諸国に対する外交姿勢にも連なるものといえよう。

私たちの年代では、一年、二年の年齢差が人生の明暗を分けた。私より一〜二年先輩の学徒兵は特攻隊員として、また中国、ビルマ、フィリピンなど外地に赴いて戦闘に参加し、戦病死し、傷つき、あるときは現地の民衆を殺し、拉致、レイプ、略奪、放火するといった惨澹たる世界を体験した。戦争末期には、敗走につぐ敗走、飢えと餓死、「戦友」を見捨て、「殺す」といった惨澹たる体験もした。

私が親しくしていた数年先輩の何人かは体験した戦争の苛酷さと惨状を生々しく手記にまとめた。阪本楠彦(農業経済学、東京大学)『湘桂公路』(中国)、筑摩書房、一九八六年、阿利莫二(行政学、法政大学)『ルソン戦―死の谷』(フィリピン)、岩波新書、一九八七年、山内武夫(東欧経済、アジア経済研究所)『怯兵記』(サイパン島)、大月書店、一九八四年、がそれだ。それらを読むと、よくぞこの先輩たちは生還できたものだという思いを強くする。タイ・ビルマ戦線で戦争の惨禍を実体験したにちがいない渡辺洋三(法社会学、東大社研)は生前、直接それについて語り、公刊することはなかった。恐らくどうしてもそうする気持になれなかったのではなかろうか。だが、これら先輩もすでに他界し、心身を振り絞ってまとめた手記も絶版になってすでに久しい。

終戦も近い一九四五年に召集された私の年代は、すでに軍用機も船も日本になく、もっぱら「本土決戦」に備えての兵役で、戦闘による死者はださずにすんだ。そして、さらに一〜二歳若い年代になると、直接兵役に服することもなかった。だが、戦時の大変さはそれぞれちがった状況で嫌というほど味わわされ、平和の大切さを身にしみて感じている。

昨今、他界や老衰などのために、戦争を直接体験し、それを語れる人はごく僅かになり、戦争の風化が心配される時代を迎えている。アメリカやロシアをはじめとする一連の核保有国は、こんにちもなお核兵器を「安全保障のために」最強力、最有効の手段として保持し、状況によってはその先制使用も辞さないとする威嚇的構えをとりつづけている。日本は世界最強の核保有国アメリカと日米安全保障条約を結び、憲法九条の存在にもかかわらず、アメリカへの協力のもとで、国際紛争への軍事的関与を拡げ、強める動きをみせている。

こうした動きをみるにつけて、人間を抹殺する核を廃絶し、人間性を破壊し人間を惨禍に突き落とす戦争に反対する声をますます大にしていかなければという思いを強くする。二〇〇八年一一月、軍事・核超大国アメリカでも「核のない世界の追求」を唱えるB・オバマ政権が誕生した。核廃絶を求める世論が世界的に強まりつつあることの反映ともいえよう。

注

（12）高橋紘・鈴木邦彦編著『陛下、お尋ね申しあげます』徳間書店、一九八二年、P.127~130、豊下楢彦『昭和天皇・マッカーサー会見』岩波現代文庫、二〇〇八年、第一章、孫崎享『戦後史の正体』創元社、二〇一二年、第一章など参照。

Ⅶ　復学から大学院に入るまで

一　疎開地・祖師谷で交流のあった人びと

忌わしい戦争も終り、大学に復学する手続きをとってからも、暫くの間は落ちついて勉強できる環境ではなかった。戦争による破壊と混乱の傷跡は深く、食料難は戦時中にも増して深刻だった。

四五年一月早々、私が陸軍経理学校に入隊して間もなく、わが家は同年春、世田谷区代沢の家が空襲にあう危険が大きいと、同区祖師谷の中江百合の家を借りる形で疎開し、戦後も暫くのあいだそこに留まった。前述したように、軍隊生活を終えた私はこの祖師谷の疎開先に帰宅した。

中江百合（一八九二－一九六九年）は当時、名の知られた家庭料理の研究家で、栄養食の関係で労研の活動にも協力し、父とも懇意にしていた。「自分は福井の鯖江へ疎開して祖師谷の家が空くから使ってほしい」、といわれ疎開した。ちなみに、中江百合の姉はこれまた著名な舞台俳優の東山千栄子（一八九〇－一九八〇年）、また百合の長男の妻は白樺派の作家で、のちに文化勲章を受賞する志賀直哉（一八八三－一九七一年）の次女だった。その関係で戦後も時たま志賀直哉が祖師谷の中江宅を訪ねてきた。

現在と違って、当時の祖師谷はまだ農村の風情が強く漂っていた。成城台地の北東端に位置する中江の敷地はかなり広く、わが家族は母屋に住んでいたが、敷地には二〇〇坪ほどの畑地、それに接して二間の小さな和風の小屋、そして鶏小屋があり、あとは雑木林になっていた。その鶏小屋には、志賀直哉を生涯の師と仰いだ、作家でのちに日本芸術院会員となる網野菊（一九〇〇－一九七八年）が鶏小屋を簡単に改装して単身で静かに住んでいた。また、畑に接した小屋には、陶芸家でのちに人間国宝になる富本憲吉（一八八六－一九六三年）の次女でピアニストの陶（桐朋学園大学音楽部）が夫婦で住んでいた。

中江宅の東側は崖になって下を仙川が流れ、それに沿って南の成城学園の敷地にむけて水田が開けていた。その水田の東側は丘陵になっていて、釣り鐘池に連なっていた。その丘陵地の裾には富本憲吉と、その妻で青鞜運動の先駆者でもあった富本一枝（尾竹紅吉）、および富本の長女・陽の家族が住んでいた。中江百合と富本ファミリーは親しくしていて、その関係で私は頼まれて陽の息子の家庭教師を暫くの間勤めた。富本の家を訪れるとき、長身の一枝が藍染めの和服をきりりと細めの帯で締めた姿で現れ、部屋の隅々にまでいかにも芸術一家といった雰囲気が漂っていたことがいまも忘れられない。

中江の敷地に付属した広い畑地は、戦後暫くは隣の農家から脱穀機を借りて父と二人で麦・いも類や野菜を作り、山羊を飼って乳を搾るなど農作業に精をだした。近くの雑木林で蛇が這っているのを見つけようものなら、追っかけ回して食料にもした。また、母の衣類などを近所の農家に持参して食料と交換するなど、敗戦後厳しさを増した食料難を切り抜けるのに必死の日々を過ごした。

二　「マルクス経済学者」の復職　近藤康男など

四六年、戦時中東大を「追放されていた」近藤康男が教授として農業経済学科に復職してきた。経済学部でも、大内兵衛、山田盛太郎らが復職して講義を再開した。クリスチャンで戦時中も平和を訴えつづけて辞表提出を余儀なくされた矢内原忠雄も経済学部に復帰、戦後新設された社研の初代所長に就任し、所員として宇野弘蔵、大内力（兵衛の子息）、鈴木鴻一郎らの「マルクス経済学者」が加わった。戦時中、東大でも吹き消されていたマルクス理論の灯が一斉に点された感があった。

私は学部から大学院にかけて近藤康男の指導を受けることとなった。いままで単著を二冊しか世にだしていない寡作の私など穴があったら入りたい思いだが、近藤は酒もたばこも嗜まず、実直、精励恪勤、せっせと研究成果をまとめていった。理論家肌というよりも訥々とした話しぶりで、率直にいって講義は興味津々とはいえなかった。

二〇〇五年、近藤は一〇六歳の長寿を全うされたが、その間、農業のみならず林業、漁業にまで及ぶ一〇〇冊を超える著書を刊行した。誕生以来、毎年著書を一冊刊行したことになる。まさに人間業とは思えない。「孜孜として不断に収束する」、これが近藤の真骨頂だった。これらの著作を貫く近藤の基本姿勢についてはすでに前述した。農業経済学科の近藤の同僚教授で、才気煥発・談論風発型の東畑精一から私は何度か聞かされたものだ。「君ね、近藤君には叶わんよ。毎日毎日の彼の生活には何の変化もないように見える。それでいて、着実に仕事を纏めていく。まさに、平々凡々の勝利だよ！」。東畑の近藤評に全く同感だった。

三　東畑精一のこと

ここで、また少し脇道にそれるが東畑精一（一八九九―一九八三年）のことに触れておこう。東畑はヨーゼフ・シュンペーター（Joseph Schumpeter, 一八八三―一九五〇年）の高弟で、博覧強記の近代経済学者。社会や人物を見る目はなかなか鋭く、リアリティに富み、その講義にはのちのちまで学生の心に刻み込まれる言葉がちりばめられていて魅力的だった。

東畑は近代経済学者ではあったが人間的には幅が広く、近代経済学、マルクス経済学を問わず秀才で学問好きの人間を好み、マルクス経済学者では後述の大内力（一九一八―二〇〇九年）を高く評価していた。戦後、東大農学部前のバス停で御茶の水方面行きのバスを待っていたがなかなか来ない。バス停で一緒になった東畑から「君、御茶の水まで歩こう」、と誘われ、その間いろいろの話しをしてくれた。

「君ねえ。僕は大内力君の結婚式の仲人をしたんだよ。戦争中で、父親の大内兵衛さん（一八八八―一九八〇年）は「人民戦線事件」（三八年）で検挙され裁判をうける身になってね（四四年、無罪確定）。息子の力君の仲人を引き受ける人がいなかったんだ。そんなとき兵衛さんから「誠に済まないが息子の仲人を引き受けてもらえまいか」といわれて快くひきうけた」。こうして、単に学問的ばかりでなく、個人的にも大内力に対して東畑は特別の親近感をもっていた。大内力もまた同様で、東畑に対して終生変わらぬ尊敬と親愛の気持ちをもちつづけた。晩年、肺癌を患い意識もやや混沌としがちになるなかで、大内はうわ言のように「経済学の第一人者は誰だろう。そうだ東畑先生だ」、とつぶやいたという（二〇〇九年七月、「大内力先生　お別れの会・偲ぶ会」、学士会館本館、での大内節子夫人の「遺族挨拶」のなかでの言葉）。

慧眼の学者であり、私も尊敬していた東畑であるが、いまの時点から見ると、高度経済成長期以降の激変する日本の農業や食について見通せなかった点があったように思う。シュンペーターの弟子である東畑は『日本農業の展開過程』（岩波書店、一九三六年）を著したが、そこでは日本の零細経営農民が長年にわたり発展的変化の乏しい「単なる業主」の地位に留められ、農業を動かす「企業家」的機能は政府によって担われたとした。この「単なる業主」という把握は、マルクス経済学による戦前来の停滞的農業を担う「零細農民経営」、「過小農」といった把握と重なるものがあったといっていい。

私が東畑の講義を聴いたのは、戦時末期から戦争直後の時期だった。そのとき東畑からよく聴かされたものだ。「君たちね、日本農業について論文を書くのはそんなに難しいことではないんだ。農家数と耕地面積が五五〇万戸・万町歩、小作地がその四五％、自作農が三〇％で、あとは大なり小なり地主から小作する小作農が七〇％、現物小作料は収穫の半分。それくらい覚えてさえいれば、何とか論文は書けるんだ」。東畑が言いたかったのは、それほど日本農業は停滞的で変化に乏しいということだった。

戦後、日本農業は今後どうなるか、どのように合理化、近代化できるかが当時の重要な関心事だった。長年、鍬や鋤を用いての人間の稠密、過酷な労働に依拠してきた日本農業、その基礎をなす水田農業を果たして機械化し、合理化できるのか。東畑はこういった。「土地改良などによって、何とか土地の耕耘や収穫作業は機械化できるだろう。だが問題は水田の田植えだ。これは機械化が困難だ」。だが、現実は東畑の予測に反して、困難とされた田植機も開発され、一九七〇年代には、日本の水田農業で耕耘から田植え、収穫に至る「機械化一貫体系」という画期的技術が普及した。

また、東畑は、日本食について、「醤油や豆腐あたりは将来なんとか世界に通用する食になるかもしれないが、他のものは無理だね」、といった。だが、いまや日本食は、すし、天ぷらをはじめ世界に広く通用する食になった。

このことは、いかに慧眼の研究者であっても将来を的確に予測することがいかに困難であるかを物語っている。それほどに、戦後の高度経済成長以降の日本や世界の技術や経済、農業を巡る状況の変化が激しいものだったといえる。

東畑は己にも厳しいところがあった。後述するように（Ⅷ三）、一九六〇年代の高度経済成長期に、旧来の日本の零細農民経営＝「単なる業主」を分解してその土地と労働力を流動化し、そのなかから「自立経営」を育成して農業の合理化、近代化を図ろうとする、日本の農政史上画期的といえる「基本法農政」が登場した。東畑はそのような農政を誕生させる上で重要な役割を演じた「農業基本問題調査会」の会長を、また、「農業基本法」の成立後（一九六一年〜）は「基本法農政」の目標実現を目指す上で重要な役割を演じた「農政審議会」の議長を務めた。

ところが「基本法農政」が発足してからも「自立経営」の形成、日本農業の「構造改善」は意図したようには進まなかった。その重要な要因に、高度経済成長下に急進した農地価格の上昇があった。だが、肝心の上記「農業基本問題調査会」の発足以来、この土地、地価問題を取り立てて議論したことが一度もなかった。「これは議長としてのわたしの問題提起能力を疑わしめるものであるのに気づいた。そう気づくと自己嫌悪、敗残兵のように背骨が抜けていくように思った。そして任期の途中であったが農政審議会議長を辞し、それ以来長らく農業問題を扱う気力も気概もなくして沈黙を守った」（東畑『私の履歴書』日本経済新聞社、一九七九年、一二二ページ）。東畑の予想を超えた高度成長期の状況変化の激しさと、その変化を想定し得なかった東畑の学問に対する謙虚さと厳しさが如実に現れているように思う。

ちなみに、東畑の実妹・喜美子は哲学者・三木清の妻となった人だ。六人兄弟の長男だった東畑は、東洋大学で哲学を学んだただ一人の妹・喜美子をとりわけいとおしんだばかりでなく、哲学者・三木清に対しても尊敬の念を抱いていた（東畑「喜美子と一緒に暮した頃」、『わが師・わが友・わが学問』柏書房、一九八四年、所収）。その三木は、治安維持法違反で検挙され仮釈放中だった高倉テルをかくまった嫌疑で、四五年に拘留され、劣悪な衛生状態にあった豊多摩刑務所に終戦後一ヵ月以上たってもそのまま拘置され、その間に、ひどい疥癬さらには腎臓病に侵された。にもかかわらずろくに手当もされないまま九月二六日、四八歳という若さで息を引き取った。妹を不憫に思う気持ちも重なって、「終戦後にもかかわらず、こんなことになるなんてあまりにもひどい」、と当局の無責任な処置に対する怒りを東畑は私にもぶちまけた。

また、私事にわたるが、のちに（五四年）私が結婚することになる栗山淑子（いつこ）は、日本女子大、九州大学文学部（西洋史）を経て、農林省農業総合研究所（所長・東畑精一）の九州支所で一時働いたのちに上京、東大農学部の東畑のもとで私的研究助手の仕事をしていた。その関係で農業経済学科で学んでいた私と知り合うこととなった。友人たちが開いてくれた私たちの「結婚を祝う会」では、東畑は二人の紹介役を引き受けてくれた。

二〇〇八年三月、三重県松阪市嬉野町にある東畑の生家を訪問する機会があった。東畑家は農地改革前は二〇haほど（山林を除いて）の地主だったようだが、その家は一九一〇年に着工されたという立派な建物だった。近年若干増改築されはしたものの、座敷や台所など主要な部分は東畑存命中の姿のまま、いまは同市のある電気機器会社の所有のもとに大切に保存され、会社の研修施設として利用されていた。青春時代の東畑の勉強部屋や、東畑が「ぼくの家の庭に沿って川が流れていてねえ」、と語っていたその中村川の、今も豊かな水の流れをみて懐かしさがこみあげてきた。

四　「山村の構造グループ」との出会い――学部の枠を超える交流

話しを、本筋に戻すことにしよう。

戦争のどさくさのもとでろくに勉強もしないまま、必要単位だけはとったので、四七年三月に学部を卒業、大学院に進学した。学部在学は実質二年余にすぎなかった。

戦争末期に帰省していた古島敏雄も終戦とともに農業経済研究室に戻ってきて、若手研究者として旺盛な研究活動を再開した。私の学部学生時代から大学院生時代にかけて、古島は私をあちこちの農村調査に連れて行ってくれた。

まだ学部学生だったとき、古島敏雄から、若い研究者たちと富士山麓の山梨県南都留郡忍野村忍草に調査にいくから君もこないか、と誘われて参加した。当時、農村の民主化と、それと関連する農地改革が研究者にとっても大きな関心事だった。戦時中は、農村調査一つするにも憲兵隊の許可が要るといった状態のもとで、現地に入り、現地の人びとの声に耳を傾け、古文書や資料に当って調査することも困難だったが、戦後は村がうけいれてくれさえすれば自由に調査に入れるようになった。

農民や農村が過去から現在までどんな問題を抱え、悩み、模索してきたのか調査しよう、という気運が東大の農業史や（法）社会学系の若い研究者のあいだに盛り上がってきた。忍野村では本家分家関係が色濃く残り、それと絡む富士山麓の広大な入会牧野の利用関係があり、さらに軍事演習地としての利用がそれに重なっていた。この忍野村調査はのちに古島敏雄編『山村の構造』(日本評論社、一九四九年)としてまとめられた。

この調査に加わったのは、年長の古島をキャップに、私より少し先輩で、法・文・経・農と、学部の枠を超えて参集した少壮気鋭の研究者たちであり、その人びとは当時の東大で「山村の構造グループ」と呼ばれることがままあった。後から加わった後輩の私は、このグループがどういう経緯で形成されたのかの詳細は知らないが、永原慶二(当時、東大文学部史料編纂所、のちに一橋大学、中世史)によると、山口啓二(同、史料編纂所)がグループ形成に大きな役割を果たしたとのことだ[13]。

このグループに加わっていたのは、古島、永原、山口のほか、福武直(東大文学部、社会学)、加藤一郎(東大法学部、民法、のちに総長)、稲垣泰彦、杉山博(史料編纂所)、渡辺洋三、潮見俊隆(東大社研、法社会学)、唄孝一(東京都立大、医事法学)、上原信博(農政調査会研究員、のちに静岡大)、それに私(農学部学生、大学院生)といったところだった。それに、調査には加わらなかったが大内力(東大社研)や塚本哲人(東北大文学部、社会学)もこのグループに名を連ねていた。

このグループは、忍野村調査の前には、長野県上高井郡豊洲村相の島(割地慣行)、忍野村のあとには、京都府乙訓郡久我村[14]、長野県諏訪郡湖南村、大阪府布施市[15]の調査を行った。私は忍野村のほか久我村、湖南村の調査に参加した。そのなかで、このグループが一番まとまって調査活動をおこなったのは、忍野村と久我村だったといえよう。

というのは、このグループの調査は、予備、本調査、事後と三段階にわたって、学部や専門分野を異にするメンバーが一週間前後合宿しながら調査に当り、夜遅くまでその結果を報告しあって討論し、認識を共有しながら進め、文字通り「共同研究」としての実をあげて世に発表することを建て前としていた。

しかし、時の経過とともに、メンバーの就職転出や職務の多忙化でその建て前の持続は次第に困難になっていき、諏訪湖のほとりの製糸業地帯である湖南村調査は報告書としてまとめることができなかった。さらに、近世綿作商品生産地帯である布施市は事実上古島と永原の二人で報告書をまとめざるをえなくなった。

古島が私を「山村の構造グループ」に引き合わせてくれ、そこで歴史学や(法)社会学など異分野の優れた先輩研究者たちに巡りあい、一緒に調査し、そのごも長く交流を続けられたことは、私の研究の幅(視野)を広げる上で大変役にたった。古島をはじめとしてこのグループの人びとに感謝している。

また「山村の構造グループ」とは別だが、私が大学院生だった一九五〇年、古島は彼の故郷、長野県下伊那郡飯田市の近くの鼎村(現在、飯田市に合併)の調査を一緒にしようと誘ってくれた。報告書の執筆に当たったメンバーは古島、的場徳造(農林省農業総合研究所)、私の三人、それに聞き取り調査員として古島ゼミの学生が一〇人ほど同行した。

鼎村は、戦後、共産党、社会党系の農民運動家の指導のもとに農民組合が結成され、運動が活発に展開されたところである。戦前から、稲作のほか養蚕が盛んで、農民的商品生産が発達していた。不在地主の土地もあったが、在村耕作地主が有力層として存在する「むら」も抱えていた。そうしたところで農地改革がどのように行われたかを調べることが課題だった。

鼎村では、農民運動で指導的役割を果たした農民が、村、さらには県の農地委員になり、農地改革法規を最大限活用して小作農層のための農地解放に尽力した。たんに法規上の規定による強制買収に止まらず、申し出による認定買収をも広汎に行い、宅地や建物の買収、農地の買収・売渡しと結びつけての耕地の交換分合も合わせ行い、農業経営の合理化を図ろうとした。そのもとで、一面では下層をはじめとする多くの小作層（自小作を含む）が農地改革の恩恵を享受したといっていい。

しかし、他面では、耕地の交換分合計画は「むら」での「話し合い」で行われ、もともとそこでの地位と発言力の強かった上層農や耕作地主層（地主富裕農）の利益を中心としたものとなった。また、農地改革の際に在村耕作地主層による小作層からの土地取り上げ、それによる小作層の経営零細化をかなり許す結果となった。こういった事態は在村地主を多く抱える日本の農村でかなり多くみられた現象だったと言えよう。

アメリカの占領政策が急速に「反共」へと軸足を移し、そのもとで、社・共の分裂が深まる中で、鼎村でも同様の事態が起り、農民組合は不信任されて解散され、農地改革事業の終了とともに農民運動も急速に衰退へと向かった。農民運動の指導層たちが将来の希望を託した果樹の「共同経営」も、参加農民のあいだの意見の食い違いから解体へと向かった。

鼎村調査の実施時から大分後になったが、大凡以上のような調査報告が古島、暉峻、的場の三人の連名でまとめられ、『農民組合と農地改革』（東京大学出版会、一九五六年）として刊行された。

五　作物栽培学者・川田信一郎、農業経営学者・金沢夏樹のこと

異分野の優れた研究者との交流については、東大農学部農学科で栽培学の研究をしていた川田信一郎（一九一八－一九八四年）のことにも触れておきたい。川田は古島敏雄と親しく、「山村の構造グループ」のメンバーでもあったが、農業経済学科の私は、一年先輩の農業経営学者・金沢夏樹（東大農学部、一九二一－二〇一〇年）とともに、とくに親愛の情をもって川田に接してもらい、学問形成の上でも大きな影響をうけたように思う。

川田は稲の根や、作物災害の問題について優れた研究を遺した（『水稲の根』農文協、一九八二年、『作物災害論』養賢堂、一九五三年）。川田は農村をこまめに歩き、そこから問題を発見していった。農民が作る稲の根を観察すれば、どんな水利、土壌条件のもとで、どんな主体や階層の農民がどんな栽培、経営をしているかが分かる。根にすべての問題が凝縮されている。また、同じ地域の同じ作物でも農家の貧富の違いによって災害の受け方に大きな差が生じることを説いた。表面に現れたものごとを根源にまで掘り下げて問題を捉える必要があることをわれわれに教えてくれた。

川田は優れた研究者だったが、他面で敬虔なクリスチャンでもあり、日曜礼拝のとき賛美歌のオルガン伴奏をすると言っていた。ヒトラーへの忠誠宣言を拒否して、一九三五年、ボン大学を退職処分となった二〇世紀の代表的プロテスタント神学者、カール・バルト（一八八六－一九六八年）を尊敬し、研究していた。

同時に、川田は茶目っ気たっぷりの酒好きでもあった。夜ごと親友たちと巷を飲み歩いて羽目を外し、翌朝、二日酔いの自己嫌悪で神様に懺悔する。すると神様は「いいよ、いいよ」と、いとも簡単に許して下さる。川田の神様は誠に優しかった。そこでまた翌日も飲んでは同じことを繰り返すといった人だった。

私はしばしばそんな川田旋風にまきこまれ、飲酒に連れ出された。ある夜、川田が酔っぱらって、頭からすっぽりシーツをかぶってわが家に現れ、玄関で踊りまくられたこともある。こうしてさんざん研究の邪魔もされたが、それ以上のものを川田から教えられたように思う。

敗戦直後の一九四九年、川田は私と金沢を誘って愛媛県南宇和の農村調査に連れて行ってくれた。そこは当時、海からの急斜面に狭い帯状の段々畑が山頂まで拓かれ、麦と甘藷が作付けされる貧村だった。だが、そこにも農家に貧富の差があった。貧しい農家の段々畑は土のまま。歳月を経、風雨に晒されるなかで、土とその養分は次第に流失して生産力は落ちる。ひとたび暴風に襲われると、畑地が斜めになっているために全作物が直撃されて甚大な被害をうける。それに対して、豊かな農家の段々畑は石垣が積まれ、畑面は水平に保たれて土と養分の流失が少ない。また暴風に見舞われても、最前列の作物はやられても、それより内側の作物は最前列が防風壁となって被害が比較的に少なくて済む。川田の作物災害論は、災害を農家の階層差との関連で把握する重要性を説いた。

ものごとを根源にまで掘り下げて捉える、これはマルクス主義の認識論とまさに重なる。川田は私のものの見方を豊かにしてくれた。農業経営学者だった金沢夏樹は、日本の農業経営学がともすると個別経営をその組織論や管理論の次元でのみ捉えようとすることに批判的で、個別経営を資本主義経済との相互関連において捉える必要があると考えていたようだ。そのような捉え方にも川田の強い影響を見ることができるといえよう。金沢自身、川田の「右にでるものはいない」というほど、学問的にも人間的にも大きな影響を川田から受けた。

その金沢が、第二の就職先だった日本大学を定年退職したとき、「君を含めてじっくり議論できる少人数の研究会を是非もちたいのだが、世話役になってくれないか」、という相談を受けた。金沢の希望のもと、私のほか、斎藤仁（自治村落論、千葉大、東京農業大）、磯辺俊彦（むら・土地・農法論、同上）、田中洋介（農法論、筑波大）、田中学（日本・イギリス農業論、東大）の六人からなる仮称「金沢研究会」が一九九七年三月から金沢邸の応接間を会場に発足した。金沢を除いて他は「マルクス経済学系」の研究者だった。社会の事物を基本にまで掘り下げて研究すべきだとする金沢の志向に合うメンバーだったのだろう。

盛夏の八月を除き、ほぼ一ヵ月に一度の割合で、午後二時から六時頃まで、それぞれ関心をもつテーマについて順番に報告し、それをめぐって議論した。年に二回は報告の順番が回ってくるので、かなりしんどくもあったが、有意義な研究会だった。この研究会は、八年を経過した二〇〇五年にもなると、金沢をはじめメンバーの加齢による衰えもあって二ヵ月に一度になり、さらに二〇〇八年には三ヵ月に一度と回数が減ったが、金沢の「米寿祝賀会」の翌二〇〇九年三月、金沢の最終報告をもって幕を閉じるまで、一二年に亘って継続した。

なお、この「金沢研究会」については、暉峻「十二年間続いた「金沢研究会」」（金沢夏樹先生追悼論文編集委員会編『金沢農業経営学とその展開』龍溪書舍、二〇一一年九月、所収）を参照。

注

（13）永原慶二『年譜・著作目録・私の中世史研究』（私家版）、吉川弘文館制作、二〇〇四年

（14）古島敏雄編著『寄生地主制の生成と展開―久我村の実証的研究』岩波書店、一九五二年。同書第五章に古島が「山村の構造グループ」の共同の調査と研究が抱える問題点の経過と反省を記している。暉峻は同書第三章「地主の寄生的性格の完成」第一～第三節を執筆。

（15）古島・永原『商品生産と寄生地主制』東京大学出版会、一九五四年

Ⅷ　大学院特別研究生になって

一　大内力ゼミへの参加

私が農業経済学科の大学院に入った四七年春、大内力（一九一八－二〇〇九年）も二八才の若さで、日本農業研究所から新設されたばかりの東大社研の助教授に就任した。「山村の構造グループ」の会合ですでに面識のあった大内に早速頼んで、農業経済学科の非公式の研究会にきて農業問題についての話をしてもらった。このときから、意見の違いや人生の歩み方の違いはあったにしても、大内との人間的な交流が二〇〇九年四月に大内が他界するまでつづいた。

大内は四八年春、法・経両学部の学生向けにゼミを開講することになった。一五名ほどの学生が参加した。当時、私は農学部の大学院に進学して一年目で、大学院特別研究生として奨学金の給付を受ける身となったが、大内に特に頼んで「農一点」としてゼミに参加させてもらった。

ゼミのテキストとして、同時期に公刊されたばかりの、大内の処女作『日本資本主義の農業問題』（日本評論社、一九四八年、のち「改訂版」、東京大学出版会、一九五二年、以下『農業問題』）を用い、ゼミ生が順番にその内容を報告し、相互に討論する形でゼミは進められた。同時期のゼミ生でのちに研究者になったものに、大石嘉一郎（一九二七－二〇〇六年、のちに、福島大、さらに東大社研、日本経済史）や斎藤仁（一九二四年－、前掲）、日高普（一九二三－二〇〇六年、法政大学、経済原論）、戸原四郎（一九三〇－二〇〇四年、東大社研、ドイツ金融資本論）などがいた。

戦後間もない当時は、戦後改革の進行ともからんで、これからの日本をどうするか、それと関連してこれまでの日本をどう捉えるか、が大内やゼミ生にとって共通の重要な関心事だった。ゼミ生のあいだでは、これまでの日本資本主義を山田盛太郎に代表される「講座派」の視点で捉えるべきだという空気が概して強かった。大内の著書はその「講座派」を真っ向から批判したものだっただけに、ゼミには一種の緊迫感が漂い、熱心な討議がおこなわれ、そのなかでゼミ生は鍛えられもした。

大内理論に対する私の批判的見解はすでにⅢで若干触れたが、さらにのちのⅪでも述べることにしよう。大内ゼミに参加した当時は、冷暖房などないことは勿論、停電もままあった。午後三時にはじまるゼミは夜遅くまで続くこともしばしばで、空腹やアルバイトのために途中でゼミを抜けだせるような雰囲気ではなかった。大内にとっても当時のゼミは有意義だったようで、のちに次のように述懐している。「社研のゼミであった当初の数年間がもっとも大学のゼミらしい性質をもっていたし、鋭い学生の批判をうけて教師自体が鍛えられることになる、という効果をもっとも強くもっていたといえそうである」[16]。

農業経済学科の大学院での私の指導教授は近藤康男だったが、院生としての一九五〇年度までの三年間、大内ゼミに参加するなかで、近藤康男よりもむしろ大内の影響を強くうけながら研究者への道を歩むことになった。

二　名著・大内の処女作『日本資本主義の農業問題』

ゼミでテキストに使った大内の『農業問題』は、山田盛太郎『日本資本主義分析』（岩波書店、一九三四年、（岩波文庫版、一九七七年））を真っ向から批判したものだったが、戦前期（〜一九四五年）の日本資本主義の構造的特質の解明を基本に据え、それによって体制変革の基本的性格をも明らかにしようとする点では両者は共通していたといっていい。

前述したように、大内は『農業問題』で、日本の農民＝「過小農」を貧困の状態で滞留させているのは資本主義そのものであり、資本主義はこの「過小農」から大量に排出される低賃金労働力を活用して多大の利潤を得、蓄積を行った。したがって、資本にとって「過小農」はむしろ愛好すべき存在であり、日本資本主義は「過小農」を「過小農」として維持する政策を採用した。このことから、農民が貧困から解放されるためには、日本資本主義そのものが変革され、農民が社会主義（農業協同化）の道に進むことが必要だ、とする結論が導きだされた。

のちにも述べるように、農民を貧困から解放するために直接、資本主義の変革＝社会主義が必要だとすることに私は異論をもち、当面、資本主義の枠組みのなかでの改良のもつ重要性、したがって日本で実施された「農地改革」が果たす一定の「改良」的意義を考えていた。

大内はこの本で、日本の農地改革は農民を過小農、したがって貧困から何ら解放しえないと否定的に捉えたが、私は、農地改革は地主や小作の当事者間にさまざまな「不条理」や「葛藤、対立」を抱えていたにもせよ、総じて、貧しい小作農を貧困から一歩脱却させ、農村を「平準化」し、民主化するうえで一歩前進の、改良的意義をもったものと捉えた。そのことについては前述した私の『展開』や『一五〇年』で触れた。

このように、農地改革の評価をめぐって大内と私の間にはくい違いがあったにもせよ、「マルクス経済学者」、さらには「マルクス主義者」としての大内が本書に込めた問題意識はきわめて鮮明であり、その論旨も明快だった。大内はのちに宇野弘蔵と出会い、「宇野経済学」の影響のもとに農業問題についてもより精緻に体系化することを試みる数多くの著作を残したが、そのなかにあってもこの大内の処女作は日本の変革を目指す問題意識の鮮明さと論旨の明快さという点で名著だと私はいまも思っている。

一九六一年三月、私は書評新聞『週刊読書人』で二回にわたって大内の処女作『農業問題』を中心に、大内のその後の一連の著作を含めて論評する機会をもった。しばらくして大内の研究室を訪れたとき、大内から私の論評について礼を言われたが、そのとき私は「何と言ったって処女作『農業問題』が先生の一番の名著ですよ」、といった。これに対して、「一体、君は僕の学問には進歩がないとでも言うのかね」と叱られた。

三 「基本法農政」の展開と大内理論

ところで、大内の処女作『農業問題』の刊行から一〇年も経たない一九五五年あたりから、日本は世界が目を見張るような高度経済成長を遂げ、従来停滞的とされてきた農業、農民、農村もそのもとで激しく揺さぶられて変化し、農民層の分解も進行した。若年層を中心に大量の労働力が農民層から都市、工業、土建部門へと流出した。その規模と勢いは第一次世界大戦期を大きく上回るほどのものだった。そのもとで農産物市場も拡大した。

それに対応して、従来見られなかった新たな農政が体制の側で構想されるようになった。すなわち、高度経済成長を契機に、従来農村に滞留してきた零細農家（「過小農」）の離農を促しつつ、他方で、他産業従事者との所得均衡を実現しうるような「自立農業経営」を政策的に育成しようとする、日本の農政史上画期的ともいえる、農民層分解促進的構造政策が準備された。

この政策は、大内が『農業問題』でいう「過小農」＝貧農を「過小農」として維持するのではなく、逆に、高度成長する資本主義のもとでその分解を促し、一方では離農させて自立した労働者もしくは「安定兼業農家」に、他方では彼等の農地をより上層経営に流動化させて「自立農業経営」に仕立て上げ、「過小農」＝貧農を解消しようとするものであり、またそれを実現しうる機会が到来した、という現状認識に立っていた。

このような構想のもとで、五九年、総理府に「農林漁業基本問題調査会」（事務局長・小倉武一）が設置され、そこでの審議と答申にもとづいて六一年、「農業基本法」が立案、制定され、ここに「基本法農政」の発足をみることになった。

大内が『農業問題』で展開した、日本の資本にとって「過小農」は愛好すべき存在であり、資本は「過小農」維持政策を採用する、とする理論はいまや状況に合わなくなってきたといえる。

五七～五九年、アメリカ・スタンフォード大学での研究を終えて帰国した大内は、要請されて上記「調査会」の専門委員に就任、自立経営育成に向けた政府の政策形成に助言、協力することとなった。以後、大内の東大社研から経済学部（農政学講座）への配置替え（一九六〇年）ともからんで、大内は農林省関係の「農政審議会委員」(六一〜七六年)、「米価審議会委員」(六八〜七二年)をはじめ、その他政府サイドのいくつかの審議会の委員を務め、政策形成に寄与していくことになる。

問題は、さきに述べた大内が処女作『農業問題』に込めた「マルクス(主義)経済学者」としての理論と、「基本法農政」の施策およびその背景にある現状認識とは果たして一致するのか、ということである。結論的にいうと、一致しないと言うべきだろう。処女作では日本資本主義こそが農民を過小農＝貧困の状態に縛り付けていて、その状態からの解放は社会主義以外にない、としていたからだ。

これに対して、「基本法農政」は、高度経済成長下の日本資本主義は、いまや日本の農民を、一部は自立経営農民に、他は自立した労働者(「安定兼業農民」も含めて)に仕立てることによって農民の貧困を解消し、「過小農」を分解する自らの構造改革によって日本農業を改良、合理化する可能性と能力をもつに至ったという現状認識に立っていた。このような現状認識とそれに基づく政策形成への協力は、客観的には、大内の処女作『農業問題』の立論からの「転換」を意味したといっていいだろう。(17)

先述したように、大内は宇野弘蔵との接触を深めるなかで、宇野経済学の段階論や、日本の高度経済成長の経験を摂取し、国家独占資本主義論を構築しつつ、農業理論をさらに精緻に体系化し、処女作『農業問題』の立論を変化させていった。

ここでは詳論する余裕はないが、農民層分解に絞ってごく簡潔にいうとこうだ。(18)「帝国主義の段階」には、先進国では一般に、農業恐慌や農業労賃上昇、社会政策としての農民保護政策などのもとで、資本家的経営(ユンカー経営や日本の豪農経営を含む)は解体を余儀なくされ、家族労働力を基軸とする「小農標準化」傾向が現れてくる。

さらに、第二次大戦後、政府の経済過程への介入が本格化し資本主義が「国家独占資本主義の段階」に入り、そのもとで先進諸国で高度経済成長が実現するようになると、農業経営体そのものが急減しつつ、大多数の農民は半プロレタリア化ないし土地持ち労働者化し、また雇用依存の資本家的経営も解体を余儀なくされる。他方、生産力や消費水準の上昇のもとで家族労働力を基軸とする「大型小農化」傾向が帝国主義段階の「小農標準化」傾向の偏倚として現れてくるようになる、とする。

ここでは、生産の主体である農民はもはや、大内処女作『農業問題』に見られたような「過小農」＝貧農ではなく、社会主義を目指す変革主体でもない。国家独占資本主義下の農業の中心的担い手はいまや生産力と消費水準の高い「大型小農」として現れる。国家独占資本主義そのものが、農業についてかつての貧農を「解消する」一種の「合理化」、「改良」を行う力をもつに至ったことになる。このような認識は、「基本法農政」の現状認識とも重なり、その施策を合法則的なものとして是認することにもつながるといえよう。もっとも、慎重な大内は手放しで事態を楽観している訳ではない。ごく簡単にではあるが高度経済成長の継続性について留保し、将来の農業恐慌の再来の可能性についても触れてはいる。だが、それ以上の追究はない。

私は大学学部学生から大学院生のときにかけて、さらには東大社研、東京教育大に就職してからも大内のゼミや研究会に参加するなど、長年にわたって大内から多くのことを学んだ。頭脳明晰、学問的知識の豊富さ、体系的理論構築の能力という点では大内は卓抜しており、私など遠く及ばないことを実感しつづけた。講義は講義録なしに整然と論述され、講演での話しもそのまま原稿として出版できるようなものだった。しかし、農業理論や日本を変革する課題設定の仕方を巡っては、私は大内と意見を異にする面もあった。

先述のように、日本の農地改革に対して大内は農民の貧困打開に何ら役立たない後ろ向きの改革だと否定的に捉えたのに対して、私は民主化と貧困打開に一定の役割を果たしたものとして肯定的に捉えた。その違いの背後には戦前期日本資本主義の構造的把握と変革課題の設定についての違いがあった。

また、国家独占資本主義下の農民層分解についても、私はそれを資本家的経営の解体のもとでの「大型小農化傾向」としては図式化しなかった。「大型小農」の形成をも内部に含みつつ、農業を総体としてみれば雇用労働力・借地依存型の「資本家的経営」も困難ななかで形成されているものと捉えた。また、「大型小農」も多額の借入金に依存し、その再生産のためには自家労賃の確保のほか借入金利子の確保を最低限必要とするなど、企業型の性格を強く帯びるものとした。さらに、種子・肥料・機械など資本主義企業によって開発され、供給される高度の農業生産手段＝農業生産力の適用や外部の資本主義的企業による農作業の請負関係の発展、農産物の加工や流通における資本との結合の強化など、日本を含む先進国では総じて農業の資本循環過程への統合＝「農業の資本主義的性格」の強化が進むものとして捉えようとした。

一九七〇年代には、日本でも施設型農業を始めとして雇用依存型の「法人経営」が析出されつつあり、すでに一九七〇年「農林業センサス」はその動きを「農家以外の農業事業体」の析出として捉えていた。農業を従来のように単に「農家」の次元で捉えれば足りるとするわけにはいかなくなってきた。私は、この事業体の動きも含めて国家独占資本主義下の農民層分解と農業の性格を捉えるべきだとした。[19] このような私の捉え方を大内は『日本農業論』（注18）で批判しているが、私はいまも私の捉え方は基本的に間違っていないと考えている。

また、大内は最晩年に「日本農業消滅」を結論づけるが、それについての私の異論は次の小倉武一の項で併せて述べることにしよう。

このように大内と私の間には農業の捉え方のみならず、社会に対する取り組みの姿勢についても違いがあり、その点をめぐって大内にいろいろと迷惑をかける点もあったように思うが、根底的には、お互いの人間的な信頼関係は最後まで続いたように思う。東大社研や東京教育大への就職の世話をしてくれたのは大内である。体制批判的な私は筑波大学闘争で路頭に迷う縁に立たされたが、教育大廃学の一九七八年に創設された信州大学経済学部に思いがけなく教員として採用された。その翌年、大内も東大を定年退職して同じ職場に第二の就職をしてきた。信州大学に私が再就職できたのも大内の助言もあったからではないかと推測している。さらに、私が国立の宇都宮大学を定年退職してからも、私が依頼もしないのに「君を××大学に推薦しておいたから」と、大内は私立の大学への再就職についてあれこれ配慮してくれた。

年に何度か大内を中心に、何人かの門下生たちが集い、酒食を共にしながら談論を楽しむ心温まる交流の会が、大内が最晩年を迎える二〇〇七年七月までつづいた[20]。もともと、この会は注20で述べる経緯で発足したようだが、私が初めて呼ばれたのは一九九八年だった。健康悪化のために大内の出席が困難になり、さらに大内が他界してからも、会そのものはその後も継続してこんにちに至っている。

このように、私のような「異端児」までも大内を中心とする集いに温かく招かれたことは、大内の人間的包容力によるところが大きかったと思うが、遡れば、大原社研で大内力の父・兵衛と私の父・義等が同僚だったことにも淵源があるといえよう。

四　「基本法農政」の展開と小倉武一

大内理論と関連して「基本法農政」について論じたので、私の研究歴からすると人間的交流の時期はあとになるが、ここで「基本法農政」と小倉武一（一九一〇－二〇〇二年）のことに触れておこう。「基本法農政」と小倉は切り離せないからだ。

小倉は「農業基本法」の理念の形成、その立法と制定のさい、農林大臣官房審議官、「農林漁業基本問題調査会」事務局長、農林事務次官の要職にある立役者だった。また、一九四六年当時は農政局農政課長として、第二次農地改革法や農業協同組合法、農業資産相続特例法など、戦後農政出発のさいの基軸となる法律の立案にも当った。

このように、小倉は農地改革から「農業基本法」に至る戦後農政を語るとき避けて通れない人だ。「農業基本法」が制定された一九六一年に退官するが、その後も「農業機械化研究所」理事長（一九六二～六五年）、「アジア経済研究所」所長・会長（一九六七～七五年）、財団法人「農政研究センター」会長（七一年～、八三年「食料・農業政策研究センター」に改称、以後、その理事長・会長）、「政府税制調査会」会長（一九七四～九〇年）、「日本銀行政策委員会」委員（一九七五～八三年）を歴任するなど、農林官僚として功なり名遂げた人だといえよう。

小倉は単に行政官僚であっただけではなく、大変な学究的勉強家で、『土地立法の史的考察』（一九五一年）、『日本農業は活き残れるか』（上、中、下、一九八七年）など大著を刊行し、八二年以前の論稿を収録した全一四巻の『小倉武一著作集』（農山漁村文化協会、一九八二年）を刊行するなど、著作面でも大変なエネルギーの持主だった。このような官僚は今後は現れないのではないだろうか。

旧来の地主制度を解体して零細ながらも自作農体制を創出した農地改革から、零細農制を脱却して「自立経営」の成立を展望した基本法農政成立までの、いわば前向きで明るい展望をもった戦後農政を立案するさい、その要の地位にいた小倉はその後の日本農業と農政をどのようにみていたのだろうか。結論を先に述べると、基本法農政の企図は失敗に終わり、日本農業の将来を極めて悲観的にみていたと言わなければならない。

そのような考えが端的に語られているのが『著作集』の翌年に刊行された『日本農業の構造改革への道』(農政研究センター、一九八三年、以下、「八三年本」とする)だといっていい。ごく簡単に要約すると次のようにいっていいだろう。

農地改革によって創出された自作農の私的土地所有権は、一般商品の私的所有権とは異なって、有限性を持った土地(農地)の有効利用を前提とした「社会的性格を持った私的土地所有権」の筈だった。ところが、七〇年代以降、農業が後退するなかで、多くの農民が私的土地所有権者としての性格を強め、土地の非農業的、都市的利用が拡大、強化してしまった。何とかして土地利用の規制強化とともに、「土地所有の社会化」のための立法化を考えねばならない。そして、農業収益をベースに算出される農地価格以上に土地価格が高騰する場合は、その差額を一〇〇%分離課税し、農地転用の魅力を減殺すべきだ。だが、小倉は「土地所有の社会化」のための立法の中身については明確には語っていない。

高度経済成長の真っ直中に、日本農業の近代化と産業化を掲げて登場した「基本法農政」は、農業の新たな担い手の中軸として家族協業経営である「自立経営」と、それを補助する「協同経営」(協業を含む)、この二つを想定していた。すでに農地改革の段階に「農業協同組合法」が制定され、また、六二年の「農地法改正」で「農業生産法人」の仕組みが作られるなど、協同経営や、個別経営の協業としての営農集団が奨励された。

家族経営については、小倉は家父長的経営はもはや時代の趨勢に合わず早晩解体するものとした。家族員がそれぞれ自立した人格として家族協定を結んで経営するなり、ワンマン・ファームの場合は他と協定を結んで協業、協同経営する方向を考えていた。

最大の問題は、高度経済成長以来、家族協業経営の実体が急激に失われ、「農家らしい農家」が消失して全農家の一割に満たない五〇万戸を切る状態になり、過半の農家が「営農の主たる担い手のいない、土地持ち非農家化」、「蛻（もぬけ）農家化」してしまったことにある、とした。

「基本法農政」が目指した個別経営としての「自立経営」が日本農業の主要な担い手となる道が絶望的だとすると、残された道は「協同経営」（小倉は「営農集団」、「集団営農」などともいう）に希望を託すしかないことになる。その協同経営も、国内外の競争が激化し、大型機械化が進展するもとでは、その規模拡大が不断に求められることになる。ここでは、「集団営農は個々の農業経営体とくに個別的家族経営の生産行程の全部または一部の協同化」（五五ページ）という解釈に小倉は立っている。

協同経営は小規模なものではフランスのＧＡＥＣ（共同農業経営グループ）のような数戸の集団営農から、集落営農、さらには市町村レベルのものへと大規模化することが考えられるが、大型機械化や貿易自由化の進展を考えると、市町村レベルまで大規模化することが求められるとする。

小倉が「八三年本」で論を展開したのは七〇年代を終えた段階で、集落営農もまだあまり現実化していなかった。ましてや市町村レベルの集団営農となると、それを小倉がどのようなものとして把握していたかもこの論稿の限りでは定かではない。小倉は集団営農についてその類型をいろいろあげて考察してはいるが、まだ机上論の域をでていないといっていい。

小倉は「八三年本」での論を締めくくるに当ってこう言う。「客観的な見通しとしては、日本の土地依存の主要農林業の衰退のうちに非農林業用地の土地問題の解決が図られ、したがって改革の担い手やそのエネルギーの問題はなくなる、ということでしょうか」、とする。個別経営のみならず協同経営も含め日本農業消滅という展望なき展望の提示で終っている。

農地改革や「基本法農政」など戦後農政の前向きな展開に主要な役割を果たした大御所の結論としては余りにも寂しく、絶望的で、的を外れた点もあるように思う。小倉は、いまや農家は蛻化したことによって、個別農業経営体として日本農業の担い手たり得なくなったと一面的に規定する。

だが、そう言い切っていいのだろうか。たしかに三世代、二世代をはじめ家族協業体としての農家は急激に解体していった。しかし、資本主義市場と機械化を始めとする農業生産力の発展のもとで、たとえ農家世帯員の兼業化が進んだとしても、世帯主をはじめ農家世帯員の誰かが主たる農業就業者として留まるならばそれ相応の農業経営を営むことも可能となった。ある場合は雇用労働力を雇って企業的経営を行うことすら可能である。現に日本農業の後退局面にあって、そういう類いの兼業農家は少なからず存在するといえるのではないだろうか。単純に農家はいまや蛻化してしまったとは言えないのではないか。

また、小倉が希望を託した協同農業は、個別経営を担う農民たちの創意と工夫、その活力によってはじめて結成されうるものなのだろう。その農民たちがもはや「蛻と化した」として「切り捨て」られると、協同経営の将来もまた絶望的ということになり、小倉のような日本農業消滅の結論にならざるをえないこととなる。

大内力の最晩年の遺著『日本経済論』下、の最終章の最終節の表題は「農林水産業の消滅」となっている（『大内力経済学大系』第八巻、第二章第六節、東京大学出版会、二〇〇九年）。大内は本文のなかで言う。一九七〇年代、田中角栄内閣の日本列島改造計画以降、農家労働力の農外流出が急激に進み、「家族共同体として長い歴史を維持し続けてきた日本の農家およびそれに支えられ続いてきた小農経営を最終的に消滅させる構造変化」（四一二ページ）が生じた、とする。このような把握もまた小倉と同じく「農家蛻化」論であり、日本農業消滅を結論とするのも当然といえる。

大内は「基本法農政」が策定されるさい、「農林漁業基本問題調査会」の事務局長であった小倉から協力を要請され、それに参画した人だ。「基本法農政」の策定に重要な役割を果たした農政界の大御所・小倉と農業経済学界の大御所・大内が、共に日本農業の消滅を展望したことは、日本における農政と農業経済学の終末をも展望したものとして何とも侘しい限りである。

とはいえ、小倉は「八三年本」で日本農業消滅を展望はしたが、現実には、それで日本農業や農政、協同農業を論じることを「消滅」させた訳ではなかった。その後も旺盛にそれら、とりわけ協同農業を論じ、論稿を発表し続けている。協同農業になお日本農業の希望を託しつづけたからだといえよう。数多くの人的交流や見聞、読書を通じて小倉の頭脳には膨大な知識が詰め込まれていて、小倉の思考回路には複雑なところがある。

私は小倉からいろいろ世話にもなった。小倉が刊行した多くの著作の寄贈をうけたし、協同農業に希望を託した小倉が一九八六年、代表幹事となって設立した「協同農業研究会」に会員として参加する機会を与えられた（九七年〜）。

「八三年本」のあと、喜寿を迎えた小倉が刊行した大著が八七年の『日本農業は活き残れるか』上（歴史的接近）、中（国際的接近）、下（異端的接近）、農文協、である（以下、「八七年本」とする）。小倉は七九年に同名の英文著書“Can Japanese Agriculture Survive?――A Historical Approach”（農政研究センター）を刊行しているが、「八七年本」とは別の本だ。

「八七年本」を執筆した当時は、日米間の経済摩擦、構造問題協議と関連して、日本でも市場原理主義的潮流が有力になり、農政も含め経済政策を「国際化時代に相応しく」市場原理主義的方向に引き寄せようとする力が強まっていた。小倉の本には、一年前に刊行された近代経済学者・速水佑次郎の『農業経済論』（岩波書店）と格闘した跡を随所にみることができる。小倉は近代経済学的思考には馴染めず、抵抗しようとした。

比較優位論の立場から、たとえ日本農業が衰退したとしても日本経済の発展と繁栄はありうる、それも良しとする主張に対しては小倉は強く反発し、農業を欠いた日本経済の存立などあり得ないと強調する（上、Ⅰ「序章」）。また、食料安全保障は輸入と備蓄でも対応できるとする見解に対しても激しく反発し、自由貿易の貫徹していない国際関係の現状のもとでは「物量としての食料の確保」こそが重要であり、穀物で七〇〜七五％の自給率の確保を目指すべきだ、とする（上、Ⅴ「農政思想の推移」）。ここでの小倉には、農本主義者、民族主義者の匂いさえ感じられるほどだ。

では、危機に瀕した日本農業を誰が担い、再生させることができるのか。「八三年本」と同様に「八七年本」

でも、国際的自由化、高地価、高賃金の圧力のもとでは、今日「基本法農政」が辿りつつある個別経営体を農業の担い手の基軸に据える道では活き残れず、残された道は小農制の克服による「協同農業」の道以外にないとする。協同農業には、「八三年本」同様、小規模の家族的・同士的経営、集落を基盤とする中規模経営、町村単位の大規模経営の三つがあるとし、小から大に向けて協同農業を発展、強化すべきだとする。その方向でこそ日本農業の活き残りの希望を繋ぐことができると考える小倉には、不断の経営規模拡大、大規模経営体を合理的とする思考があった。

「八七年本」では、「八三年本」でみられたような、個別経営も協同農業もいずれも展望がなく、日本農業の消滅を結論づけるような論調は後景に退いているといっていい。そうでなければ、小倉が代表幹事となって「八七年本」の一年前に前述した「協同農業研究会」を立ち上げるようなことはしていないに違いないからだ。協同農業になお日本農業の希望を繋いでいたからこそ、会設立の企画を実行に移したのだろう。

小倉が個別経営体には将来展望なしとして「切り捨て」、もっぱら「協同農業」に希望を繋ぎ、それも市町村レベルの大規模農業を追求すべきだとしたことに私は異論をもつ。前述のように、日本農業はまさに危機にあるが、そのなかにあって現に農業を担う中心になっているのは今日も農民による個別経営体である(協業や協同経営に補充されながらも)。それを政策的にも支援することは今日も極めて重要だというべきだろう。

小倉が希望を託す協同農業のなかの集落営農については、近年社会的にもその存在意義が認められ、政策的支援の対象にされるようにもなった。その点では小倉の長年の主張が一面では認められるようになったともいえよう。だが、その集落営農も集落を構成する個別農民の創意と活力に基づく主体的取り組みなしには展望のもてるものとはなりえないのではないか。小倉が市町村レベルの大規模協同農業を追求すべしとしていることについても、合併のもとで著しく広域化した市町村のレベルでの協同農業が誰が主体になって現実に組み立てられるのか判然としない。

個別農家を蔑視し、もっぱら協同農業、それも大規模協同農業の構築に希望を託そうとした小倉に、農政官僚の大御所の「上からの目線」による机上論という印象を拭えない。

「協同農業研究会」は、東京上野界隈のホテルを会場に、年数回、協同農業を中心に日本や外国の事例を関係者が報告し、それを巡って論議する形で開催された。大凡二〇数名の会員の出席のもとで、各地で協同農業を実践している人から直接報告を聞いたり、その事例を調査した人から報告を受け、それを巡って時間をかけた質疑と討論が行われ、それらは速記されて後に『会報』として刊行された。大変中身の濃い、勉強になる会だった。小倉が健在のあいだは、いつも彼が中心的役割を果たしていたが、彼が他界してからもこの会は四年間継続し（「小倉武一記念協同農業研究会」と改称）、計二〇年に亘って活動した。

私を含め、農業問題研究者は定年退職すると現地を訪れて実情に触れ、調査を行う機会がめっきり減る。それは現実感覚を磨き、維持するうえで危機であり、研究者であり続けることの危機でもある。「協同農業研究会」はこの危機を救ってくれ、少なくとも大いに緩和してくれた。東京の会場で、居ながらにして現場の事情に触れることができたからである。それに、この研究会には、私の古くからの研究仲間が多く参加していた。この会に九年間にわたって参加し、勉強する機会を与えてくれた小倉に感謝している。

なお、「協同農業研究会」については、暉峻「小倉武一先生がめざした途」（『記念会報　協同農業研究の二〇年』小倉武一記念協同農業研究会編集・発行、二〇〇六年一二月）で簡単に記した。

注

（16）大内力「大内ゼミ＝たにし会由来記」（『大内力ゼミナール　たにし会の半世紀』、「たにし会文集編集委員会」編集・発行、二〇〇五年、所収、P.6）

なお、同書に暉峻も「「張り出し」大内ゼミ一回生」を執筆した。

（17）大内の初期の著作と、高度経済成長期を迎えてからの理論的把握、社会的活動スタンスの変化についての指摘は、加瀬和俊「日本農業論の戦後五〇年―大内力氏の場合―」（『社会科学研究』第48巻第4号（一九九七年一月）、東京大学社会科学研究所、所収）。同様の指摘は、アンドリュー・E・バーシェイ、山田鋭夫訳『近代日本の社会科学　丸山眞男と宇野弘蔵の射程』（NTT出版、二〇〇七年）、その第五章、を参照。

加瀬はさらに、一九七〇年代のスタグフレーション、八〇年代から九〇年代にかけての市場原理主義台頭下の食料自給率低下、環境破壊の進行のもとでの大内農業理論の変化と問題点を、大内の諸論稿を克明に追跡しつつ明らかにしている。

（18）宇野経済学での段階論や、高度経済成長期をベースにした国家独占資本主義論にもとづく大内の農業理論について詳しくは、大内力『日本農業論』岩波書店、一九七八年、を参照してほしい。

（19）詳しくは、暉峻衆三・井野隆一・重富健一編『国家独占資本主義と農業』下巻（大月書店、一九七一年）、第三章を参照。

（20）一九九八年、私がはじめてこの会に招かれたときのレギュラー・メンバーは、大内が中心的執筆者となって、東京大学出版会から刊行された『双書　日本における資本主義の発達』（全13巻、一九五四〜六九年）の共同執筆者であった加藤俊彦（東大社研）、同出版会の専務理事として同会からの大内の多数の編著書の編集に長らく携わった石井和夫と私だった。

もともとこの会は、「歴史学研究会」と略称して、上記『双書』の編集打ち合わせを兼ねて、共同執筆者である加藤俊彦や楫西光速（教育大）、大島清（同）に、東大出版会から石井が加わるかたちで発足したようだが、共同執筆者が他界するもとで、大内の門下生が呼ばれるようになった。私がこの会に加わるようになってからしばらくして、大石嘉一郎（東大社研）、桜井毅（武蔵大学）、大瀬令子（東大出版会編集部）が、さらにのちには、大内秀明（東北大学）、馬場宏二と柴垣和夫（東大社研）、林健久と佐伯尚美（東大経済学部）が加わった。二〇一三年現在のレギュラー・メンバーは、上記、石井、大瀬、柴垣、桜井、それに私であり、それに林健久が時折参加する。

IX　東大社研研究員に——宇野弘蔵との出会い

ここでまた、話しをもとに戻すことにしよう。五一年に、農学部の大学院特別研究生を途中で辞して、大内の世話で東大社研の研究員（非常勤講師待遇）になった。そして五三年、これまた大内の推薦で旧・東京教育大文学部社会科学科の助教授に就任することとなるが、それまでの二年間は社研で研究室を与えられ、そこで研究生活を送った。非常勤講師待遇ではあったが、勤務時間を長く算定してくれて、常勤者に近い手当をもらうことができた（研究員資格は、後述する宇野弘蔵主宰の「地租改正研究会」が終了する五八年まで継続した）。

社研の経済部門には宇野弘蔵が長老格としていた。前述したように、宇野は倉敷出身であり、父と大原社研で同僚だった関係もあって、私ははじめから親しみの感情をもって宇野に接した。宇野も私に対して同様の気持ちをもっていたように思う。研究分野を異にする私は学問的には「宇野の弟子」とはいえなかったが、座談的にはいろんなことを気楽に話しあえる人間的交流をもてたし、宇野は多くの書簡や著書を私に送ってくれた。

周知のように、宇野といえば「宇野経済学（学派）の祖」、経済学の方法論としての「経済学三段階論」（原理論、段階論、現状分析論）で有名だ。マルクス『資本論』での、資本主義の生成と終末についての歴史的叙述をいわばそぎ落とす形で整序、純化し、資本主義の基本的な循環的運動法則を解明する経済学基礎理論としての「原理論」、それを基礎にして資本主義の歴史的発展段階を類型化した「段階論」（重商主義、自由主義、帝国主義）、さらに、そのうえにたった一国資本主義分析としての「現状分析論」、これが宇野の考える経済学の三段階だ。

宇野経済学の根底には、資本主義は帝国主義の段階に至って、やがてはその内的矛盾・対立の激化のもとで歴史的限界にぶつかり、体制変革（革命）によって社会主義に移行せざるをえない歴史的必然性を内包する、という認識が据えられていた。宇野は、経済学の究極の目標は「現状分析」にあるのであって、それは資本主義のあとにくる社会主義革命に科学的根拠と基準を与えるという意義があるのだ、と私にも繰り返し強調していた。「段階論」や「原理論」は当然にそのような意義をもつ「現状分析論」と関連させて位置づけられ、論じられなければならない、ことになる。

宇野のばあいは、一九一七年のロシア革命をもって世界史は資本主義の段階から社会主義の段階へと移行を開始したという認識が根底にあり、一九世紀末から二〇世紀始めにかけての「古典的帝国主義」の段階は、資本主義の最高の段階であるとともに、その最終の段階であり、社会主義の前夜として捉えられる。

だが、二〇世紀は一面で、アメリカが軍事・経済・金融・農業面で世界の超大国として覇を唱えた世紀であり、他面で旧ソ連邦を始め「東欧社会主義体制」が世紀の末に崩壊し、中国やベトナムも急激に「市場経済化」して、全世界がグローバル資本主義の坩堝に投げ入れられ、資本主義がなお有する強い生命力をみた時代でもあった。こうした局面を「段階論」にとりいれ、宇野「段階論」を乗り越えようとした一試論が馬場宏二の『宇野理論とアメリカ資本主義』（御茶の水書房、二〇一一年）だったといえよう。

だが、二〇世紀後期から二一世紀にかけては、覇権国家アメリカが斜陽化していく時代でもあり、他面で植民地体制が崩壊し、中国やインドなど新興国が世界市場の有力プレヤーとして登場してくる時代でもあった。こういった状況変化のもとで、資本主義は金融をはじめとする「経済危機」や貧富の格差、貧困と飢餓、地球環境破壊などの面で黒い影を広め、深めながらも、ＩＣＴ（情報通信技術）革命など技術革新を飛躍的に発展させせつつグローバルな展開を遂げた。

このような現実世界の推移からみると、宇野のように「段階論」の最終段階を「古典的帝国主義」（ドイツを金融資本のモデルとする）として一元的に捉え、さらにその宇野「段階論」を乗り越えるべく、「古典的帝国主義」につぐ広義の帝国主義の段階としてアメリカ資本主義を基軸に論じて終わりにすることにも問題があるとしなければならないだろう。以上のような世界の状況変化をふまえつつ、広義の帝国主義の段階をどのように正確に論じるかは今後の重要な研究課題だといっていいだろう。

しかし、「経済学原理論」、「段階論」、そして「現状分析論」という、相互に関連性をもつ三つの次元のもとで経済学は研究されるべきだとする宇野の方法論は一般論としては正しいといっていいのではないだろうか。

このように、宇野にあっては、資本主義分析としての経済学の体系と、資本主義の限界を乗り越える社会主義革命とは内面的に結びつけて理解されていた。最近の若い自称「宇野学派」のなかには、この宇野の内面的精神がすっかり希薄化し、ただ論理の整合性を追い、競い合う研究者が多くなっていないか。

宇野は、「マルクス経済学者」たるものは、安易に政府の委員会の委員などになるべきではない、とよくいっていたし、自身もそれを生涯貫いた。と同時に、研究者が安易に実践運動に走り、科学としての経済学の探求をおろそかにすることも厳に戒めた。宇野の実践活動に対するこの禁欲主義は、戦時中の思想弾圧下に逮捕、投獄、尋問されたことと関連しているように思う。当時の宇野にとって、「マルクス経済学」の「科学としての正しさ」を吟味し検証することが研究者としてのぎりぎりの抵抗だったのだろう。私は宇野のことをもっとも「学者らしい学者」だといまも思っている。

宇野に限らず、前述の近藤、また後述の山田盛太郎にしても、この世代の研究者にはロシア革命や中国革命の成就とそれを指導した人物に対するある種の畏敬の念が根底的に強かったように思う。宇野はマルクスやエンゲルスのみならず、亡命生活によって西ヨーロッパの事情にも通じた理論家であり、実践家としてロシア革命を成功に導いたレーニンをも高く評価していた。宇野は、ロシア革命を世界史が資本主義から社会主義へと移行を開始した画期と捉え、中国革命もそれに連なるものとして重要視していた。スターリンの『経済学の諸問題』や毛沢東『実践論』、『矛盾論』が公刊されたとき、社研の経済学関係の研究会で、それらを読もうと提唱したのは宇野だった。そのさい、スターリンや毛沢東の所説に対する批判点は種々述べながらも、彼らを突き放して論ずるような態度は決してとらなかった。

宇野を中心に社研や経済学部のマルクス経済学教授層（鈴木鴻一郎、加藤俊彦、大内力、武田隆夫、遠藤湘吉、大島清（東京教育大）など）に、私を含む若手の助手、研究員の三人が加わって、毎週木曜午前一〇時から二時間半ほど、マルクス『資本論』をドイツ語で読み進み、討論する研究会があった。ドイツ語原典の朗読と翻訳というしんどい仕事は三人の若僧の担当、そのあと主として宇野が論点を開示し、それを巡って討論する形で毎回の会は進んだ。あるとき、私が朗読、翻訳をおわると、「暉峻君は実にドイツ語の発音がうまい！」と宇野から誉められた。面とむかって宇野から誉められたのはこのときだけ、しかもドイツ語の発音だけだ。

X　宇野主宰の「地租改正研究会」

一　研究会の発足と『地租改正の研究』の刊行

前述のように、宇野は経済学の方法論として三段階を提示し、方法論や原理論を中心に、さらには段階論に及ぶ形で数多くの著作を刊行した[21]。これに較べると、経済学の究極の目標とした一国資本主義分析としての「現状分析論」の著作は極めて少ない。それも農業問題—とくに日本の—に限られているといっていい[22]。

宇野は一九五八年、『「資本論」と社会主義』（岩波書店）を出版したが、あるとき、そのために準備した原稿を私の研究室にもってきて、「これについて君の意見を聞かせてくれないか」、と言った。私はそれを読んで次のような意見を述べた。「先生の認識論というか、方法論は、まず経済学の原理論が、ついで段階論が正しく行われてはじめて経済学の究極の目標である現状分析も正しく行われる、という一方向性のもののように思われますが、人間の労働と生活、闘争のある現状の分析から出発し、それと関連して先生のいう段階論や原理論を探求し、論じていくことによって、それらはより豊かに、正しく展開されるという面もあるのであって、この双方向性の探求が必要ではないですか」。それに対する宇野の答えは、「君の言うようなことは、これまで他の人から指摘されなかったなあ」、だった。

いままで一国資本主義を対象とした現状分析が手薄だったことを宇野も自覚していたようで、社研でそれに本格的にとり組みたいと意欲的だった。宇野の主宰で、日本資本主義の起点をなす明治維新、その核心ともいえる地租改正に焦点を当てた共同研究会がたちあげられた。

この「地租改正研究会」は五三年の春から五八年春まで約五年継続し、おおよそ週一回のペースで、参加者が随時報告し、討論するかたちで進められた。「研究会」の運営方針は、宇野の意見に沿って全体の研究をまとめるようなことはせず、各自の研究の自主性が尊重された。その研究成果は、宇野編『地租改正の研究』上巻（五七年）、下巻（五八年）、東京大学出版会、として刊行された。

当初、宇野はもっと大規模で総合的な研究会にすることを考えていた。この研究に注ごうとした宇野の熱意をみることができる。しかし、実際に研究会に参加し、執筆したのは、経済学では、加藤俊彦、遠藤湘吉、大内力（以上、社研）、武田隆夫（経済学部）、それに私、政治学では林茂（社研）、歴史学では永原慶二（当時、史料編纂所）と永井秀夫（北大文、当時、東大に内地留学）だった。

地租改正の研究では、法律、法社会学の分野でも他に優れた人材がいたように思うが、そこからの参加はなかった。宇野は『上巻』の「序」で、「法律学関係の諸君の参加を求めたのであるが、種々なる都合で得られなかった。僅かに福島正夫君の参加をえたのであるが、同君も都合によって中途から脱退されることになった。甚だ遺憾に思っている」、と不満の感情をにじませている。あるとき、福島が私に「君や永原君が参加しているから、ぼくもこの会に加わることにしたが、本当は加わりたくないんだ」。私にはつまびらかではないが、当時の社研では、宇野とその周辺の経済学者たちと、法律学者達とのあいだに強いわだかまりがあったようだ。

ここでは、『地租改正の研究』の中身に詳しく立ち入るゆとりはない。本『研究』上、下巻での宇野の所説についての私の意見は次項で述べることにする。前述した「山村の構造」以来、よき先輩としてつきあってきた永原慶二は私と同じくこの本の下巻で「地租改正と農民的土地所有権」を、そして私は「地租改正における地価算定をめぐる問題」を執筆した。

永原は、幕藩体制下、畿内を中心とする「寄生地主的土地所有関係の展開した地帯は、…きわめて限定された部分であって、他の多くの地帯では、それとは異質の質地小作関係が、なお大きな比重をもって存在した意味を重視し」（一五四ページ）た。永原は、経済史や法制史研究者のあいだで、幕藩体制下に領主制の弱体化と私的所有権としての農民的土地所有の事実上の成立、それを基礎とする寄生地主的土地所有制の発展を高く評価する傾向が強いことに批判的だった。質地関係のもとでは農業の生産力と商品生産の展開の度合いは低く、農民の土地所有に対する私的所有権としての意識も低かった、とする。そういった一般的状況下で、地租改正が全国一律に土地所有者に私有財産権として地券を交付し、一定方式で金納地租を徴収する機構を編み出したことの画期的意義を論じた。

「地租改正研究会」での私と永原との意見の違いは、幕末・維新期、地租改正前夜の農村部での商品・貨幣経済の浸透と地主的土地所有の形成を永原が畿内を中心に限定的に捉えていたのに対して、私はより広く、かつより強く捉えようとしたところにあったといえよう。

私は「地価算定をめぐる問題」の論文を書くために、当時刊行された地租改正資料刊行会編『明治初年地租改正基礎資料』（上、中、下巻、有斐閣、一九五三、五六、五七年）と、戦前一九三〇年代に刊行された大蔵省編『明治前期財政経済史料集成』（主としてその七巻）を懸命に読んだ。

地租改正は国土のすべてに亘って土地所有権者を確定し、とりわけその中心をなす耕地（基本は水田）について、零細な地片一枚一枚について「地押丈量」を行って面積とその私的所有権者を確定し、一定の方式にもとづいて地価を算定し、その地価に一定率（一〇〇分の三）で賦課される金納地租を所有権者から徴収する制度をあみだした（一八七三（明治六）年、「地租改正条例」制定）。

耕地だけでも一億筆ほどに達したであろう膨大な零細地片について面積を確定し、それらを分散して所有する五～六〇〇万戸にのぼったであろう膨大な地権者について各地片ごとに所有権者と地価、賦課する地租を確定していく作業が必要だった。それらを考えただけでも、誕生後間もない、政権基盤もまだ安定していない明治維新政権にとって、一八七三年から八〇年に至る短期間（実質五年）で完了させた地租改正がいかに大事業、難事業であったかを想像できよう。それは地元の村役人層や土地持ち・地主層の協力と納得なしには順調、平穏に進まない性質のものだった。

地租改正事業を行うに当って、維新政権にとって二大目標があった。第一は、金納地租の総額が旧貢租の総額を下回らないようにすること。維新政権は、旧領主層の解体、欧米列強対峙の軍備、殖産興業のために多額の財政資金の確保を必要とした。当時、財政収入の八～九割と大部分が地租で占められた。第二は、改正事業を円滑、平穏に遂行するためには地租負担の「権衡」を保つことが何よりも必要だった。幕藩体制下の貢租負担には軽重の差があり、地租改正を契機に負担を調整、公平化する必要があった。

まず、中央政府によって地価一〇〇分の三の地租税率が導きだされた。幕末の旧反別四〇〇万町歩、貢米一二〇〇万石、三公七民として総収量四〇〇〇万石、それから種肥代一五％を差し引いた残りが「作益」

とされ、それが当時の商人、金貸し資本の貸付利子大凡一〇％に相当するとして総地価が算定される。さらに、幕末には「隠田切添」など旧反別の二〇％相当の「隠し田」があったものとして、それを地租改正を契機に洗い出して反別に加え、上述の地価を当てはめる。旧貢租を減じないためには総地価の一〇〇分の三の税率が相当という数字が導きだされた（さらに、一〇〇分の一を限度とする「地方費」が加わる）。

この算定方式を基礎にして、各地片の地価算定のさいに準拠すべき二つの方式が中央政府によって示される。「第一則」は自作地について、上記の算定方式を当てはめたものである。（収穫量×農産物価格）－（マイナス）一五％の種肥代＝A＝地価の一〇％（うち、地価の三％＋（プラス）一％が地租＋地方費（B）。六％が自作農の純「作益」）。「第二則」は小作地地価の算定であり、「第一則」から導きだされる。Aのうち地価の三％＋一％＝B、その倍額が小作料（地価の八％）、つまり国家・地方と地主の取り分各半々とされ、収穫量Aのうち、六八％が小作料、三四％が地租徴収分とされる。

ここでは詳論できないが、この算定方式には多くの問題や矛盾があった。本来、地価は「純収益」を一定の利子率で資本還元したものとして表される。物財費が種肥代しか計上されていないことを問わないとしても、ここでは「自家労賃費」は計上されておらず、その部分と「純収益」とを合わせたものが「作益」として一〇％の利子率で資本還元されて地価が算定される。また、土地の豊饒度の差によって当然種肥代や小作料の割合にも差を生じるが、その点が無視されて一定率とされている。位置の差も考慮の外にあった。資本還元する際の利子率にも四、六、一〇％と違いがあった。こうして、地価算定を実際に行うに当って、米の収量や価格、小作料、利子率などの適用を巡って中央と地方との間に問題が噴出することになったのは当然であった。私は論文で地方からだされる諸問題を中央政府がどう受け止め、処理していったか、そのやり取りを追跡した(一八七五(明治八)年、「地租改正事務局」設置)。

当初、政府は小作地の地価算定方式の「第二則」によって地価算定事業を進めようとし、小作関係の発展したところでは一部着手された。このこと自体、当時既に畿内をはじめとして小作関係がかなり広がりをみせていたことを示すといえよう。しかし、六八%という高率小作料は現実には余り多くなく、現実の小作料率や利子率に引き寄せて地価算定を行うと地価が予想以上に低く算定されて、旧貢租を減じないという目標と矛盾するという問題が生じた。また、小作関係には地域によっていろいろ差もあった。こうして七四(明治七)年末には「第二則」方式を放棄して、「第一則」による算定方式へと全面的に転換した。旧貢租を減じない、負担の「権衡」を保つという二つを大目標に、前述した欠陥と矛盾を内包した「第一則」にもとづいて地価算定事業を進めていくなかで、収穫量、利子率、算定される地価は現実から乖離したものとなり、課税標準化していくこととなった。

「権衡」は同じ「むら」のなかの農地所有者間のみならず、「むら」や行政村、さらに県のあいだでも保たれる必要があった。「権衡」を考慮すると、農地の豊饒度や位置の違いを斟酌せざるを得なかった。利子率は各地で区々であったが、「全管一律」にされていった。収穫量は当初は、その地の平均収穫量とされたが、土地の豊饒度や位置の違いを斟酌しつつ負担の「権衡」を図っていくなかで、地価算定上の収穫量は現実の収穫量から乖離していかざるを得なくなった。こうして、「むら」レベルから行政村、県そして全国レベルへと、農地の「地位等級・収穫体系」が編成されていき、各農地が調整されつつその体系の中に位置づけられていき、そのなかで上述の二大目標の確保が図られた。

この「地位等級・収穫体系」の編成作業には地元の村役人層、土地持ち・地主層の協力が不可欠だったが、そのもとで「人民開申の収穫地価が過小」になり、ほとんど全県に亘って中央政府による上からの「再三説諭」と収穫量の押しつけがおこなわれ、それによって中央政府は二大目標を達成しようとした。

そのもとで、一八七六、七七（明治九、一〇）年には、伊勢から始まった暴動が三重、愛知、岐阜に波及するなど、地租改正でかえって重租になった地域を中心に、村役人層と結びつきの強い土地持ち・地主層の主導のもとで各地で激しい暴動が展開された。鹿児島では、旧郷士層による門地の所有権獲得の要求を中央政府が否認したことを不満として西南戦役が起った。中央政府は、それらを力で鎮圧しつつ、他面で地主、自作層への一連の譲歩策を打ち出し、体制の安定を図らざるをえなかった。

七七年には「地租を減ずる詔書」を発して地租を地価の一〇〇分の三から二・五に、地方費も地租の五分の一以内に減租する措置を講じた。また、八〇、八五（明治一三、一八）年には「特別地価修正」によって法定地価の引き下げや据え置きを行うなどして、地主、自作層の地租負担の軽減による彼らの体制への吸引を図った。一八八九（明治二二）年の「大日本帝国憲法」発布と翌年の「帝国議会」開設は、財閥を頂点とする資本家層と地主層を階級的基盤に据えた戦前期日本帝国の体制的成立を意味した。

なお、この「地租改正研究会」で私が学んだことを基礎にして、地租改正をどう捉えるべきかについて、私はのちに「研究ノート」・「最近の地租改正をめぐって」（歴史学研究会編集『歴史学研究』No.２８０、一九六三年九月）、および『日本農業問題の展開』上、第一章で見解を述べた（これについてはⅢ一を参照）。

二　宇野の山田盛太郎批判とその問題点

宇野は『地租改正の研究』の上巻で「地租改正の土地制度」、下巻で「秩禄処分について」と、明治維新変革の核心的部分を執筆した。そこでは、戦前期の「日本資本主義論争」と関連して、山田盛太郎『分析』に代表される「講座派」的見解がなお戦後まで尾を引いている状況に宇野は我慢できず、明治維新を「ブルジョア革命」とする自説を展開した。

「戦後改革」の一環としての「農地改革」事業がほぼ終わった一九四九年、財団法人「農政調査会」は、農林省と、山田が理事代表を勤める「土地制度史学会」の協力のもとに、同調査会のなかに山田を委員長に「農地改革記録委員会」(委員二六名)を設置し、その編纂のもとで『農地改革顛末概要』を刊行した(農政調査会発行、一九五一年)。それは、農地改革に至るまでの日本の土地制度の歴史、農地改革の経過と実施状況、問題点を詳細に追った歴史的文書だといっていい。私はまだ大学院生で、執筆はしなかったが同記録委員会の一二名の幹事の一人に加えられた(前述した「山村の構造」グループの永原、潮見、上原とともに)。

後述するが、私は山田にもいろいろ世話になった。明記されてはいないが、独特の文体からも山田の執筆にちがいないと推定できる『概要』の「序言」は、戦前期(一八六八~一九四五年)日本資本主義について「軍事的半封建的」と規定し、その基盤に「半封建的土地所有ならびに半隷農的零細農耕が日本農業の基本型を形づく」るものとしてある(「序言」三ページ)、とした。それは山田の『分析』、および四九年刊行の「農地改革の歴史的意義」(東大経済学部三〇周年記念論文集『戦後日本経済の諸問題』有斐閣、所収)と軌を一にするものとして宇野にはとらえられた。宇野はいまなおそのような主張がされていることを嘆き、「地租改正の土地制度」で論駁を試みた。

宇野の主張は要するにこうだ。金融資本の時代に資本主義化した日本のようなばあいには、一方ではきわめて高度化した資本家的工業と、他方では旧来の小生産者的経営、極度におくれた農村とが併存することになる（『上巻』一〇ページ）。そのような状態から、「いわゆる封建遺制によってその土地所有をも近代的とせられないというのであるが」、「この封建遺制なるものは、土地の自由なる売買移転を阻止するものではないのであって、土地所有に関する限りはもはや遺制とはいいえない」。このように地租改正は近代的土地私有を確立し、それによって「資本家的商品経済の発展を阻害する旧封建的諸関係を排除」（三〇～三一ページ）したところにその歴史的意義があるのであって、そのようなものとして明治維新変革は「ブルジョア革命」なのだ、と宇野は主張する。

次項で述べる大内力理論と同じく、このような宇野の主張は法制度論であって、土地の私的所有権が法認され、売買移動が自由になれば、それによって土地所有が近代化され、そのもとで資本主義化が実現し、ブルジョア革命が遂行されたことになる、とするものだ。制度論としてはそれでいいのかもしれない。だが、現状分析はそこに留まっていいのだろうか。その制度のもとで土地所有をめぐってどのような性格、特徴をもった実態が存在したのか、がさらに問われねばならないのではないか。

このことは、宇野が経済学の究極の目標として重視する現状分析と実践との関連、つまり当面する変革の性格を明らかにするうえでも重要な意味をもつのではないか。つまり、宇野自身が認めているように、地租改正後も「旧来の小生産者的経営」と「極度におくれた農村」が残り、それが地主制度、地主小作関係とも絡みあっていた。これこそ「封建性」をまといつかせた実態であり、宇野もみとめる「封建遺制」である。その解明こそ宇野のいう変革と結びつく「現状分析」の課題というべきではないのか。

宇野の表現は慎重で含みが多い。宇野がそう明確にいっているわけではないが、もし宇野の土地所有についての主張から、いまや土地所有は近代化され、ブルジョア革命が遂行されたのだから、当面する変革の課題は社会主義だとするならば、それは誤りというべきではないか。その前に、当面、資本主義の枠組みのなかでの改良として、働く人間にとっての自由と自立、民主主義を促すための変革、地主制度と関わる「封建性」の打破が重要な変革の課題となるのではないか。人間的に親しく付き合わせてもらった宇野だが、私にとって納得できなかったのは、「現状分析」の捉え方にあった。

この点、大内力は宇野に比して遥かに明示的に、「現状分析」と関わる実践的課題を提起した。大内は前述の『農業問題』で、日本資本主義こそが、過小農たる農民を貧困に置く元凶であるとして、農村における「思想、感情ないし慣行」としての封建性の色濃い残存を認めつつも、貧困解決のためには一挙に農業を含め社会主義化する必要性を提起した。のちに改めて触れるが、これについても、宇野についてと同様のことを指摘せざるをえない。

注

(21) 例えば、原理論では『経済原論』上巻(一九五〇年)、下巻(一九五二年)、岩波書店、段階論では『経済政策論』弘文堂、一九五四年、改訂版、一九七一年。

(22) 戦後間もなくのものとして、『農業問題序論』改造社、一九四七年、さらに本項で述べる『地租改正の研究』での宇野の二つの論文を追加した増補版、青木書店、一九六五年。

XI　大内力、山田盛太郎の理論と私の『展開』

一　山田盛太郎との出会いと「土地制度史学会」

すでに述べたように、大内力ゼミの最初のテキストに使った大内『日本資本主義の農業問題』は、「マルクス経済学者」として、山田盛太郎『分析』を真っ向から批判しつつ日本資本主義と農業の構造、さらにはその変革の必要性と方向を平明な文章で論じた名著だ。これに対して、山田の『分析』は、戦前の厳しい言論統制下に刊行されたこともあって、文章はきわめて晦渋かつ暗示的であり、漢学の素養の乏しい私には難解至極だった。だが、戦前期日本資本主義と農業の構造上の基本的特徴と問題点、そしてより良い社会のための当面の変革の基本方向と中身をぐさりと突き、抉りだしているように感じられて、心ひかれるものがあった。大内『農業問題』は、その『分析』に真っ向から戦いを挑んだのだから衝撃的であり、私にとって格闘すべき対象だった。

私は、四八年に正式に発足し、山田が理事代表となった土地制度史学会に入会した（当時の会員一九〇名）。大内ゼミに入るとともに、山田主宰の学会員にもなったわけだ。二〇〇二年、同学会が名称を「政治経済学・経済史学会」に変更してからも、こんにちまで学会員として名を連ねてきた。山田が委員長を務めた前述の「農地改革記録委員会」の幹事となったほか、山田とともに学会員何人かと岡山県興除村の農業調査や最新鋭の機械装置を整備したばかりの君津市の新日鉄の工場見学に同行したりもした。七七年、山田の『分析』が岩波文庫として刊行されたとき私にも贈られたが、本の内側扉に「謹呈　暉峻衆三様　山田盛太郎」と、独特の字体で丁寧に自署されていたうえに、郵送用の封筒まで宛名と自分の名が自筆されているのには恐縮し、感服した。寡黙な山田だったが、訥々とひと言ひと言ことばを選びながらの話しにはどことなく深みとカリスマ性があった。

七八年、土地制度史学会は創立三〇周年をむかえ、「資本と土地所有」を共通論題に学術大会をもった。私は、前掲の自著『展開』下、の第五章「昭和恐慌期の農業問題」、第六章「戦時期の農業問題」で詳論したことをベースにして、学術大会の第三部「日本資本主義の発展と地主的土地所有」のなかの「昭和恐慌・戦時体制下の地主的土地所有」について簡潔に報告した。戦時期には、食料増産のために小作料や米価の統制、「食糧管理」などによって、不在地主はより厳しく、在村地主はより緩やかにという違いを内包しながら、全体として地主制度は後退を余儀なくされた。にもかかわらず、体制は最後まで地主的土地所有権には手を触れえなかったことなどをのべた。この点を看過しては、のちの農地改革の画時代的意味を理解できないことになるだろう。ここでの私の報告は、七九年刊行の、同学会編『資本と土地所有』（農林統計協会、一九七九年）に収録されている。

二　大内『農業問題』と山田『分析』

ところで、大内の『農業問題』は、山田『分析』のどこに噛みついたのか。

山田はいう、地租改正を起点にして「旧幕藩を基調とする純粋封建的土地所有組織＝零細耕作農奴経済から軍事的半農奴制的堡塁をもつ半封建的土地所有制＝半農奴制的零細農耕への編成替え」、「土地所有上の一旋回と隷農制的＝半隷農制的従属関係の再編成」（三四年版、岩波書店、一八四ページ、文庫版、七七年、二二六ページ）が行われた。維新後の半封建的土地所有は「公力＝〔経済外的強制〕、その相関、によって確保された」「三四％の地租徴収と六八％の地代徴収とを包括する二層の従属規定」（一九三ページ、文庫版二三七ページ）のもとにおかれた、と。

前述したように山田の文章は、「戦前期」の言論の自由の圧殺体制下に書かれたこともあって、きわめて晦渋、暗示的であって、この半封建的土地所有制が純粋封建的土地所有制に対してどのような関係にあり、性格をもつのか、維新後の「公力」＝〔経済外的強制〕」や「隷農制的＝半隷農制的従属関係」がどういう性格のものなのか、について明確に規定されておらず、大内らによって論駁される弱点をもっていたように思う。

また、「三四％の地租徴収と六八％の地代徴収とを包括する二層の従属規定」についても、X一で述べたように、それは小作地地価の算定方式の例示であって、日本の小作料率は高率であったにせよ、六八％の小作料率が全体として公権力によって規定され、強制された訳ではなかった。現実には六八％の小作料率と乖離したものが多かった。

大内は、山田にあっては維新後の「半封建的土地所有制」が本質的に封建的なものとして把握されていると批判しつつ、地主に対立する直接的生産者である小作農はいまや「地主に人格的に隷属し、土地に緊縛されている農奴ではない。彼はいつでもその土地を放棄して自由に近代的な賃銀労働者になり得る自由人であり、日本の資本主義社会全体の法則に支配されている存在」である。「封建的な『経済外強制』はこんにちの地主と小作人のあいだには存在しないのだから、小作農はけっして地主に直接に人格的、身分的に隷属していないはずである」（『農業問題』改訂版、東大出版会、一三四〜一三五、一一五ページ）、という。

こうして大内は、地主と小作は法律上平等の人格を認められ、小作関係はその自由な契約による債務関係であり、高率小作料は競争による経済的強制だと主張する。先述した宇野と同様に、後進国状態から最新の機械装備を導入しつつ資本主義化した日本―日本資本主義の後進性と早熟性―では賃労働市場が制約され、伝来的零細農（「過小農」）と過剰人口が農村に滞留することとなり、そのもとでの地主と小作のあいだの競争から高率小作料が形成された、とするわけだ。

前述したように、こういう捉え方からすると、農地改革の評価はネガティブにならざるをえない。なぜならそれは農民を貧困にする原因である「過小農」問題をなんら解決しえないからだ。こうして、日本が資本主義を揚棄して社会主義化し、農民が社会主義的協同経営への道に進まない限り、過小農も農民の貧困問題も何ら解決できないという結論になる。つまり、農民の貧困問題を解決するために直接、社会主義による変革の必要性を説くわけだ。これについての私の見解はさきの宇野理論批判と関連してすでに触れたが、もう少し詳しく大内の見解を検討することにしよう。

三　大内、山田理論を少しでも超えたいと

このような大内の主張に対して私は、『展開』上、第一章「明治維新期の農業問題」で異論を述べた。その内容は、前述の宇野に対するものと基本的に同じであるが、要は、制度と、そのもとに内包される実態とを分け、その双方を総合的に見ていく必要をのべた（とくに、第一章第四節 土地所有の性格）。

ここでは簡単に述べるにとどめよう（より詳しくはⅢ一を参照）。旧幕藩封建体制の基盤をなす農業・農村では、身分的隷属層であり直接的小生産者である農民は米基準の生産物地代（貢租）を、都市部に居住する領主層によって収取された。領主層はその貢租を貨幣に替えて他の生活物資を調達せざるをえず、商品市場、商人・金貸資本への依存が必至となった。

農村部でも、「むら」を媒介とする農民の抵抗のもとで、領主が徴収する貢租が固定化される傾向を示したこととあいまって、生産力の増進と商品・貨幣市場、商人・金貸資本の浸透が促された。そのもとで領主層と直接的生産者である小農民とのあいだに介在して生産物地代の一部を収取する、商人・金貸資本の一形態である「地主層」の生成も促されることとなった。幕藩封建体制は都市部のみならず農村部でも侵食され、やがては崩壊せざるをえない事態を内包していた。そのような点で徳川幕藩体制は山田の言うような「純粋封建制」とは言えなかった。

社会構成の基本が封建制である徳川幕藩体制の内部での商品・貨幣、市場関係の浸透と発展、この矛盾が拡がり深まることによって、古い体制の崩壊と変革が準備された。さらに、軍事力を背景に日本を世界市場に引き込もうとする外圧が加わって、明治維新変革は必至となった。明治維新は封建領有体制を廃棄し、地租改正によって、耕地については基本的に、旧領主層でなく、「地主層」もしくは小生産農民に土地の私的所有権を新たに法認して土地の売買と農産物作付けを自由化し、土地所有権者から一定方式で金ならない。

納地租を徴収する機構をあみだした。これによって、資本主義展開に対する制度上の障碍は除去され、日本資本主義は生成、展開することとなった。ここに明治維新変革の歴史上画期的意義があるとしなければならない。

だが、さらに問題とされるべきは、維新後に生成、展開する日本資本主義がどのような特色をもって染めあげられたかである。前述した日本資本主義の後進性と早熟性と関わって、維新後もなお社会の広大な基礎をなす農村部では、大量の伝来的小生産農民がひきつづき滞留することとなった。そのことを基礎にして、幕藩体制下にすでに生成、展開しつつあった商人・金貸資本と、その一形態をなす地主的土地所有がさらに本格的に展開し、「前近代的」、「半封建的」な諸関係が、明治維新後も地主・小作関係をはじめ農村部に広く、かつ色濃く伝承されることになった。これが実態である。

「労農派」、およびそれを批判しながらもその流れを汲む宇野や大内は法制度がそのまま実態化するものとして捉えた。また、「講座派」、およびその代表格である山田は制度と実態との区分を不明確にしたまま「封建性」を強調したために、宇野や大内から、山田らは維新後の農業・農村を「封建制」とイコールに捉えている、と厳しく攻撃されることになった。山田らの理論展開にも、攻撃されてやむをえないような不明確さと欠陥があったというべきだろう。

しかし、山田が執筆したと推定される前述の『農地改革顚末概要』の「序言」は、「云う迄もなく、ポツダム宣言に闡明されているところの所謂日本民主化の主内容は日本封建性の廃止であり、その実体は農地改革にある」(三ページ)、日本の敗戦に伴う当面する民主主義的「変革の基本過程は、「封建的」なるものの払拭と「農民解放」(『覚書』)と、これであって、そこに農地改革の地位が与えられる」、「農地改革の主眼となっているところの「封建的」なるものの払拭」（四ページ）、としている（傍点は暉峻）。言葉を厳密に選ぼうとすることで定評のあった山田だ。その山田によって、戦後の言論が自由化された段階に明記されているのは、「封建性」、「「封建的」なるもの」であって、「封建制」ではない。この点は誠に重要である。なぜなら宇野や大内はもっぱら戦前期日本の農村部門を山田が「封建制」と規定しているとして強く批判したからである。宇野や大内らからの厳しい批判を受けて、戦後、山田は規定を修正的に明確化したと言えるのではないだろうか。

「講座派」と「労農派」のあいだに展開されたかつての「日本資本主義論争」は、一面では「マルクス主義」による日本資本主義の分析、社会科学の発展に大きく寄与したといえるが、他面では重大な欠陥もかかえていたといえよう。戦後に言論が自由化し、大内や宇野が前述のように公然と山田を批判する主張を展開してからも、山田はそれを正面から受け止め、制度と実態論の関連をふまえて反論し、自説を展開することをしなかった。

もし山田が「封建的」なるものの払拭こそが当面の重要課題だとするのであれば、山田はそのことを踏まえて宇野、大内からの批判を論駁すべきだった。あわせて、それによって「半封建的土地所有」が確保されたとする「公力＝［経済外的強制］」や「半封建的土地所有制＝半農奴制的零細農耕への編成替え」、「隷農制的＝半隷農制的従属関係の再編成」などについても吟味し直し、意味を明確にすべきであった。だが、山田はそれをしなかった。私は『展開』で、日本資本主義論争における欠陥をいささかでも克服したいと考え、明治維新以降、戦前期の地主的土地所有、地主小作関係を、制度的には「近代化」したにしても、実態的には「前近代的・半封建的」な性格を多分に残したものとして説こうとした。

このような把握は、農地改革の評価にも影響してくる。前述したように、大内は農地改革をネガティブにしか捉えず、農民の貧困からの解放を一挙に社会主義に求めた。これに対して、私は、当面、資本主義の枠組みのなかでの一定の改良として農地改革を重視した。地主制解体によって「封建性」が除去され、零細経営の制約下ではあれ、小作農に有利に自作農体制が創出されたことによって、農民の自立性強化と農業生産力と生活水準上昇への一契機が与えられ、農村民主化にも寄与したことをそこにみようとした。

ただし、他方における日本の経済復興のための占領政策（低米価・強権供出、重税など）のもとで、農地改革による改良の効果の発現は抑えられ、農地改革につづく高度経済成長が本格化した六〇年代に至ってようやく戦後自作農体制は一定の綻びをみせるようになるとした（『展開』下、第七章　農地改革の軌跡、および『日本の農業一五〇年』、第五、六章））。

さらにもう一つ私が『展開』で、山田、大内理論を乗り越えたいと試みた問題がある。それは、論のたて方が正反対の両者が共に、戦前期の日本資本主義の構造を固定的に説いていることだ。山田は「軍事的半封建的、日本資本主義」の基盤として「半封建的土地所有並びに半隷農的零細農耕」が、また大内は日本資本主義下に貧困な「過小農」が、共に戦前期を通して不断に再生産されたものとして説いている。いわば同一円周上の循環として論じている。私は、戦前期にも資本蓄積の進展のもとで農業部門でも一定の構造的変化、歴史的展開があったものとして、いわばスパイラルに説こうとした。明治後期に確立する日本資本主義の特有な構造＝「原型」にも、そのごの展開のもとで、とりわけ大正期に注目すべき変化が現れたことを重視した。

資本蓄積の進展のもとでの、一方では農家労働力（男女）を吸引する賃労働市場の発展、他方では都市の膨張に伴う農産物・農村市場の発展による農民層や地主・小作関係への影響をみなければならない。その影響が、戦前期に「劇的に」強まったのが、第一次世界大戦期と大戦後であり、帝国主義的性格の強化を伴う日本資本主義の急激な発展のもとで、米騒動の勃発、労働・農民運動の本格的展開をベースに、「大正デモクラシー状況」が出現した。政治状況や政府の打ちだす政策にも変化が生じてきたことをみようとした。

農家子女の出稼による「女工」への転化に加えて、農家男子労働力の都市、商工業賃労働市場との結びつきが大正期以降格段に強まった。そのもとで生産の担い手である貧しく、長年忍従を強いられてきた小作農にも人間的自覚が強まり、小作農は自家労賃確保の要求—といっても賃金格差構造のもとで最低の部類に属する農村日雇賃金ベースという限界をもった—をかかげ、団結して小作料減免を地主に迫り、各地で一定の成果をあげた。農民の小商品生産者化にも一定の進展がみられた。長塚節の『土』の世界が揺らぎ始め、「半封建的土地所有制＝半農奴制的零細農耕」（山田）にせよ「過小農」（大内）にせよ、それらの単純再生産をもっては律しえない歴史の変化と進展があったことをみるべきだろう。ここでも、構造論と歴史的変化の両面と関連で問題を捉えるべきなのだろう（『展開』上、第四章参照）。

XII　東京教育大学文学部社会科学科の教員に

一　教育大の筑波移転、「筑波新構想大学」を巡る紛争と帰結

先述したように（II 3、4）、私は一九五三年に東京教育大学文学部社会科学科の教員になり、七八年の教育大閉学まで二五年間そこで勤務した。赴任後一〇年ほどして、教育大には筑波移転、「筑波新構想大学」の大津波が押し寄せ、それをめぐって学内でも深刻な対立、紛争が起った。そして七三年には国会で「筑波大学法案」が強行採決され、教育大は七八年に閉学となった。私は筑波移転の強行、筑波新構想大学に批判的立場をとり、閉学とともに教育大を去ることとなった。

ここではその経過を詳細に述べることはできない。ごく荒削りの概略を述べるにとどめよう。[23]

教育大の文・理・教育三学部は文京区大塚三丁目（旧大塚窪町）の、地下鉄・丸ノ内線茗荷谷駅に近い、便利なところにあった。敷地は約八・四ha、もとは東京文理科大学と東京高等師範学校があったところで、徳川光圀の弟・松平頼元が一六五九年に屋敷を構えたときに造園したとされる「占春園」が校地の一角に保存された由緒ある場所だ。

一九四九年の「国立大学設置法」によって、文理科大と高等師範を文・理・教育の三学部に、さらに目

黒区駒場にある東京農業教育専門学校を農学部に、渋谷区西原にある東京体育専門学校を体育学部に編成する形で五学部からなる新制の東京教育大学が誕生した。教育大が誕生して四年後に、二八歳の私はその教員になった。

私が属した社会科学科は、法律・政治学、経済学、社会学の三研究室で構成されていた。社会科学科が文学部に置かれた理由について、私が赴任するとき同学科スタッフから得た説明によると、将来は社会科学部として独立させる計画とのことだった。

当面、社会科学部を創設して教育大の総合大学化が目指されていたが、東大を始めとする他の総合大学と異なって、医学部や工学部といった応用科学部門の拡大による総合大学化ではなく、東京文理大・高等師範の伝統を活かしつつ、文・理・教・社会科学を中心に基礎理論分野の充実によるこじんまりした総合大学化が目指されていたといっていい。そういった特色付けの方向は間違っていなかったように思う。

私が赴任した当時は、文理大系と高等師範系の教員のあいだに人事をめぐる対立がみられた。旧文理大系の教員の間には、概して旧高等師範系の教員に対して自らを優位におこうとする空気があり、それが人事を巡る争いとして現れていた。旧高等師範系の教員を中心に、文理大系と高師系、教授と助教授の教員の同権化を求める「民主化闘争」が展開されていた。のちに触れるように、家永三郎は旧高師系の教員として、教員同権化をめざす「文学部教授会の民主化」の先頭にたって奮闘していた。

総じて教育大には文学部、理学部共に学問的水準の高い教員がかなりいた。学生定員はごく少人数で、研究、教育の環境という点で誠に恵まれた大学だった。文学部を例にとると、教員の定員一〇〇人余に対して学生定員は二一〇人余で、教員一人に学生二人という贅沢な構成だった。

理学部にはノーベル物理学賞を受賞した朝永振一郎をはじめ優れた研究者が多くいたし、文学部にも、哲学科、史学科、文学科、社会科学科にそれぞれの学術分野で水準の高い教員が多くいた。学生たちはそのような教員から少人数の講義やゼミでみっちり教育をうけることができた。

朝永振一郎が学長を務めた一九五六～六二年の六年間は教育大の「平和な良き時代」だったといっていいだろう。朝永学長のもとで、大学の評議会は学問の自由と大学の自治に基づく大学の管理運営の在り方についての長い論議の末に、いわゆる「朝永原則」をまとめた（一九六二年六月）。その成文化に当っても家永は重要な役割を果したといっていい。

大学の管理、運営にさいしての「朝永原則」の概要はこうだ。大学の自治は、学問、教育の自由と人事についての自治を基礎に据えたものであり、大学の自治の基本的主体は各学部および付置研究所の教授会にある。大学の管理機関としての評議会が大学としての意思を決める場合も、各学部教授会の意見を尊重し、その間の調整を図りつつおこなうべきであり、学長、学部長といった大学管理者の専決権は委任、緊急事項以外は極力排除されるべきだ、とするものだった。学部間に意見の違いのあるような問題も、性急に結論をだすようなことは避け、皆でじっくり議論を尽くし、相互の調整を図りながら大学としての方針を決めることにしようというのが朝永学長時代の大学運営の方針だった。

ところが、評議会が「朝永原則」を決めた翌年の一九六三年から状況は一変し、教育大学は一〇年に及ぶ不幸な紛争と分裂の時代へと突入していくこととなった。

一九六三年、政府は「筑波研究学園都市」の建設計画を決め、かねて適当な移転候補地を探していた教育大をその計画に乗せて筑波に移転させ、研究学園都市の目玉にしようとした。建設計画を進めるなかで、政府は教育大に早急な移転の意思決定を迫った。任期を終えた朝永振一郎の後継学長となった三輪知雄は「この際、政府の計画に乗ってこそ教育大は今後大規模な総合大学として発展することができる」として、学長主導下に移転に向けた大学としての意思決定を急いだ。

文理大・高等師範系の教員や同窓生のあいだには、西の広島文理大、同高等師範を母体とする広島大学が、文部大臣を勤めた森戸辰男学長のもとで大規模総合大学として発展を遂げていることへの強い危機感と焦りがあった。また、実験装置を伴う理科系や体育系の教員を中心に、より大規模で充実した研究、教育施設の実現を望む気持ちが強まった。三輪学長を先頭に移転賛成派の教員は、こういった総合大学化、大規模研究・教育施設充実の願望をすべて筑波移転に託し、文部省からタイムリミットを突きつけられるなかで、意思決定を急いだ。

しかし、文学部をはじめ教育学部を含む文系、社会科学系の教員の間には、たとえ現在の敷地はやや狭くても、東京文京区の地にあることによって得られる学問、教育上のメリットはきわめて大きく、筑波移転はその重大な喪失につながるという意見が強かった。と同時に、移転によって研究、教育施設の充実を図りたいという教員の意見も理解できる。こうして、一時は、本学は筑波に土地を希望するが、文学部や教育学部は研究教育の拠点として「大塚に留まる」といった、いわゆる「二キャンパス構想」が大学の調整案として用意された(六七年四月)。しかし、筑波移転に強く反対する教員が多数を占める文学部は、「暫時」ではなく「将来にわたり大塚に留まる」ことが明文化されることを要求し、大学としてまとまった形で意思決定することが困難だった。

学長を先頭とする移転推進派は、このままでは文学部の強硬な反対のために教育大の筑波移転による総合大学化そのものがご破算になるという危機感を強めた。このさい学長主導下に、文学部教授会の意向を押し切って、評議会の多数決によって筑波での土地確保を希望する旨の意思決定を行うという挙にでた（六七年六月一〇日）。文学部教授会は、それは前述の「朝永原則」の乱暴な蹂躙だとして強く抗議するとともに、こんご筑波移転に関する「一切の協力を拒否する」としてボイコット戦術にでた。以後、文学部抜きのまま、筑波移転、筑波大学創設の準備が進められていくこととなった。

ただ残念なことに、移転反対の文学部も一枚岩ではなかった。教員の六割強の多数派は最後まで移転に反対であったが、少数者は移転に賛成、あるいはこの際止むなしとした。賛成派は非公式ではあるが筑波移転、筑波大学創設の準備に協力した。学部として移転賛成の意思表示をした他の学部も一枚岩ではなく、内部に移転反対、もしくはできれば現在地に留まりたいとい教員をかなり抱えていた。三輪学長を中心とする移転推進派の基盤は決して安定的とはいえなかった。

当時文部省は、大学側で構想した二キャンパス論や、大塚の地の四階建ての大学の建物を高層化する案など、教育大が現に保有する土地の継続的使用と活用につながる構想をことごとく潰しにかかり、教育大の丸ごと筑波移転、総合大学としての発展の要求はすべて筑波で、という方針を大学に押しつけた。二キャンパス論を認めると文学部のみならず他学部にも「それならわが学部も大塚に留まって」という意向が強まり、教育大の筑波移転による新大学建設、ひいては筑波研究学園都市そのものの高水準での建設が危うくなると考えた。

今日では、東京大学にしても多キャンパスにまたがって研究、教育施設を発展させており、国立、私立いずれの大学も高層化が当たり前の時代になっている。教育大と至近の距離にあるお茶の水女子大学もいまや高層ビルに変身している。また、驚異的に進展したＩＣＴ技術の活用によって、多キャンパス化してもそのマイナスを十分カバーできるようにもなっている。

時の権力（政府と支配政党）は、掌握する予算の力を背景にして、その時に仕組んだ計画の障害となる要求や提案をことごとく押し潰し、自らが志向する計画の実現に向けて予算を流し込み、誘導していく。予算の基盤をもたない国立大学とその教員は予算による締め付けには弱い立場に立たされる。そのもとで、教育大は筑波移転へと追いこまれていった。

このような状況のもとで、教育大の移転推進派は学長の主導下に、文学部や教育学部などに強く見られた大塚残留の「二キャンパス論」に配慮することなく、教育大の筑波移転の意思表明の強行による総合大学としての発展の道を突き進んだ。移転推進派にとって、文学部の意向や「朝永原則」の尊重はわが身を亡ぼす道でしかなかった。

こういった学長を始めとする移転推進派の強引な大学運営、移転に向けた意思決定に対して教育大の学生たちは強く抗議し、ストライキに立ち上がった。移転問題に絡む教育大の学生の闘いは、この時期に東大を皮切りに全国の大学に波及した学生の激しい闘いと合流した。

一九五五年ころから六〇年代にかけて日本は目を見張る高度経済成長をとげたが、そのもとで公害、環境破壊といった歪みも「急成長」し、それに抗議し、その是正を求める住民（市民）運動も各地で展開された。高度成長期に、大学に進学する若者は急増し、六〇年に八％だった若い世代の四年制大学進学率は七五年には二七％に、短大まで含めると四割に達し、「大学の大衆化」が急進した。

大学を巡る状況は急激に変化しつつあったのに研究、教育体制は旧態然としたままで、大教室でのすし詰め教育、学生や社会の多様化したニーズに応えられぬカリキュラムなど、若い研究者や学生が到底満足できない問題が山積していた。一九六八年一月の東大医学部を皮切りに、不満は一挙に爆発し、東大からさらに他大学へと「紛争」は波及した。

学生や若い研究者たちは、大学当局に不満と要求を突きつけ、要求実現のためにストライキを断行するなどした。しかし、東大をはじめ多くの大学で、長年にわたって構築された研究、教育体制の壁は厚く、要求に沿った改革は簡単には進む様子はなかった。そのもとで、事態を早急に打開するためには、もはや「力による大学封鎖」を断行して、既存の大学の解体を図る以外にないとする勢力が学生運動の主導権を握るようになった。いわゆる「全共闘」系、教育大では「全学闘」系の学生によって大学封鎖が実行された。そのもとで、教育大を含む多くの大学で研究、教育、事務機能の停止が余儀なくされた。

だが、こうした「力による大学封鎖」は長続きしえないものだった。それは、大学の教員の研究や教育への情熱と要求を、また事務職員の日常の事務処理機能の行使を「封鎖」した。のみならず、教育を受け、進学、卒業し、就職もしたいという広範な学生層の願望と要求をも「封鎖」したからだ。時の経過とともに、ヘルメットとゲバ棒、火炎瓶の「力による大学封鎖」に対しては「力による封鎖の解除」以外にないとする体制側（政府、自民党）と、それを受けた大学執行部の意向を積極的にか消極的にか容認する空気が醸成された。一九六九年一月、東大の安田講堂などが、翌二月、教育大が大学執行部による機動隊導入要請によって「封鎖解除」され、やがて授業が再開されることとなった。

封鎖を力で解除した体制側は大学紛争から重要な教訓をひきだし、旧来の大学の管理運営、研究、教育の在り方を抜本的に改変し再構成しようとした。六九年から七一年にかけて、文部省主導下に、中央教育審議会は今後の大学の在り方について一連の答申をおこなった。

焦点の教育大については、単なる筑波移転による総合大学化ではなく、移転を契機に従来の大学管理運営の在り方や、研究、教育システムを抜本的に改変した新構想の筑波大学に作り替え、それを今後国立大学が採用すべき一モデルに位置づけようとした。それは、体制側からの「教育大解体・編成替え政策」であり、東京教育大の歴史的伝統とは切り離された、別個の筑波新構想大学に転化した。

前述した「朝永原則」にみられるように、教育大では学問と教育の自由のもと、学部教授会の自治をベースに大学の運営が行われてきた。大学管理機関である評議会は、各学部を代表する評議員によって構成され、各学部の意向を尊重しつつ調整を図り、学長の専決を厳しく制限しようとした。だが、筑波新構想大学は、学部制を解体し、研究組織としての「学系」と、教育組織としての「学類」に分け、人事や財務を含む大学の管理運営権を学長とその直轄機関が掌握する、学長主導型に改変した。そこでは、教職員組合や学生自治会は勿論のこと教授会も大学自治の担い手として認知されないことになる。

このような学長主導型の筑波大学の構想が、体制側が大学紛争から引き出した教訓だった。教育大時代から筑波移転推進の急先鋒であり、その「右翼的言動」が物議をかもし、八〇年に筑波大学学長に就任した福田信之がいみじくも述べているように、「筑波大学が実現したのは何といっても全共闘のおかげ」だった（田原総一郎「筑波研究学園都市」（『プレジデント』一九八二年九月号、二四一ページ、田原のインタビューに対する福田の談）。

このような筑波大学構想にみられる、従来の大学自治の在り方を覆す、上からの大学再編の試みに対して、多くの大学人が憂慮と反対の意向を表明した。七三年二月に「筑波大学法案」が国会に提出されるに及んで、多くの大学人が個人の名においてか、大学の機関の名において法案反対の声を上げた。機関としての反対の意思表明は、全国五七の大学、一一一の学部に及んだ。多くの大学人が、この問題をたんに一筑波大学の問題としてではなく、今後の日本の大学全体の危機として捉えた。

しかし、筑波大学法案は七三年九月、国会の会期切れ間際に強行採決によって可決成立し、教育大は七八年三月末をもってその歴史の幕を閉じることとなった。

二　社会科学科とその周辺の人びと

社会科学科

私が所属した社会科学科は社会学、法律・政治学、経済学の三教室によって構成されていた。教育大正門を入って右手、東（E）館の三階から四階に跨がってこの三教室の教員の研究室があった。文学部正面入口を入ってすぐのところに四階まで通じる階段があり、三階の階段のすぐ脇に私の研究室があり、そこからさらに北奥へと経済学と法律・政治学の教員研究室、さらに日本史学の研究室が連なっていた。さらに四階は私の研究室の真上が経済学の研究室一つ、それに接して社会学の研究室があった。研究室はまことに簡素なもので、白く塗った壁と天井、粗い木片を組み合わせた床で統一されていた。

前述したように、文学部の定員は教員が一〇〇人、学生が二一〇人ほど、そのなかで社会科学科は教員が二〇人足らず、学生定員は四〇人といったこじんまりしたものだった。社会科学科のなかは、経済学と法律・政治学がそれぞれ教員六人、学生定員一五人、社会学は教員六人、学生一〇人といったところだった。

私は、学部と大学院でそれぞれ農業経済学の講義とゼミを担当したが、経済学の学生定員一五人という小人数ではあったが、必修の講義は別として、選択科目であるゼミも、勤務した二五年間、毎年何人かの学生が参加してくれ、「開店休業」しないで済んだ。

私が在職中の経済学教室の教員　教授会メンバーは、美濃部亮吉（国際経済論）、楫西光速（日本経済史）、大島清（金融論、経済原論）、三潴信邦（経済統計論）、長坂聰（経済政策論）、浜林正夫（西洋経済史）それに私といったところだった。不足する分野は非常勤講師に担当してもらった。この顔ぶれを見ても分かるように、経済学研究室は「マルクス経済学系」の研究者からなっており、そのなかでも所謂「労農派系」のものが多かった。

経済学教室の教員にとってとくに接触が多かったのは、同じ三階で研究室が隣接する法律・政治学教室、それに接続する日本史学教室の教員だった。

法律・政治学教室には稲田正次（憲法、明治憲法制定史研究）、木下半治（西欧（フランス）政治学）、磯野誠一（民法、家族法）、木村剛輔（日本政治学）、綿貫芳源（行政学）、松本三之介（日本政治思想史）、田中浩（西欧政治思想史）、福田平（刑法）などがいた。

四階の**社会学教室**には、有賀喜左衛門（農村社会学）、岡田謙（民族学）、中野卓（農漁村、商人社会学）、森岡清美（宗教社会学）、安田三郎（社会移動論）、間宏（労働社会学）などがいた。

日本史学教室には、和歌森太郎（民俗学、民衆史）、家永三郎（日本思想史）、西山松之助（家元の研究）、桜井徳太郎（宗教史）、津田秀夫（近世経済史）、大江志乃夫（近・現代軍事史）などがいた。

以上の教員のうち、美濃部、楫西、大島、長坂（以上、経済）、磯野（法律・政治）、家永（日本史）については、のちに項を改めてのべるが、二〇一三年九月現在、浜林、松本、田中、福田、暉峻、それに社会学の中野、森岡の七人以外はすべて他界してしまった。

浜林、松本、田中、暉峻の四人は年齢もほぼ同じで、筑波大学を巡る闘争を一九七八年の教育大閉学に至る最後まで共に闘った近しい友として、年に一～二回、飲食を共にしながら近況を語り合う機会をもっている。

朝永学長のもとでの教育大の「平和で良き時代」に、われわれ同じE館三階に研究室をもつ法律・政治、経済、日本史学教室の教員仲間のあいだで、このさい共通のテーマを立ててお互いにじっくり、率直に討論し合える研究会をもちたいものだ、という気運がもりあがってきた。法律・政治には「大日本帝国憲法」成立史研究の権威・稲田正次がいた。彼をチーフに「明治国家の形成過程」を法律、政治、経済、思想の諸側面から総合的に研究することにしよう、と意見がまとまった。

一九六二年、稲田を代表者として文部省に科学研究費「明治国家形成過程の研究」（三カ年）の交付申請が提出され、それが通って共同研究が開始されることとなった。この共同研究に参加したのは、上述の稲田、楫西、家永、磯野、松本、田中、津田、大江、暉峻といったメンバーに加えて、西洋史学から穂積重行だった。さらに、学外の若手研究者で、教育大の大学院をでた加藤幸三郎（専修大学経済学部）、田中彰（北海道大学文学部）、金原左門（中央大学法学部）も加わり、これらのメンバーが合同研究会に集って随時研究発表を行った。この共同研究の成果は、稲田正次編『明治国家形成過程の研究』（御茶の水書房、一九六六年三月）として刊行された。だが、この本は余りにも分厚いので、政治、経済、法律・思想の研究分野ごとの三分冊としても同時刊行された(24)。

そのなかの経済過程は津田秀夫編『明治国家成立の経済的基礎』として刊行され、私は稲田、津田両編著のなかの「明治維新期の農業問題」を執筆した。それは「土地所有の『半封建的』性格」(鈴木鴻一郎編『マルクス経済学の研究』下、東京大学出版会、一九六八年、所収)とともに、のちに大幅に加筆され、前述した私の著書『日本農業問題の展開』上(東京大学出版会、一九七〇年)の第一章「明治維新期の農業問題」に活かされた。

楫西、大島らの双書『日本における資本主義の発達』の刊行

楫西は現職の五八歳のとき、心筋梗塞の発作で急逝した(一九六四年三月)。執筆活動などでの多忙が重なったこともその一因とされる。楫西と大島清は、東大の大内力、加藤俊彦と共著で双書『日本における資本主義の発達』(『成立』(Ⅰ、Ⅱ)、『発展』(Ⅰ、Ⅱ、Ⅲ)、『没落』(Ⅰ、Ⅱ、Ⅲ、Ⅳ、Ⅴ、Ⅵ、Ⅶ、Ⅷ))(全一三冊)(東京大学出版会)を一九五四から六九年の一五年間にわたって刊行した。この四人は仕事のうえで密接なパートナーだったが、なかでも大内がこの双書の執筆で中心的役割を果たした。

『成立』は幕末から明治維新を経て殖産興業など「資本の原始的蓄積期」までを、『発展』は日本で「産業資本」が確立する明治二〇年代から第一次大戦までを、『没落』は大戦後から昭和恐慌、第二次世界大戦、日本の敗戦をへて「戦後改革」、高度経済成長の六〇年代半ばまでの長い時期を対象にしている。

日本資本主義の『没落』の開始期を第一次大戦後においているのは、この時期に日本が独占資本・帝国主義の段階に入り、かつ世界史的にはロシア革命が実現し、日本を含め社会主義を目指す運動が本格化したことを念頭においたからだろう。『没落』のつぎにくるものとして『社会主義の成立』を著者たちは想定

していたのではないだろうか。

しかし、『成立』は二巻、『発展』は三巻で収められたが、『没落』は高度経済成長期を対象としたVIIIまで書き進んでも収まりをつけられず、一九六九年の一三巻の刊行をもって「ひとまず筆をおくことにしたい」（『没落』VIII、「あとがき」、二四〇五ページ）とした。当時、大内と雑談したとき、冗談まじりに「君、弱ったよ。日本資本主義はいつまでたっても没落しないんだ」といっていた。（日本）資本主義が当初の予想を超える生命力を保持しつづけて『没落』に終止符を打つ目処をつけられなかったことが、この双書を打ち切る主な原因だったといえよう。さらに、この『没落』IVが刊行された一九六四年三月、楫西がIVの原稿を書き終えてから急逝し、四輪の一つが失われて残された三人に負担が加わったことも双書打ち切りに影響したといっていいだろう。

従来、概して「マルクス経済学」は、一九一七年のロシア革命、さらには第二次大戦後の中国やベトナムでの共産主義政権の樹立と関連して、資本主義の歴史的命脈の限界を比較的に近くに見てきた。しかし、一九八〇年代の終わりから九〇年代始めにかけての旧ソ連邦をはじめとする「東欧社会主義体制」の崩壊と、中国やベトナムの「社会主義志向市場経済」への急激な移行は、現代資本主義が様々な局面で矛盾を拡大、深化させながらも、今日なお情報通信技術をはじめ技術革新を進展させ、グローバルにそのメカニズムに取り込んでいく生命力の強さを改めて認識させることとなった。このことは、私を含め「マルクス経済学者」に、理論的にも現状分析論でも歴史の風雪に耐えうる研究が改めて求められていることを示すものといえよう。

別格だった美濃部亮吉と大島清

美濃部亮吉（一九〇四－一九八四） は社会科学科、いや文学部の中でも「別格」といっていい存在だった。東京帝国大学教授、貴族院勅撰議員であり、憲法学者として「天皇機関説」を唱えたことでも有名な美濃部達吉の長男として、「毛並み」は良く、長身で押し出しもまことに立派だった。戦後は内閣統計委員会委員・事務局長や行政管理庁統計基準局長の要職を歴任、教育大の教授は一九四九年から都知事に就任する六七年まで一八年間勤めた（四九～五八年は併任）。大正期のデモクラシーの形成から、昭和戦時期にかけてそれが弾圧されていく過程を、父・達吉をはじめ大学教授に対する弾圧事件を中心に追った『苦悶するデモクラシー』（文芸春秋新社、一九五九年）を始め、世界や日本経済についての啓蒙書を数多く刊行した。

教育大の教員の研究室は一般に簡素なものだったが、美濃部だけは自分の研究室に厚手の赤い模様入りの絨毯を敷き詰め、いかにも居心地が良さそうな研究室にしつらえていた。美濃部にとって教育大の教授になったことはことのほか嬉しかったようだ。「私は教育大学の前身、東京高等師範学校の付属小学校および中学校の卒業生である。教育大学の先生になるのは、なつかしい母校に帰ることだといってもよい。…官立大学の教授になることが私の人生の最終目標であったから、それが実現してほんとうにうれしかった。ことに、小学校および中学の母校に奉職したのだから、天にも上る気持ちだったといってもいいすぎではあるまい」、と記している（『東京教育大学文学部　経済学教室記念誌』東京教育大学文学部経済学教室、一九七八年）。

ＮＨＫテレビの「やさしい経済教室」に解説者としても登場するなど、恰幅と身だしなみのよさに加えて、柔和で品のいい「美濃部スマイル」はとりわけ女性たちの人気をさらい、六〇年代の高度経済成長下に進行した公害などの歪みに対する都民の広範な不満も重なって、六七年の都知事選で美濃部は社・共両党の推薦をうけて立候補、自民党などが推薦する対立候補を大差で破り当選した。以後、老人福祉（医療費や都営交通の無料化など）や公害対策を目玉とする「美濃部革新都政」が三期一二年、一九七九年まで続いた。

美濃部はくよくよせず、開けっぴろげなところがあり、美食家だった。昼休みになるとしばしば「いまから銀座にビフテキ（うな重）を食べにいってくるから」と事務員に大声で告げ、さっそうと地下鉄の茗荷谷駅に向かった。研究室にとり残された財力と体力の乏しい経済、法律・政治学研究室のわれわれ若手教員は、「おい、近くのそば屋に「もりそば」でも食べにでかけるか」といって席をたった。所得と食の格差は歴然としていた。

ある夏の日の午後八時近く、他の教員は皆退出して美濃部と私の研究室にだけ灯りがともっていた。暑いので私は研究室のドアを開けたままにしていた。やがて私の研究室の真上四階の美濃部研究室のドアがバタンと閉まって美濃部が三階の私の研究室前の階段を降りて二階へと向かう靴音がした。その三階と二階の階段の踊り場のところで、静まった研究室全館に鳴り響くような音で美濃部は放屁した。「いやあ、さすがに毎日ビフテキやうな重を食べている人の放つ音は違うなあ」、と妙に感心したことが今も忘れられない。

財力豊かな美濃部のおかげで、経済学研究室の同僚は、時たま、三島由紀夫の小説『宴のあと』の舞台のモデルとなった、港区白金台の高級料亭「般若苑」や、千代田区紀尾井町のこれまた高級料亭「福田家」などでご馳走になった。私など美濃部招待がなければ一生縁がなかったようなところだ。たしか福田家では「イノシシ鍋」をご馳走になった。

しかし、経済学研究室の同僚のあいだでの美濃部評は率直にいって余り芳しくない面もあった。余りにも外回りの活動が多く、学内での教育、事務の仕事が疎かになることがあったからだ。また、大学のなかで見る美濃部は政治的手腕に長けた人のようにはみえなかった。「美濃部さんのような人でも都知事になれるんだ、「担ぎ手」さえ良ければね」、と同僚のあいだで話しあったものだ。

その美濃部も、七〇年代に石油危機を契機に高度経済成長が終焉するもとで、都の財政が行き詰まり、「バラマキ都政」との批判を浴びて人気が下降、七九年の都知事選では四選目の出馬を断念せざるを得なくなった。八〇年に全国区の参議院議員になったが、これといった政治的業績は残せなかったのではないだろうか。

一九八四年一二月二四日のクリスマスイブの日、美濃部は渋谷区南平台の自宅でいつものように朝食をとり、二階の書斎に上がって新聞を開き、赤ペンを手に線を引いているとき、突然の心臓発作に襲われ、ペンを握ったまま八〇歳の生涯を閉じた。いかにも、美濃部らしく、最後までかっこ良く生きた人だった。自分もそんな最後をもちたいものだと思うこのごろだが、到底叶わぬ願望だ。

なお、私は美濃部亮吉の思い出を「「肉体派」美濃部先生」(『人間　美濃部亮吉——美濃部さんを偲ぶ』リーブル、一九八七年二月、所収)として記した。

大島清（一九一三－一九九四年） は北海道函館の網元の家の出身で小樽高商を経て東北大学へ進学、宇野弘蔵の教えをうけた。大島の主たる研究は日本恐慌史論であるが、その他世界や日本の戦後経済過程についていくつかの共編著を刊行している。

東北大の同学年に、やはり宇野の教えをうけた同姓同名の別の大島清がいた。こちらは農業問題の研究者で、のちに法政大学の教員になった。学生時代、この両大島は下宿も近く、親からの仕送りの書留が間違って配達されることがあったという。われわれ研究者のあいだでは、教育・大島と法政・大島と呼んで両者を区別していた。

教育大・大島の夫人は、浅草生まれの作家で芥川賞受賞者であり、日本芸術院会員、文化功労者でもあった芝木好子（一九一四－一九九一年）だ。大島とのことは芝木の自伝的小説『丸の内八号館』（講談社、一九六四年）に描かれている。

網元の出身だけあって、大島は酒を嗜み、親分肌で、われわれ若い同僚や教え子の面倒見もいいところがあった。夫人の芝木の経済力がしっかりしており、夫婦の間には子供がなかったこともあって、「大島は自分の月給をみな飲み代に当てることができる」、と周辺でうらやましげに噂されていた。おかげで経済学研究室のわれわれ若手は新宿や荻窪界隈の飲み屋にしばしば連れられて、酒とともに歌や談話を楽しむ機会をもった。

しかし、このような経済学研究室の和気あいあいとした雰囲気も、教育大が筑波移転、筑波新構想大学を巡って学内に亀裂を生じるなかで、残念ながら崩れていった。先述したように（XII、一）、六七年四月、筑波移転の意思決定を急ぐ学長を始めとする移転推進派は評議会で採決を強行する挙にでた。そのときの文学部長が大島清で、評議会での採決の際、大島ら文学部の評議員は退席せずに席に留まっていた。そのことを学長らの移転推進派は評議会議決の正当性の根拠に利用した。逆に、文学部の教授会メンバーの多数は、大島学部長らが退席すべきだったとして、教授会で大島らを不信任した。

このことを大島らは不服とし、以後、移転推進・筑波新構想大学容認派の潮流に接近していき、経済学研究室や社会科学科の内部もこの潮流に反対する多数派と、大島など少数の容認派に分裂し、気まずい雰囲気が漂うようになった。もともと筑波新構想大学の理念には賛成ではなかったはずの大島が、経済学研究室の浜林、長坂そして私などの若手と意見と行動を異にすることになったのは返す返すも残念なことだった。

磯野誠一（一九一〇―二〇〇四年）は法律・政治学研究室の教員で、民法、とくに家族法制に詳しかった。寡作だったが該博な知識の持主で、話し好きとあって、しょっちゅう対話の相手にされた。私が忙しいときなど、どうやって対話の場から脱出しようかと思案したこともしばしばだった。

磯野夫人・富士子（一九一八―二〇〇八年）は、オーエン・ラティモア（Owen Lattimore）とともにモンゴルの研究を行ったことで知られており、夫の誠一とともに日本の家族制度にも関心をもって研究した。たしか一九六〇年頃だったと思うが、磯野夫人が私の研究室を訪ねてきた。主婦の労働を経済学的にどのように捉えるべきかについていろいろ意見を聞きたい、ということだった。当時は高度経済成長真っ盛りの時期、企業国家のもとで、女性の労働市場への進出が進むとともに、終身雇用、年功序列の給与体系のもとで夫は企業戦士として残業して猛烈に働き、その妻は専業主婦として夫の働きを支えるという構図が形成された。主婦の献身的な家事労働があって始めて夫は企業戦士として企業に献身できるというわけだった。

このような状況のもとで、専業主婦の家事労働はどのような意味をもつのか、それに対して「相応の対価」が求められて当然ではないか、このような問題が家庭における女性の地位向上の課題と関連して当時問題とされた。『朝日ジャーナル』あたりがその問題を取り上げ、磯野夫人はそれを巡る論議に加わっていたようだった。

磯野夫人の訪問を何度か受け、かなりの時間、主婦の家事労働の経済学的意義についての私の見解を求められた。磯野夫人はできれば私から「主婦の家事労働は価値を生む労働であり、それに対して相応の対価を求め、支払われるのは当然である」という見解を引き出したかったようだ。しかし、私は主婦の家事労働は労働市場において取引された労働力に基づく労働ではないから価値を生むものとはいえない。それは、主婦が家庭の外にでて雇用されて働いた場合に得られるであろう賃金からの擬制、近代経済学的にいうと「機会費用」(オポテュニティ・コスト)として捉えられるべき性質のものではないか、それによって専業主婦の家庭における地位の向上の至当性は説明できる、という趣旨のことを述べた。私の意見は、価値創出にこだわる磯野夫人を十分満足させなかったようだ。

その少し前の一九五八年、磯野夫妻は共著『家族制度　淳風美俗を中心として』(岩波新書)を公刊した。この本を統一のとれた共著に仕上げるために夫婦で議論を重ねるなかで、意見の食い違いも少なくなかったようだ。誠一はあるとき私にこう漏らした。「この本のおかげで離婚寸前までいったように思う」。難行の末の共著だった。

竹を二つに割ったような家永三郎

家永三郎(一九一三－二〇〇二年)は日本史学研究室の教員で私より一一歳年長だが、東京練馬区の東大泉に住んでいたとき、家が近く、教育大への通勤の際しばしば同じ電車だったり、何度か家永の家を訪問するなど近しくしていた。前述した教育大の筑波移転、筑波新構想大学問題をめぐっても共に闘い、長時間に及ぶ文学部教授会のあと大江志乃夫（一九二八－二〇〇九年、日本近現代史、とくに日露戦争史。小説『凩の時』筑摩書房、で大仏次郎賞）が運転する車で大泉まで同道することも多かった。家永夫人は東北大学の社会学の教員だった新明正道の息女で、風貌がふくよかで人柄もおおらかな人で、痩身で「直線的な」家永と好一対の夫婦のようにみえた。

家永は大変な秀才の研究者だ。一九四八年、三五歳の若さで倭絵の研究で日本学士院恩賜賞を受賞し、仏教をはじめとする日本思想史、太平洋戦争史、植木枝盛の研究、教科書検定をめぐる裁判闘争などなど、多岐にわたる多彩な研究活動を遺した。専門を異にする私は、いまここで家永史学の学術的意義を論ずる能力も資格もない。述べたいのは家永との人間的触れ合いの一面だ[25]。

家永は陸軍少将・家永直太郎の子息だが、体は見るからにか細く、私にもしばしば自分の虚弱体質と慢性の胃腸病を訴え、よく粉薬を飲んでいた。だが、並外れて強靭な精神力と使命感の持主で、それがか細い体の芯の強さを支え、幅広い研究・著作活動を可能にしたといっていい。

家永の「戦後史」はほぼ半世紀に及ぶ闘いの連続だった。そこには達成もあったが、挫折や敗北の苦難もあった。前述したように、私が教育大の教員に就任したとき、家永はすでに高師系教員のホープとして文学部教授会の民主化闘争の先頭にたち、さらに学問の自由と学部教授会の自治を基礎とする大学の管理運営の民主化にも尽力し、前述した「朝永原則」の成文化に当っても重要な役割を果たした。

家永が深く関わった「朝永原則」は、三輪学長を始めとする筑波移転推進派によってつぎつぎと覆されていき、六七年六月の評議会での「筑波移転の強行採決」、やがては七三年九月の国会での「筑波大学法案」の強行採決となった。そのような事態に直面して、人一倍一本気な家永はそれを真正面から受け止め、身を粉にして闘った。事態が悪化の一途を辿るなかでの家永の苦悩は察するに余りあった。大泉に一緒に帰る車中、何度か「私は死にたい」と口にした。真っ正直な家永の真情の吐露といえよう。しかし、教科書検定を巡る闘いを含めて、最後まで家永を闘い抜かせたものは、あのか細い体に秘められた強靭な精神力と使命感だったように思う。

家永の闘いは街頭デモや、学内を含む政治的次元の運動に参画することではなかった。頭脳とペンの力による闘いが中心だった。頭脳明晰、博覧強記の家永は、頭のてっぺんから発せられるような甲高い声で、理路整然、立て板に水の感のある淀みのない発言を教授会でおこなった。前掲『東京教育大学文学部』（注23参照。以下「本書」とする）を見ても、よくぞこう細かいところまで文学部や大学全体の動きや闘いを記録し、記憶し、整理し、意義付けして本にまとめあげたものだと感心させられる。

六七年六月の評議会での筑波移転の強行採決、六九年一月の機動隊導入による大学封鎖の解除で大学紛争に「決着」をつけた評議会は、同年一一月、文学部の三教授に対して、紛争の責任を問うとして「辞職勧告」を行った。紛争時、学部長職にあった二人（入江勇起男、星野慎一）のほか、「その行動により本学紛争を激化させた責任」があるとして、とくに家永をやり玉にあげた。筑波大学問題で大学当局に、また教科書検定問題で文部省当局に対して果敢に闘う家永は攻撃の標的とされた。「辞職勧告」をうけた三人は勿論のこと、文学部教授会もそのような勧告を受け入れるはずもなかった。

教育大文学部は筑波問題で結局は敗れ、家永は集中攻撃の標的とされたが、大学の民主化と自治を目指す四半世紀に及ぶ文学部の苦闘の歴史を総括した家永の「本書」には敗北の精神的「腐り」は微塵もない。そこにあるのは逆に、苦闘のもとで追求しつづけた大学のあるべき理念に対する家永の確固たる自負だ。そこに類い稀な家永の精神的強靭さと偉さがあったように思う。

家永の人一倍生一本で真っ正直な性格は学究としては貴重な資質だが、「学内行政」の世界にはそぐわない面があった。根回しや駆け引きに長けた「学内政治屋」から打棄りをくわされることもあったように思う。家永自身、「本書」でこう述べている。「私は在任中、学部長にも評議員にも一度もなったことがない」。「私のような対人折衝能力にも実務能力にも欠けている人物は、戦術的駆け引きに長じ政治的手腕を必要とする会議や、能率的な実務処理の要求される機関にでるよりは、理論的あるいは制度論的観点から意見を述べる文書を作成する作業を中心とする機関にでたほうがふさわしく」、「文学部教授会の議決した学長・評議会等の学内機関宛に、あるいは外部諸機関宛に学部の意見を開陳した文書のうちにも、私が原案を起草したものがかなり多い」(一九六～一九七ページ)。事実、「本書」に引用されている教育大の管理運営の在り方や筑波大学問題を巡る闘いに関連して文学部から出された文書の多くが家永の起草によるものだった。こういった面での家永の貢献は大きかった。

筑波移転、筑波大学創設をめぐる教育大の闘争は敗北に終るが、それを巡る評価については、私は家永と意見を異にする面もあった。私の意見の一端は、当時の「全共闘」(教育大では「全学闘」)運動とも関連させてⅫ一で述べた。『家永三郎集』(岩波書店)が刊行されたとき、私は依頼されて同『集』の「月報」に、そこに収録されている家永の論稿「東京教育大学文学部」に寄せて一文を書き、教育大闘争に触れた(注25)。「月報」がでて間もなく家永から電話をもらった。「暉峻さんのような捉え方があることを私は初めて知った」、ということだった。私の意見に対して、それを批判し、反論したり、家永の意見を開陳したりすることは全くなく、相手の意見はそれとして尊重するという、誠に素直でさっぱりした電話だった。

以上述べたことから、家永はいかにも近寄りがたい堅物のように思う人も多いだろうが、日常生活の面ではなかなかユーモアがあり、笑わされることも多かった。また、家永夫人に直接確かめる機会を逸したが、かなりそそっかしく不器用なところがあったのではないかと想像している。家永が書類を包んだ風呂敷包みを脇に抱え、脇目も振らず「大泉学園前」の駅に向かって足速に直進していた姿がいまも私の目に焼き付いている。

家永が教育大在職中、通勤の電車で一緒になった。「いやあ、暉峻さん、もう痴呆が始めたようでね。先日も、講義のとき、学生にむかって「かの有名な」といって、そのあと名前がどうしてもでてこなかった」。またあるとき、同僚の田中浩の家の和室で文学部の近しいもの何人かが集まってパーティが催されたときのことだ。私の隣席に家永。酒を嗜まない家永だが、宴たけなわになったころ「暉峻さん、一杯どうぞ」と声がかかった。いやあ、偉い先生から酒を注いでいただけるとは、と深く頭を垂れ恭しく杯を差し出した。ふとみると、何と家永が手にして私に注ごうとしているのは陶器の醤油瓶ではないか！あわてて「先生、それは醤油では！?」。家永はやや照れながら「あっ、そうか」と正真正銘の銚子に持ち替えて酒を注いでくれた。陶器の醤油瓶と銚子は似てなくもないが、醤油瓶には蓋が付いており、よく見れば違いは歴然としている。危うく家永から醤油を飲まされるところだった。この忘れがたい体験から、頭脳明晰で理路整然とした学者である家永ではあったが、こと日常生活ではかなりそそっかしく不器用なところが多々あったに相違ないと思っている。

245　長坂　聰―「恋敵」・学友・職友・酒友

同じ経済学研究室で一歳年下の同僚だった長坂　聰（一九二五－二〇〇五年）とは、青春時代からお互いに意識しないところでつながっていた。職場や研究会、酒の席だけでなく、教育大の筑波移転、筑波新構想大学反対の立場も共にするなど、人生行路で重なる部分が多かった。

マルクス経済学に立脚して、ドイツを中心に金融資本、帝国主義を主たる研究対象とし、マルクス、エンゲルス、レーニン、さらにヒルファディングやベルンシュタインなどの学説についての論述や翻訳を手がけた。長坂夫人・美年子の姉の息子、つまり長坂の甥が二〇〇九～一二年まで一期三年間自民党総裁を務めた谷垣禎一で、長坂は自民党の経済政策などについて時折谷垣と議論をかわしたようだ。

長坂と私はお互いに知らないうちからつながっていた。私が成城高等学校尋常科の生徒だった頃のことだ。同じ成城学園の高等女学校に、背は高くないが、色白で切れ長の目、見るからに聡明そうで、醸し出す雰囲気も誠に清らかで美しい女子生徒がいた。その名はH・K子ということまでは分かった。もちろんわたしは彼女と言葉を交わす機会もなく、彼女に暉峻の「て」さえ知ってもらう機会もないまま時は経過した。お互いに同じ小田急電鉄で、ほぼ同じ時間帯に通学したこともあって、私はできるだけ彼女と同じ車両の少し離れた席に座って、時折ちらちら彼女に視線を注ぐようにしていた。それが当時の私にできる最大限の恋慕の情の表し方だった。

実は、長坂は偶然にも彼女の家の比較的近くに住んでいた。そして彼も彼女が通学するために道を歩く姿に時折接した。彼も彼女の余りの美しさにたちまちひかれて恋慕の情を抱いた。だが、私と同様、お互いに言葉を交わす機会もなく、長坂の「な」さえ知ってもらう機会もないまま時は過ぎ去った。

のちに東大社研で私が長坂と知り合うようになってまもなく、彼の方から「おい、テルさんなあ。君と同じ学園の女子高校にH・K子という、えも言われぬ美しい生徒がいてなあ」と切り出した。長坂はいつも私のことを「テルさん」と呼び、親愛の情を示した。二人が偶然にも同じH・K子を心密かに恋慕していたことがわかって、お互いに飛びあがるほど驚いた。

このときから、われわれ「恋敵」の間には奇妙な連帯感が生まれた。二人はちょくちょく渋谷駅近くの魚料理を食べさせる店で飲んだが、きまって長坂のほうからH・K子のことを懐かしんで話題にした。「おい、テルさんなあ。彼女がいまどういう暮らしをしているか、いつか一緒に探りに出かけないか?」。長坂は知人のつてで、成城学園の卒業生名簿から、H・K子がS・K子と改姓して鎌倉に住んでいて、住所と電話番号まで調べ上げていた。酒を酌み交わしながら、酒の肴に彼女のいまに至る生きざまをあれこれ憶測し合って、互いの胸のなかの「童心」を温めあった。だが、そんな企みも実行に移せないまま、長坂は癌のために他界してしまった。

一九五一年、私が大内力の誘いで東大社研の研究員になったのと同じ頃、長坂も経済学部を卒業して社研経済部門の助手になった。このときから、長坂と職場を共にし、知り合うことになった。毎週木曜、午前一〇時から、宇野弘蔵を中心に、鈴木鴻一郎、大内力、遠藤湘吉、加藤俊彦や、教育大から大島清らも参加して、ドイツ語でマルクス『資本論』を原書で読み、論議する研究会がもたれた。原書の朗読と翻訳は私や長坂、戸原四郎といった若僧が担当させられた（IX参照）。私は五三年に教育大の教員に赴任することになるが、長坂も三年後に同じ職場にやってきた。以来、教育大が廃学になる七八年までの四半世紀、職場の同僚として過ごすことになった。

長坂の研究の人的系譜からすると、宇野弘蔵や鈴木鴻一郎の門下生ということになりそうだが、教育大にきてからの彼を見る限り、それとはやや距離をおいていて、九州大学経済学部教授・向坂逸郎が主宰した「社会主義協会」（日本社会党の左派に属す）系統の人びととの結びつきを強くもっていたようだった。「オレは向坂の寺子屋の人間だ」、といっていた。その経緯は詳らかでないが、府立高校時代の仲のいい級友で、やはり向坂のもとで九州大学教授を勤めることとなった近江谷左馬之介（戦前のプロレタリア文学運動の先達で戦後は法政大学教授となる小牧近江の息子）との関係が影響しているのではないかと思う。

教え子たちのこと

私は教員として東京教育大に一九五三〜七八年の二五年間勤務し、また教育大が廃学になってから信州大学経済学部（一九七八〜八三年、日本経済史）、宇都宮大学農学部（八三〜九〇年、農政学）の教員になったが、信大、宇大ともそれぞれ五〜六年と短かった。また、一橋大学経済研究科教授・中村政則が在外研究でアメリカへ出かけた時期を跨ぐ一九七七〜八〇年度の四年間、同大学院で日本経済史のゼミを担当した。

前述したように、教育大の経済学研究室の学生定員はわずか一五名ほど、その中で農業経済ゼミを選択する学生となると毎年ほんの数名だった。大学院も、法律・政治や日本史といった関連科目からの参加もあったが、やはり少人数だった。

私はお世辞にもいい教員とは言えなかった。学生や院生の面倒見も決してよくなかった。彼らによく言ったものだ。「教師には二つのタイプがある。一つは「舎飼型」、もう一つは「放牧型」。「舎飼型」は手間ひまかけて牛を集約的に立派に育て上げるタイプ。「放牧型」は牛を牧草地に放し飼いにしてそこで自由に草を食べさせるタイプ。ぼくは「放牧型」の教師だから、よろしくやってくれ」。

「放牧型」だと、牧草地に良質の牧草が豊富にあれば自然にいい牛が育つが、牧草地が貧弱だと牛も痩せ細り、ろくに育たない。「放牧型」だとよほど教員自身が研究者として優れた能力をもっていい仕事をしていないと、放たれた牛は可哀想なことになる。研究者としてもいい仕事をしたとは決して言えず、「歴史に何を遺しただろう」と自問して忸怩たる思いをしている私だ。そんな私が「放牧型」を公言したのだから、ゼミに参加した学生や院生には大変無責任で申し訳ないことをしてきたと、自責の念にかられている。

教育大は旧東京高等師範、文理大という歴史的系譜からも、学生の出身、就職先ともに教育界との結びつきが概して強かった。地道に真面目に勉強するタイプの学生が多く、枠をはみだして大胆な行動にでるタイプのものは少なかった。

私のゼミに参加した学生や院生には個性豊かな勉強家が多く、私が教員として与えることは少なく、彼らから学ぶことのほうが多かった。これらのゼミ生について、くわしく述べたいところだが、残念ながらここではその余裕がない。そのなかで、研究職に就いた者（共同執筆・訳者を含む）を中心に、その名前を列挙するだけにとどめざるをえない。

加藤幸三郎（日本経済史、専修大学）、金原左門（地域政治史、中央大学）、牛山敬二（日本農村史、北海道大学）、川村英明（日本農村史、教育大付属高校）、林宥一（日本農村史、金沢大学）、山中武士（ユーゴ問題、スラブ系言語、埼玉県立高校）、田代洋一（農業政策論、横浜国立大学）、小峰和夫（満州問題、日本大学）、清水卓（EU・フランス農業論、駒沢大学）、庄司俊作（日本農村史、同志社大学）。

一九六八年卒の学部ゼミ生で在日朝鮮人二世の徐勝（ソ・スン）のことにも触れておきたい。彼はなかなかの勉強家で豪快明朗な青年、ゼミ生のあいだでも人気者だった。私は彼に教育大大学院への進学を勧めたが、「自分は母国・韓国にいってその実情を調査・研究したい」とソウル大学大学院に入学した。だが、七一年、朴正熙軍事政権下に反共法、国家保安法違反で突然逮捕・投獄された。激しい拷問、焼身による大火傷にも耐えて南北朝鮮の統一を願う信念のもとに闘った。一審で死刑判決をうけ下獄。私は、小峰和夫（上記）、教育大日本史学卒業生で在日朝鮮人問題にも詳しい立教大学教員・山田昭次らとともに、微力ながら彼の助命、救援、早期釈放を求める活動に徐勝が釈放されるまで携わった。

ここでは詳論できないが、徐勝の逮捕・投獄はまさに東西冷戦体制下の朝鮮の南北分断の悲劇に由来している。国際情勢および韓国内の状況の変化のもとで、徐は死刑から無期懲役への減刑を経て、一九九〇年、一九年に及ぶ獄中生活を終えて釈放された。その間の経過は徐勝『獄中一九年　韓国政治犯のたたかい』（岩波新書、一九九四年）に詳しい。

教育大の学生サークルに「社会科学研究会」があり、私は一時その顧問をしていた。そこには、文学部経済学教室の学生ばかりでなく、文学部の他の教室、農学部や教育学部など他学部の学生も参加していた。「現世と格闘する」個性的な学生の集まりだった。「社研」の学生は卒業してそれぞれの分野の職に就き、いまでは定年後の生活を送っているが、「社研」ＯＢの有志二〇数名は昔を懐かしみ、教育大が廃学になって一〇年後の一九八八（昭和六三）年から毎年一回集いをもち、誰かが何かのテーマで報告し、それを巡って論議し、お互いの近況を報告しあい、酒食を共にしながら楽しく語りあっている。残念なことにそのうちの数名は他界するか病臥する身となった。

一橋大学経済研究科での日本経済史のゼミ生で研究者になった者は、金融・財政、財閥、繊維産業、炭鉱、労働分野の研究など多彩だったが、その中で日本農村・農民史関連では庄司俊作（前掲）、大門正克（横浜国立大学）、栗原るみ（福島大学、栗原百寿の長女、二〇一〇年、癌のため他界）がいた。

宇都宮大学では大木茂（協同組合・生協論、麻布大学）、また作家となる旭爪あかねがいた。旭爪はのちに『稲の旋律』（新日本出版社、二〇〇二年、多喜二・百合子賞（二〇〇三年））などの作品を発表している。また、旭爪は学生時代から旧ユーゴの問題に関心をよせていたこともあって、関心を共有する私は彼女とKaren M.Brooks (World Bank) "Decollectivization and the Agricultural Transition in East Central Europe"を共訳、刊行するなどした。[26]

注

（23）教育大の筑波移転、筑波新構想大学をめぐる紛争についてくわしくは、浜林正夫・畠山英高編著『筑波大学』青木書店、一九七九年、および主として文学部教授会の立場から執筆された家永三郎『東京教育大学文学部』現代史出版会、一九七八年（同書は『家永三郎集』第10巻、岩波書店、一九九八年に収録）、を参照してほしい。なおこの家永の著書に関連して、暉峻衆三「『東京教育大学文学部』に寄せて」（『家永三郎集』月報12、第10巻、岩波書店、一九九八年一〇月、所収）も参照してほしい。

（24）第一分冊は稲田編『明治国家成立の政治過程』、第二分冊は津田秀夫編『明治国家成立の経済的基礎』、第三分冊は家永三郎『明治国家の法と思想』（御茶の水書房）である。

（25）くわしくは、前掲、暉峻「『東京教育大学文学部』に寄せて」を参照。

（26）「東・中欧における農業の移行と非集団化」［翻訳叢書　No.16］国際農林業協力協会、一九九三年。

XIII 農業・農協問題研究所の会員として

一九九二年四月に私が東亜大学大学院総合学術研究科の教員になった翌五月、農業・農協問題研究所（以下、農・農研）の理事長に就任した。初代理事長・吉田寛一（元・東北大学農学研究所所長）のあとを継いでの就任で、二〇〇三年度まで一二年間務めた。

農・農研が誕生したのは一九八四年。安全保障条約で結ばれていた日米の間の貿易摩擦が抜き差しならぬ状態になり、アメリカから日本の経済構造と農業、農政の転換を強く迫られ、農業と農協の前に危機が感じられた時期だった。

八三年にレーガン・中曽根両首脳が会談、両国の政官財の意向を踏まえて「日米諮問委員会」が設置され、八四年に農業を含む日本の経済構造と政策を日米経済摩擦の解消に向けて市場原理主義的に編成替えすることを求める共同の「報告書」が両首脳に提出された。それはアメリカ側の主張と要求に沿ったものだった。

新鋭重化学工業＝大企業を基軸とする六〇年代の日本の高度経済成長と輸出増加のもとで、七〇年代始め、ドルを基軸に各国通貨を固定相場に置くブレトン・ウッズ体制は崩壊して変動相場制に転換した。それ以降、ドル安、円高への移行にも関わらずアメリカの対日貿易赤字はさらに累積し、貿易摩擦は、繊維から電気機器、自動車へと拡大、熾烈化した。問題は為替相場以上に日本の輸出指向型経済構造とそれを支える経済政策、そして閉鎖的な農業保護政策にあるとアメリカは捉え、「外需（輸出）指向型」から「内需主導型」の経済構造への転換、農業の市場開放を強く求めた。

その要求に沿って日本は、「内需拡大」のために住宅やリゾート開発を中心に大々的な財政投融資を実施した。それは異常なバブルを生み、九〇年にはあえなくもバブルが崩壊した。巨額の不良債権を抱えた「住専」七社が経営破綻に陥り、政府は公的資金を大々的に投入して金融危機に対処せざるを得なかった。そのもとで、住専七社の借入残高一三兆円の実に四三％が系統農協資金であることが明るみにでた。それは農協の危機でもあった。

以後、膨れあがった財政赤字の「健全化」のために、市場原理主義的構造改革路線が推進され、日本は「失われた一〇年」、さらには「二〇年」と、長期の不況に苦しむことになる。

八四年の「報告書」は、日本の農業と農政のあるべき方向を次のように記した。㈠従来、日本の農政は「消費者と納税者の利益に反して」、「高コストで競争力のない農業システムを温存」してきた。日本は今後、市場原理に基づく「国際比較優位と特化に基づいて農産物貿易を拡大する政策を講じ」、食料自給に重点を置いた食料安全保障政策を見直し、輸入と備蓄を加味すべきだ。㈡以上の原則を踏まえ、ガット・ウルグアイ・ラウンドの早期の合意形成に努力する。ゆくゆくは基幹作物である米も自由化すべきであるが、当面は、牛肉と柑橘類、それらの調整品を自由化する。

このような「報告書」の基本線は、「前川レポート」（八六年四月）、「農政審議会答申」（八六年一一月）に忠実に受け継がれ、自民党政権下の政策として現実化されていくことになる。

六一年を起点とする「基本法農政」は、麦類や飼料穀（作）物は対米依存して国内生産を放棄しながらも、国民の基本食料である米の増産と自給、果樹作、畜産、蔬菜作を新たな成長部門として生産力の増進を目指すものだった。先の「報告書」はその進路を塞ぐものであり、日本の農業とそれを支える農協を危機に陥れるものだった。

このような危機的状況が生まれるもとで、農・農研は全国農業協同組合労働組合連合会（以下、「全農協労連」）の肝いりのもとで発足した。市場原理主義的潮流に抗して日本の農業と農協の自主的、民主的発展を求める研究者、農協の労働者や経営者、農協や生協などの団体の有志が、個人もしくは団体会員となって研究所の活動を財政的に支え、理論と実践の結合の理念のもとで調査・研究とその普及活動（農・農研『所報』の刊行や各種研究会の開催など）を行うこととなった。

農・農研が発足してからも、市場原理主義的潮流が強まるなかで、ＷＴＯをめぐる問題、市町村や農協の合併、自民党や民主党の政権のもとでの農政、ＦＴＡやＴＰＰ交渉参加問題、東日本大震災や福島第一原発事故など、日本の農業や農協を巡って放置できない問題が相次いで発生した。こういった問題を農・農研は各種研究会や『所報』などで随時とりあげてきた。

二〇一二年現在、個人会員は大凡三五〇人、団体会員は単位農協の合併などで減少傾向にあるが八〇団体ほどであり、全国レベルの活動のほか、都道府県ごと、もしくはいくつかの府県がまとまって地方支部を結成して地域独自の課題をくみ取る活動を行っている。

近年、日本農業の縮小再編が進むなかで、政府や農業団体による農業関連の研究活動に対する助成の打切りや削減が進み、農業関連の研究所や研究会の廃止や縮小、再編が進んでいる。そのようななかにあって、市場原理主義の潮流を危機として捉え、日本農業の自主的発展、協同組合の原点を踏まえた農協の発展をねがう研究者や労働者などの有志が農・農研の活動に自主的に結集し、今日まで三〇年近くに亘って種々の困難を克服しながら地道な活動を継続していることはユニークで貴重だといっていいだろう(27)。

私は農・農研の会員になって、日本の農業や農協の現状について憂いを同じくする研究者や農協の労働運動の活動家、農協経営者などと知りあい、交流し、活動を共にすることができたのは幸せだった。

実務をてきぱき処理する能力にも欠ける私だが、理事長を一二年もの間何とか大過なく務めることができたのは、理事の人びとの支えのほか、事務局長の井上和衛（明治大学）、事務局次長の平田啓、それに全農協労連の書記局員で、農・農研の事務局員をも勤めた山崎雅子の支えによるところが大きかった。

井上は教育大農学部農村経済学科の卒業生で、私の父が所長をしていた労働科学研究所の所員として長年農業労働問題の研究を行った。また、私にとって長年の良き共同研究者でもある。平田は東大農学部農業経済学科を卒業後、全国農協中央会に就職したが、農協労働組合の活動に情熱を注ぎ、長年全農協労連の書記局にあって、あるべき農協と農協労働者のために尽力してきた。創立以来三〇年近く農・農研が今日まで地道ながら活動を継続することができたのも、平田や山崎が裏方として実務を支え続けたことによるところが大きい。ただ、山崎が癌のため二〇〇二年若くして他界したことは返す返すも残念なことである。

また、教育大時代のゼミ生の何人かが農・農研の会員として活動に参加していること、そのなかでとくに田代洋一（前出）が私の理事長時代は理事や常任理事として、また私が理事長を辞めた後も二〇一〇年度から事務局長として研究所の運営に重要な役割を担っていることも心強いことである。

民主党・菅・野田政権に始まり、自民党・安倍政権に至ってますますTPP交渉参加への姿勢が強められるなかで、日本の農業と食料安全保障の危機が格段に深まろうとしている。研究所は二〇一四年、創立三〇周年を迎える。研究所の財政事情も厳しさを加えているが、政府が推進する市場原理主義と多国籍企業本位の経済成長政策を批判し、日本の経済と農業の再生の道を探求する研究所の活動が今後とも地道に継続することを期待したい。

注

（27）農・農研の設立の経過や活動について詳しくは、宮村光重「農業・農協問題研究所の一〇年」（農・農研所報『農業・農協問題研究』第14号、一九九五年四月、所収）、および、より詳しくは農・農研『農業・農協問題研究所二〇年の歩み』（文責：井上和衛事務局長）、二〇〇五年二月、を参照してほしい。

あとがき

定かには思いだせないが御茶の水書房の橋本盛作、黒川惠子さんからそろそろ「自分史」をまとめてはと勧められたのは、かなり以前のことだ。その時はまだその気になれずそのままになっていた。

ところが来目の一致するところ「暉峻もかなり高齢になった」ということなのだろう。最近になって森武麿（一橋大学名誉教授、『年報―日本現代史』編集委員）、新船海三郎（『季論21』編集委員）、栗原哲也（日本経済評論社社長）さんなどからも「自分史」とりまとめの勧めをうけた。気持ちも傾いてきて、少しずつそれに関連した論稿を書き綴っていった。[1]

これらの論稿をもとに、昨年から一気に本書の形に仕上げていった。自分の研究史と身辺雑記とを混ぜあわせたものになった。

このような本を刊行することに果たしてどれほどの意義があるかという思いもなくはないが、一世紀近くを生きた一人の人間、一人の研究者の記録として後世の人にとって何らかの参考になることがあれば幸いである。

井上和衛、牛山敬二、山中武士、田代洋一、庄司俊作さんは多忙のなか、この本の原稿を読んでいろいろ有益な助言をくださった。庄司さんは見落としがあっては、とゲラの校正まで手伝ってくださった。

また、出版事情が厳しいなか、井上、牛山、平田啓さんをはじめ五〇人の方が「呼びかけ人」になって関係のある方々へのこの本の普及のために力を貸してくださった。御茶の水書房社長の橋本盛作さんからもこの本の刊行のために多大のご高配をいただいた。

これら多くの方々の助言や援助のもとでこの本の公刊に漕ぎつけることができ心から感謝している。

注（1）

「同時代私史－前編」および同「後編」『評論』No.141、142　日本経済評論社　二〇〇四年二月、四月

「私にとってのマルクス」『季論21』創刊号　本の泉社　二〇〇八年二月

「學びの小道」（その1、その2）『年報－日本現代史』第14、15号　現代史料出版　二〇〇九年五月、二〇一〇年六月

二〇一三年九月二〇日

暉峻　衆三

マルクス経済学の現代的課題　全九巻・一〇冊　SGCIME編　各巻価格三一〇〇円

第Ⅰ集　グローバル資本主義

第一巻　グローバル資本主義と世界編成・国民国家システム

Ⅰ　世界経済の構造と動態

Ⅱ　国民国家システムの再編

第二巻　情報技術革命の射程

第三巻　グローバル資本主義と企業システムの変容

第四巻　グローバル資本主義と景気循環

第五巻　金融システムの変容と危機

第六巻　模索する社会の諸相

第Ⅱ集　現代資本主義の変容と経済学

第一巻　資本主義原理像の再構築

第二巻　現代資本主義の歴史的位相と段階論（**近刊**）

第三巻　現代マルクス経済学のフロンティア

御茶の水書房

著者紹介

暉峻衆三（てるおか　しゅうぞう）

わが農業問題研究《のうぎょうもんだいけんきゅう》の軌跡《きせき》——資本主義《しほんしゅぎ》から社会主義《しゃかいしゅぎ》への模索《もさく》——

2013年11月20日　第1版第1刷発行

著　　者——暉　峻　衆　三

発 行 者——橋　本　盛　作

発 行 所——株式会社 御茶の水書房

〒113-0033 東京都文京区本郷5-30-20

電話 03-5684-0751

Printed in Japan

組版・印刷／製本——株式会社タスプ

ISBN978-4-275-01052-0 C0036

人名索引

あ

Sarah Akamine　101, 102
青木紀　100
秋津那美子　113
安部公房　144
安倍晋三　19, 89
網野菊　164
有賀喜左衛門　232
阿利莫二　159
有馬頼寧　126
アレクサンドル二世　124
安藤宗七　137

い

飯島充男　100
家永三郎　224, 232, 241, 251
家永直太郎　242
石井和夫　196
石井十次　132, 133
磯田宏　100
磯野誠一　48, 232, 240
磯辺俊彦　176
井出一太郎　66
伊藤文吉　43
伊藤喜雄　70
稲垣泰彦　171
稲田正次　232, 233
井上和衛　256, 258
井野隆一　196
井原西鶴　128
入江勇起男　243
岩本純明　69

う

植木枝盛　242
上原信博　171
宇佐見繁　72, 100
潮見俊隆　171
牛山敬二　13, 39, 43, 69, 71, 100, 249, 258
内村鑑三　128
宇野弘蔵　129, 131, 140, 146, 165, 182, 184, 197, 238, 247
宇野忠義　100

え

エンゲルス　200
遠藤湘吉　200, 204, 247

お

近江谷左馬之介　248
大石嘉一郎　69, 180, 196
大内節子　166
大内力　12, 27, 28, 32, 35, 47, 67, 165, 166, 171, 179, 196, 200, 204, 213, 234, 247
大内秀明　196
大内兵衛　129, 146, 165, 166
大江志乃夫　232, 242
大門正克　69, 251
大木茂　251
大蔵公望　151
大崎平八郎　21
大島清　139, 196, 200, 232, 234, 236, 238, 247

大瀬令子　196
大橋新太郎　134
大原孫三郎　125, 128, 131, 132, 133, 135, 140, 142
岡田謙　232
小倉武一　187, 188
尾崎紅葉　134
尾竹紅吉　164
B．オバマ　160
小尾信弥　144

か

風早八十二　142
笠原義人　100
梶井功　70
楫西光速　196, 232
片山潜　133
加藤一郎　171
加瀬和俊　196
加藤幸三郎　13, 42, 71, 233, 249
加藤俊彦　32, 196, 200, 204, 234, 247
金沢夏樹　173, 174, 175, 176
兼常清佐　142
兼田麗子　139
蒲生美津子　148
川合一郎　43
河相一成　69
河上肇　141
河竹登志夫　144
川田信一郎　173, 174
川村英明　39, 249

き

菊池英樹　144
喜多克己　69
木下半治　232
木村剛輔　232
金原左門　39, 43, 233, 249

く

櫛田民蔵　129
栗原哲也　258
栗原百寿　29, 251
栗原るみ　100, 251
栗山淑子　169
久留間鮫造　129, 133

こ

小泉八雲　127
後藤光蔵　100
小牧近江　248
小峰和夫　13, 249
小山洋司　21, 113
近藤康男　27, 144, 145, 148, 164, 165, 180

さ

斎藤仁　176, 180
佐伯尚美　69, 196
堺利彦　132
坂根嘉弘　69, 72
阪本楠彦　159
向坂逸郎　248
桜井毅　196
桜井徳太郎　232
ヴェラ・ザスーリチ　121, 124

し

T・ジェファーソン　63
志賀直哉　163, 164
重富健一　196
柴垣和夫　196
渋谷定輔　142
清水卓　100, 249
清水洋二　70
庄司俊作　70, 249, 251, 258
聖徳太子　39

白川清　39
城山三郎　139
新船海三郎　258
新明正道　242

す

杉本秀太郎　148
杉山博　171
鈴木邦彦　161
鈴木鴻一郎　165, 200, 234, 247
鈴木敏正　100
ヨシフ・スターリン　121, 200

そ

徐勝　249, 250

た

高倉テル　169
高野岩三郎　126, 129, 139
高橋紘　161
高橋誠　43
武田隆夫　200, 204
竹中正夫　140
竹森正孝　21, 113
田代洋一　69, 95, 100, 249, 258
田中彰　233
田中學　70, 176
田中浩　232, 245
田中洋介　176
谷垣禎一　246
田畑保　100
田原総一郎　230
玉　真之介　70

つ

塚本哲人　171
津田秀夫　232, 234, 251

て

暉峻義等　125, 128, 139
暉峻衆三　25, 39, 70, 140, 196, 214, 251
暉峻はる　127
暉峻普瑞　126, 127, 128
暉峻文　137
暉峻瑞子　136
暉峻光浄　127
暉峻康隆　128
暉峻康民　128
暉峻康範　127, 128
暉峻淩三　136

と

東條英機　159
東畑喜美子　169
東畑四郎　57
東畑精一　165, 166, 169
徳川光圀　223
戸原四郎　180
富本一枝　164
富本憲吉　164
朝永振一郎　225
富山唯継　134
豊下楢彦　161
豊田隆　100

な

永井秀夫　204
中江百合　163
長坂聰　232, 245, 246
長塚節　10, 33, 36, 37, 78
中野卓　232
永原慶二　171, 176, 204, 205
中村政則　69, 248
夏目漱石　34

に

新山陽子 100
西口克己 142
西雅雄 132, 140
西山松之助 232
二宮尊徳 133

の

野田公夫 69

は

G. Balatchandirane 101, 102
アンドリュー・E・バーシェイ 196
唄孝一 171
間宏 232
橋本玲子 69
畠山英高 251
馬場宏二 196, 198
浜林正夫 232, 251
林浦 132
林源十郎 132, 133, 140
林茂 204
林健久 196
林宥一 13, 69, 249
林雄次郎 132, 133, 136
速水佑次郎 193
カール・バルト 174

ひ

東山千栄子 163
日高普 180
アドルフ・ヒトラー 174
旭爪あかね 251
平田啓 256, 258

ふ

R. Francks 103
福島正夫 204
福武直 171
福田平 232
福田信之 230
藤本武 142
古島敏雄 144, 145, 170, 171, 176

ほ

星野慎一 243
穂積重行 233
細川嘉六 39, 129
堀口健治 100

ま

前田正名 127
孫崎享 161
D・マッカーサー 62, 63, 65, 66, 159
松平頼元 223
松村謙三 57
松本三之介 48, 232
松元宏 69
的場徳造 172
カール・マルクス 117, 120, 121, 123, 200

み

三浦豊彦 139
三木清 169
三国英実 100
三瀦信邦 232
水本忠武 100
御園喜博 69
美濃部亮吉 232, 236
宮村光重 257
三輪知雄 226

め

Joan Maynard 11

も

毛沢東 200
森岡清美 232
森三郎 133
森武麿 70, 258
森戸辰男 129, 226
守友裕一 100

や

安田三郎 232
矢内原忠雄 165
山内武夫 159
山川均 131, 132, 133
山川振作 132
山崎雅子 256
山田盛太郎 27, 28, 31, 35, 67, 68, 141, 146, 165, 180, 181, 200, 209, 210, 213, 214
山田鋭夫 196
山中武士 21, 113, 249, 258
山本五十六 145

よ

与謝野晶子 135
吉田寛一 253
吉田久平 43
吉田茂 65

れ

ウラジミール・レーニン 200

わ

Ann Waswo 101
和歌森太郎 232
渡辺洋三 66, 159, 171
綿貫芳源 232
和田博雄 57, 65

暉峻衆三経歴

1) 1924(大正13)年	6月26日	岡山県倉敷市において父・義等、母・文の次男として生まれる。 父は倉敷労働科学研究所勤務。
2) 1931(昭和6)年	4月	倉敷尋常小学校入学(同年「満州事変」起こる)。
3) 1937(昭和12)年	1月	父の研究所、日本労働科学研究所として東京に移転したのに伴って上京。
4) 1937(昭和12)年	3月	倉敷尋常小学校卒業。
5) 1937(昭和12)年	4月	成城高等学校尋常科入学(同年、日中戦争起こる)。
6) 1941(昭和16)年	4月	成城高等学校理科乙類入学(同年、太平洋戦争起こる)。
7) 1943(昭和18)年	10月	成城高等学校を2年半の短縮就学で1943年9月末卒業。
	同年10月、	東京帝国大学農学部農業経済学科入学。
8) 1945(昭和20)年	1月4日	大学在学中、陸軍経理学校(東京・小平)に特別甲種幹部候補生(陸軍伍長)として入隊。
	8月6日	原爆投下の日、東京から広島へむけ出発を命ぜられる。
	8月12日	早朝、広島着。原爆の惨状を眼のあたりにする。
	9月6日	後年、9月6日「帰休除隊」の書類上の処理がされていることを知る。しかし、当時、本人には伝達されず、その後も部隊に留め置かれ、下旬に「脱走」。
	12月下旬	大学に復学手続き。
9) 1947(昭和22)年	3月	東京帝国大学卒業。卒業とともに大学院進学。
	48年4月、	大学院特別研究生となる。
10) 1951(昭和26)年	7月	大学院を中途退学して、東京大学社会科学研究所研究員となる。
11) 1953(昭和28)年	4月	東京教育大学文学部助教授となる。社会科学科経済学研究室所属。 学部・大学院で農業経済論を担当。

12) 1954(昭和29)年	5月	栗山淑子と結婚。
13) 1963(昭和38)～78(昭和53)年、		東京教育大学の筑波移転、筑波大学法案をめぐり大学紛争激化。78年3月、東京教育大学廃学。
14) 1978(昭和53)年	4月	東京教育大学廃学とともに、同年4月創設の信州大学経済学部に配置換え。 日本経済史を担当。
15) 1983(昭和58)年	10月	宇都宮大学農学部に配置換え。農業経済学科所属。学部・大学院で農政学を担当。
16) 1984(昭和59)年		農学博士学位授与(東京大学)。
17) 1990(平成2)年	3月	宇都宮大学を定年退官。
18) 1992(平成4)年	4月	東亜大学大学院総合学術研究科教授となる。開発経済学を担当。
19) 1992(平成4)年	5月	農業・農協問題研究所理事長に就任。
20) 1998(平成10)年	3月	東亜大学大学院を定年退職。
21) 1998年	4月	「市民フォーラム2001」の理事に就任(同「フォーラム」、2001年に解散のため辞任)。
22) 2004年	6月	農業・農協問題研究所理事長退任。同研究所特別会員に。

大学院での担当講義

農業経済論	東京教育大学文学研究科	(1953～77年度)
農業政策論	東北大学農学研究科	(1963、76年度)
	東京大学農学研究科	(1973年度)
	名古屋大学農学研究科	(1973年度)
	九州大学農学研究科	(1973年度)
	宇都宮大学農学研究科	(1983～89年度)
	東京農工大学連合農学研究科	(1985～89年度)
	明治大学大学院農学研究科	(1990年度、特別講義)
日本経済史	一橋大学経済学研究科	(1977～80年度)
開発経済学	東亜大学大学院総合学術研究科 アジア開発経済専攻	(1992～97年度)

学部での担当講義

農業経済論	東京教育大学文学部	(1953～77年度)
農業政策論	弘前大学農学部	(1978、79、81、83年度)
	宇都宮大学農学部	(1983～89年度)
	立教大学経済学部	(1984年度)
	琉球大学農学部	(1987年度)
	大分大学経済学部	(1991年度)
	金沢大学経済学部	(1991年度特別講演「現代世界と農業問題」)
	金沢大学経済学部	(1992、96年度)
日本経済史	信州大学経済学部	(1978～82年度)
	宇都宮大学農学部	(1989年度)
経済史概説	日本女子大学家政学部	(1992年度)
経済学	宇都宮大学農学部	(1989年度)

その他

現代日本経済論	農水省農業者大学校	(1975～84年度、うち82年度のみ休講)
日本経済と農業・食料問題	世田谷市民大学	(1996年4月12日～7月19日)
ユーゴスラビア社会主義論	農水省農業総合研究所	(1991年定例研究会)

所属学会・研究所と役職

日本農業経済学会
土地制度史学会(2002年「政治経済学・経済史学会」に名称変更)
農業問題研究学会(2008年度退会)
日本農業経済学会理事(1974[昭和49]年～1975[昭和50]年)
土地制度史学会理事(1977[昭和52]年～1990[平成2]年、以後、評議員)
日本経済学会連合理事(1984[昭和59]年～1987[昭和62]年)
日本農業経済学会副会長(1984[昭和59]年～1985[昭和60]年)
日本農業経済学会名誉会員(1985[昭和60]年～)
農業・農協問題研究所理事長(1992[平成4]年～2004[平成16]年)

農業・農協問題研究所特別会員(2004(平成16)年～)
学術審議会専門委員(1969年2月1日 ～70年12月31日、1978年2月1日 ～80年1月31日、1985年2月1日～87年1月31日)

外国出張

期　間	目的・訪問国・同行者など
1974年3月30日～75年3月29日	文部省在外研究員(長期)としてSheffield大学(イギリス)、旧ソ連邦科学アカデミー・東洋学研究所を中心に各国訪問 訪問国:イギリス、旧ソ連邦、スイス、フランス、イタリア、オーストリア、アメリカ、ポーランド、ハンガリー、ルーマニア、旧ユーゴスラビア
1979年8月19日～11月1日	旧ソ連邦科学アカデミー・東洋学研究所および旧ユーゴスラビア 国際文化科学協力庁の招聘により両国の農業事情調査研究。
1982年10月9日～10月23日	旧ユーゴスラビア訪問。国際農林業協力協会(AICAF)の委託研究により「ユーゴスラビアにおける農業機械化の現状」の調査研究のため。
1984年5月8日～7月5日	旧ユーゴスラビア労働組合同盟連邦評議会、自主管理理論・実践中央センター(通称カルデリ研究所)、マケドニア共和国労働組合同盟評議会、スロヴェニア共和国科学技術教育文化協力局などの招聘により、旧ユーゴスラビア連邦各共和国の自主管理システムの政治・経済・農業の実態についての調査・研究。 訪問国:旧ユーゴスラビア、旧ドイツ連邦共和国、フランス 同行者:暉峻のほか小山洋司(新潟大学)、竹森正孝(東京都立商科短大、のち岐阜大学)、秋津那美子(ユーゴスラビア問題研究)
1986年8月15日～10月10日	旧ユーゴスラビア訪問。文部省海外学術調査研究「ユーゴスラビアの職場・地域・農村における自主管理のメカニズムに関する実証的研究」のため。 同行者:同上4人に山中武士(埼玉県立高校)加わる
1988年9月17日～9月30日	中華人民共和国国際文化交流センターの招聘により中華人民共和国訪問。中国農業事情、北京・天津・上海の近郊農村の調査研究、天津社会科学院で講義

1989年5月14日～ 5月29日	旧ソ連邦科学アカデミー・東洋学研究所の招聘により旧ソ連邦訪問。 同研究所日本研究センターでの日本経済についての講義、および旧ソ連邦農業事情および旧ロシア共和国プスコフ州（ラトビア共和国との国境沿い地域）の農村の調査研究（とくに個人農誕生状況について）
1991年1月20日～ 2月12日	アメリカ合衆国カリフォルニア州の農業事情視察・調査研究のためアメリカ合衆国訪問。精米業者、家族経営を守る運動関係者の訪問調査、鯨岡辰馬（在米）に水田地帯・水利施設および国府田農場を案内してもらう。Davisでは村上明範（信州大、カリフォルニア大学Davis校留学中）同行。
1992年8月25日～ 9月13日	イギリスおよびアイルランド訪問。両国の農業、農業経営、農業労働者、ナショナル・トラストの実態調査のため。オックスフォードシァー、北ヨークシァー、バーミンガムシァー、ダブリン、ウオターフォードなど南部アイルランドを訪問。 日本から井上和衛（明治大学）、後藤光蔵（武蔵大学）同行。現地で留学中の北出俊昭（明治大学）、田中学（東京大学）、および田代洋一（横浜国大）も現地調査に同行。
同年9月13日～ 10月13日	同上に引き続き、ロシア科学アカデミー・東洋学研究所の招聘によりイギリスからロシア連邦共和国（モスクワ）訪問。 同アカデミー・日本研究センターでの講義とプスコフ州農村地域の個人農追跡調査、およびモスクワから60キロ離れたパダリスク地域の個人農民経営調査。
1993年6月1日～ 6月12日	大韓民国訪問。暉峻［編］『日本農業史』（有斐閣）が同国・江原大学校教授・全聖雲によりハングルに翻訳刊行されたのを機会に、同教授の招きによる。訪問の機会に日韓農業問題につき韓国研究者と意見交換。ソウルとその周辺、水原、全州、江原道などを訪問、農村調査。 同上編書の共同執筆者である加藤幸三郎（専修大学）、庄司俊作（同志社大学）も日本から同行、加藤光一（当時、北海学園大学、のち信州大）も現地で合流。
1994年9月2日～ 9月23日	フランスおよびイタリア訪問。両国の農業事情についての調査研究のため。 日本から井上和衛、田代洋一が同行。

フランス：ディジョンにある国立農業研究所（INRA）の研究者らとの研究交流、およびブルゴーニュ地方の農家をGAEC（「共同農業経営グループ」）を中心に訪問、調査。
フランスでは津守英夫（留学中、明治大）、小倉尚子が同行。同国Autun在住の小倉にオータン周辺の農村、農家を案内してもらう。
イタリア：中村政則（一橋大学）と合流。ミラノの東Placenza市にあるSacroCuoreカトリック大学農学部が今回の調査研究をアレンジしてくれる。同農学部で、農業問題研究者との研究交流、およびロンバルディア地方Operaの稲作・酪農経営訪問。Corrado Molteni（ミラノ、ボッコーニ商科大学,日本問題研究）が農村を案内、通訳してくれる。

1995年3月11日～3月20日　ノルウェー、オランダ、スウェーデンを訪問。
「持続可能な農業および農村開発のための第3回「国際シンポジウム」（ノルウェー・レロス（Reros））への出席、およびノルウェー、オランダの農村訪問、調査のため。
伊庭みか子（「安全な食と環境を考えるネットワーク」）、新井秀子（「世界自然保護基金日本委員会」）も同行。

1995年9月18日～10月1日　農村開発企画委員会からの委託「イギリスにおける耕地直接補償制度に関する実態調査研究」をうけた井上和衛に同行。ノーフォーク、ウスター地域の官公署および農村訪問、あわせてナショナル・トラストの農村政策および同地域内の農場調査。

1996年9月11日～9月28日　イギリスとフランス訪問。イギリスでは在外研究中の井上和衛と岩本純明（東京大学）と行動を共にする。イギリスではDr. Ann Waswo（Oxford Univ.）、G.Healy（Sheffield Univ.）などを訪問、懇談。
またフランスでは在外研究中の清水卓（駒沢大学）と上記3人が合流、清水の案内でINRA（国立農業研究所）の研究員と会い、フランスの農業問題について意見を聴き、清水の運転する車でフランス農村地域を旅する。

1997年6月15日～6月28日　ユーゴスラビア、ドイツ訪問（淑子に同行）。ユーゴでは難民施設を訪問、支援活動を行う。ドイツではベルリンで知人宅など訪問、旧東ドイツの農場訪問のほか、フランクフルト、かつて両親が滞在したハイデルベルク、さらにアウグスブル

ク、ローテンブルク、フュッセンなどロマンチック街道沿いにバスの旅をする。

1998年5月14日～5月21日　スイス・ジュネーブ訪問。世界貿易機関（WTO）閣僚会議・GATT50周年記念国際会議に合わせて開かれた世界のWTO関係のNGOの会議出席のため。佐久間智子（「市民フォーラム2001」）と同行。WTO関連の諸会議を傍聴。観光一切なしの旅。クリントンとカストロの演説を興味深く聞く。

1998年9月8日～9月17日　アメリカ合衆国訪問。農業・農協問題研究所の企画により（コーディネーター・伊庭みか子）会員10数名で、アメリカ国務省、農業・農民団体関係者、大学・研究機関の研究者らに会い、アメリカの農業・農政問題について聴き取り調査・研究を行う。

2000年4月29日～5月6日　大韓民国訪問。農業・農協問題研究所の企画により（コーディネーター・伊庭みか子）、会員10数名で、同国におけるWTO、農業・農政問題の調査・研究を行う。前記江原大学校でWTOをめぐるシンポジウム開催（全雲聖教授の斡旋）、さらに同国の農務長官、農協中央会役職員などから意見を聴き、懇談。現地農村の視察も行った。

2000年9月23日～10月4日　金沢夏樹を団長に斎籐仁（東京農大）、磯辺俊彦（同）、陳仁端（日大）、田中　学（東大）、田中洋介（筑波大）とともに中華人民共和国へ。南京農業大学経済貿易学院で2日間、WTO、中国の農業、農法、経営問題につきシンポジウム（日中双方から報告、討論）。稲作を中心に江蘇省江南地域の農村視察。

2001年9月1日～9月21日　中野一新（京大）、清水　卓、石月義訓（明治大）とともにフランス農村調査。ノルマンディ、ゲランド塩田地帯、パリ盆地の大規模農場、山岳地帯オーベルニュの畜産を中心とする農業経営の調査を行う。シャルトルで「世界同時多発テロ」（9・11）の衝撃的報道に接する。

2003年8月20日～9月3日　井上和衛夫妻と淑子と4人でアイルランドを訪問。ダブリン、および西側海岸線を旅行。エニス（Ennis）で赤嶺セーラ夫妻と会い、『日本の農業150年』の英文翻訳等についての打ち合わせ、翻訳を継続、完成させて欲しい旨依頼、了承を得る。

赤嶺夫妻作成のスケデュールにより、ゴールウェー、アラン島から海岸線を南下、ケリー半島一周のドライブ（井上運転）

の旅を楽しむ。

2005年10月1日～10月10日　「イギリス・スコットランドの条件不利地域における畜産経営と持続可能な地域社会構築に関する調査」を井上和衛が中央畜産会から受託（主査井上）、その調査に同行。中央畜産会から篠原総一郎も同行。小山善彦（当時、バーミンガム大学）も現地コーディネーター兼通訳として参加。

2007年10月4日～10月14日　インド訪問。英文編書“Agriculture in the Modernization of Japan1850~2000”Manohar Publishers, India, 2008、の出版に関連して、斡旋の労をとってくれたDelhi大学のProf.G.BalatchandiraneおよびManohar社への挨拶を行い、あわせてDelhiからそう遠くない農村を訪問し、観光も行った。

G.Balatchandiraneは、つきっきりで世話してくれ、大学付属のInternational Guesthouseに宿泊しながら、そこを拠点にAgra、Jaipur、農村訪問にでかけた。

共同執筆者の加藤幸三郎、牛山敬二、それに淑子も同行。

2009年8月21日～9月2日　ロシア・モスクワ訪問。淑子同行。イリーナ・ティホーツカヤ（モスクワ大学教授）の招きによる。イリーナのマンションの隣家の部屋を借り、150km.離れた彼女の別荘（Dacha）にも行って宿泊。モスクワの美術館、近郊の貴族邸宅、チャイコフスキーの家などを訪れ楽しむ。

2011年10月17日～10月27日　中国訪問。『日本の農業150年』の中国語版出版の機会に関係者への挨拶を兼ねて。共同執筆者である加藤幸三郎、牛山敬二同行。上海からバスで江蘇省開弦弓村へ。同村で継続中の農村調査（北海道大学・坂下明彦、朴紅による）に同行。

南京では『日本の農業150年』の中国語版翻訳の中心になった南京農業大学教授・胡浩ら4人の教授と会って挨拶、懇談。さらに新幹線で北京に行き、「前書き」を執筆してくれた国務院参事・農業部農村経済研究中心研究員（2012年当時）・劉志仁らに会い挨拶。

暉峻衆三著作目録

単　著

『日本農業問題の展開』上　　東京大学出版会　1970年
『日本農業問題の展開』下　　東京大学出版会　1984年
『日本資本主義の食と農　軌跡と課題』（筑波書房ブックレット、「暮らしのなかの食と農51」）筑波書房　2011年
『わが農業問題研究の軌跡―資本主義から社会主義への模索―』御茶の水書房　2013年

共編著

『農民組合と農地改革』（古島敏雄、的場徳造と共著）　東京大学出版会　1956年
『地主制と米騒動』（編）　東京大学出版会　1958年
『資本主義と農業問題』（編）　全国農協中央会　1959年
『時期別格差と農業構造』（『日本の農業―あすへの歩み12―』伊藤喜雄　川村英明と共著）　農政調査委員会　1962年
『戦後日本の農業と農民』（井野隆一、重富健一と共編著）　新評論　1968年
『国家独占資本主義と農業』上・下（井野隆一、重富健一と共編著）大月書店　1971年
『政治革新と世界の農業問題』（編著）　大月書店　1974年
『日本農業の理論と政策』（東井正美、常盤政治と共編著）　ミネルヴァ書房　1980年
『日本農業史―資本主義の展開と農業問題―』（編）　有斐閣　1981年
『ユーゴスラビアの農業』（山中武士と共著、ソ連・東欧圏農業調査研究シリーズ、No.5）　国際農林業協力協会　1981年
『現代日本の農業問題』（久野重明、東井正美と共編）　ミネルヴァ書房　1982年
『講座　今日の日本資本主義8　日本資本主義と農業』（中野一新と共編著）　大月書店　1982年
『農地改革論Ⅰ』（昭和後期農業問題論集）（編）　農山漁村文化協会　1985年
『農地改革論Ⅱ』（昭和後期農業問題論集）（編）　農山漁村文化協会　1986年
『現代日本農業論』（東井正美、常盤政治、久野重明と共編著）　ミネルヴァ書房

1986年
『現代日本経済の構造と政策』(清山卓郎と共編著)　　ミネルヴァ書房　1989年
『日本資本主義と農業保護政策』(編著)　　御茶の水書房　1990年
『ユーゴ社会主義の実像』(小山洋司、竹森正孝、山中武士と共著)　　リベルタ出版　1990年
『日本農業経済史』(『日本農業史』の大韓民国・江原大学校教授・全雲聖によるハングル訳)　　江原大学校出版部　1991年
『日本経済と農業問題』(東井正美、常盤政治、久野重明と共著)　　ミネルヴァ書房　1991年
『現代資本主義と食糧・農業』上(井野隆一、重富健一、宮村光重と共編著)　　大月書店　1995年
『日本農業100年のあゆみ』(編)　　有斐閣　1996年
『日本の農業150年　1850～2000年』(編)　　有斐閣　2003年
同上ハングル版、前掲、江原大学校教授・全雲聖訳　　hanul社　2004年
同上中国語版、南京農業大学教授・胡浩他6教授の訳、中華人民共和国・国務院参事・劉志仁氏「前書き」　中国農業大学出版社　2011年
"Agriculture in the Modernization of Japan 1850-2000" (Editor) Manohar (India). 2008年

翻訳書

『東・中欧における農業の移行と非集団化』Karen M. Brooks [World Bank]: Decollectivization and the Agricaltural Transition in East Central Europe, 旭爪あかねと共訳)〔翻訳叢書No.16〕　　国際農林業協力協会　1993年

論　文

注：以下、論稿を列挙する際の簡略化のため、あらかじめ次の諸点を記しておく。
『歴史学研究』：歴史学研究会編集、青木書店
『歴史評論』：歴史科学協議会編集、校倉書房
『経済』、『季刊　科学と思想』：新日本出版社
『経済評論』、『経済セミナー』：日本評論(新)社
『社会科学研究』：東京大学社会科学研究所紀要、同研究所編集・発行
『農業経済研究』：日本農業経済学会編集、岩波書店発売
『農業・農協問題研究』：農業・農協問題研究所所報

『農業と農協』：農業・農協問題研究所情報誌
『農業協同組合』：全国農業協同組合中央会
『農業と経済』：富民協会／（毎日新聞社）
『農林水産図書資料月報』：農林水産省図書館編集

(1) 歴史分析

「地主の寄生的性格の完成」（古島敏雄編『寄生地主制の生成と展開』第3章第1～3節）　岩波書店　1952年
「地租改正における地価算定をめぐる問題」（宇野弘蔵編『地租改正の研究』下巻、所収）　東京大学出版会　1958年
「第四国立銀行」（加藤俊彦、大内力編著『国立銀行の研究』第2章）　勁草書房　1963年
「独占段階への移行期における日本の農業問題」（嘉治真三編『独占資本の研究』、所収）　東京大学出版会　1963年
「最近の地租改正研究の成果をめぐって」（『歴史学研究』No.280）　1963年9月
「独占段階における日本の農業問題」（一）（東京教育大学『社会科学論集』第11号）　1964年3月
「独占段階における日本の農業問題」（二）（東京教育大学『社会科学論集』第12号）　1965年3月
「明治20～30年代の農業問題」（東京教育大学『社会科学論集』第13号）　1966年3月
「資本主義の発達」「日本資本主義の発達」（大島清編『経済学』第1章第1節、第4章第1節）　東京大学出版会　1966年
「明治維新期の農業問題」（稲田正次編『明治国家形成過程の研究』、所収）　御茶の水書房　1966年
'Japanese Capitalism and its Agricultural Problems-Culminating in the Rice Riots' (The Developing Economies Vol.IV No.4 Special Issue The Modernization of Japan II) THE INSTITUTE OF ASIAN ECONOMIC AFFAIRS, TOKYO, JAPAN　1966年12月
「大正期の農業問題」（川合一郎、高橋誠他編『講座日本資本主義発達史』II「第1次世界大戦前後」、第5章）　日本評論社　1968年
「土地所有の半封建的性格」（鈴木鴻一郎編『マルクス経済学の研究』下、所収）　東京大学出版会　1968年
「米価調節」（『エコノミスト』1968年3月12日号、のち家永三郎、井上清編『近代日本の争点』下　毎日新聞社　1968年に収録）
「大正期の農業問題と農民意識」（『日本人の近代意識形成過程における伝統的契機と西欧的契機』特定研究、唐沢富太郎代表、「日本の近代化」、所収）　1968

年3月
「日本農業の『近代化』」(『日本人の近代意識形成過程における伝統的契機と西欧的契機』特定研究、唐沢富太郎代表、「日本の近代化」、所収)　1969年3月
「昭和恐慌と日本農業—農業・農家・農村解体の『危機』—」(大内　力、加藤俊彦、三潴信邦編『世界経済と日本経済』、所収)　東京大学出版会　1973年
「昭和恐慌期の農業問題」(一)(東京教育大学『社会科学論集』第21号)　1974年
「地主制」(石井寛治、海野福寿、中村政則編『近代日本経済史を学ぶ』上，所収)　有斐閣　1977年
「昭和恐慌と地主・ファシズム」(大内力教授還暦記念論文集『マルクス経済学—理論と実証—』、所収)　東京大学出版会　1978年
「戦時農地政策の展開」(『一橋論叢』第80巻第5号、一橋大学一橋学会編集)　1978年11月
「皇国農村確立と自作農創設政策」(『一橋論叢』第82巻第5号)　1979年11月
「昭和恐慌・戦時体制下の地主的土地所有」(土地制度史学会『資本と土地所有』、所収)　農林統計協会　1979年
「昭和恐慌期の農村対策」(関西大学『経済論集』第31巻第2号、のち東井正美編『現代日本農業経済論』　富民協会　1981年に収録)　1981年9月
「昭和恐慌期の農民運動」(磯野誠一、松本三之介、田中浩編『社会変動と法—法学と歴史学の接点—』、所収)　勁草書房　1981年9月
「農地改革　地主制の終焉と自作農体制」(袖井林二郎、竹前栄治編『戦後日本の原点』下、所収、岩本純明との対談)　悠思社　1992年7月
「『戦前期』日本農業問題の方法—玉真之介君の批判と所説によせて—」(梶井功編著『農業問題　その外延と内包』、所収)　農文協　1997年9月
「戦時農地政策の展開」(武田晴人・中林真幸編『展望　日本歴史　18　近代の経済構造』、前掲『一橋論叢』80巻5号収録の論文を転載)　東京堂出版　2000年5月

(2) 理論・現状分析(抜粋)

「カウツキーの生涯と学説　学と人」(『農業と経済』第15巻第12号)　富民協会　1949年
「農産物価格形成と農家経済」(『農業経済研究』第22巻第2号)　岩波書店　1950年
「農産物価格論」(近藤康男編『農業経済研究入門』第3章第4節)　東京大学出版会　1954年
「農業経済」(『農業図説体系』所収)　中山書店　1954年

「個別調査の基本的項目」「農業生産の構造」（古島敏雄、福武直編『農村調査研究入門』第2章第3節、第4章第1節）　東京大学出版会　1955年
「各階層の経済的基盤」「地主小作関係」「各階層の調査」（磯田進編『村落構造の研究　徳島県木屋平村』第1章第2節二～四）　東京大学出版会　1955年
「農民諸階層と施肥」（東京教育大学『社会科学論集』第2号）　1955年
「マルクス経済学における農産物価格論の若干の問題点」（『農業経済研究』第29巻第3号）　岩波書店　1957年
「農産物価格論における若干の問題点」（玉城肇、末永茂喜、鈴木鴻一郎編『マルクス経済学体系』下、所収。のち『昭和後期農業問題論集II　農産物価格論』農山漁村文化協会　1982年5月に収録）　岩波書店　1957年
「農産物価格と労賃」（『農業協同組合』第4巻7号）　全国農業協同組合中央会　1958年
「戦後農政の基調と商業的農業」（阪本楠彦と共同執筆、戦後農林行政研究会（代表　加藤一郎）『戦後農林行政の展開過程に関する研究I』（タイプ印刷）、のち農林省農林経済局『農業経済研究論集』第7号、1961年に転載）　1959年
「農産物価格の特質と動向」（『経済セミナー』No.51）　日本評論社　1960年12月
「農産物価格と農家経済の動向」（戦後農林行政研究会（代表・加藤一郎）『戦後農林行政の展開過程に関する研究II』そのIIの3、所収）（タイプ印刷）　1960年
「戦後の日本農政を動かすもの」（全農林労働組合『農村と都市をむすぶ』第10巻第3号）　1960年3月
「農産物価格と農政のゆくえ」（『農村と都市をむすぶ』第11巻第4号）　1961年4月
「山形県東郷村」（大内力と共同執筆、宇野弘蔵編『戦後農村経済の実態』、所収）　東京大学出版会　1961年
「米価問題をめぐる農協の農政活動と農民運動」（『戦後農林行政史の研究』、そのIIの4、所収）戦後農林行政研究会（代表・加藤一郎）（タイプ印刷）　1961年
「戦後農政のあゆみ」（『自治研修』30）　自治大学校　1961年
「高度成長下の農民分解と農政」（『経済評論』第11巻第13号）　日本評論社　1962年12月
「農業問題」（『経済セミナー』No.85）　日本評論社　1963年8月
「最近における農政の展開」（『石川県農政の構造と展開』）戦後農林行政研究会（代表・加藤一郎）（タイプ印刷）　1964年
「農産物価格政策の展開と当面する問題」（『食料騰貴　日本農業年報XIII』、所収）　御茶の水書房　1964年
「戦後における農産物価格政策の展開」（『経済』第9号）　1964年6月
「戦後農政理念の展開―くずれゆく自作農主義―」（『エコノミスト』第42巻34号）

毎日新聞社　1964年8月18日
「米価値上げの意味するもの」(『国民生活研究』Vo4. No1)　国民生活研究所　1965年1月
「農地報償法」(『経済セミナー』No.108、)　日本評論社　1965年6月
「基本的認識を欠く農業白書」(『エコノミスト』第44巻第7号)　毎日新聞社　1966年2月17日
「農産物価格論」(近藤康男編『農業経済研究入門　新版』第3章2節)　東京大学出版会　1966年
「農業をめぐる諸問題」(美濃部亮吉編『日本経済入門』V)　有斐閣　1967年、第2版　1974年、第3版　1982年
「農産物価格政策の理念と現実」(加藤一郎、阪本楠彦編『日本農政の展開過程』第1編第4章)　東京大学出版会　1967年
「いまの農村がかかえている問題」(『経済』No.59)　1969年3月
「農業問題」(―経済学のすすめ―『経済』No.85)　1971年5月
「農業問題」(―マルクス経済学入門―『経済セミナー』臨時増刊No.201)　日本評論社　1972年4月
「農地改革の軌跡」(一)(二)(三)(全農林労働組合『農村と都市をむすぶ』No.269、No.270、No.271)　1973年10～12月
「農地相続に関する問題　総説―資本主義と農民層分解―」(講座『家族　5　相続と継承』、所収)　弘文堂　1974年
「占領政策と農地改革―占領初期における―」(古島敏雄編『産業構造変革下における稲作の構造I　理論編』、所収)　東京大学出版会　1975年
「農地改革」(『昭和の戦後史1　占領と再生』、所収)　汐文社　1976年
「労農同盟と現代」(上)(中)(下)(『科学と思想』No.21、No.22、No.23)　1976年7月、10月、1977年1月
「価格政策の現状と課題」(日本科学者会議『日本の食糧問題』上、所収)　大月書店　1978年
「日本農業の危機と再建の道」(『経済』No.195)　1980年7月
「日本の食糧問題　どうとらえるか」(『用水と営農』第8巻第9号)　日本イリゲーションクラブ　1980年9月
'Land Reform and Japanese Capitalism'
("Japanese Capitalism since 1945:Critical Perspectives" Edited by Dr.Tessa Morris-Suzuki and Seiyama Takuro) M.E.Sharpe, Inc.Armonk New York, U.S.A., London,England, Dec.1989
「農業存立の現代的意義」(『農業・農協問題研究』第10号)　1991年5月

「現代資本主義と先進国農業　日本・アメリカ・EC基軸国」(『季刊　科学と思想』No.84)　1992年4月
「基本法農政30年と日本農業の危機」(『農業と農協』通巻第27号)
「寄稿　第二回社研シンポジウム雑感」(『社会科学研究』第44巻第1号)　1992年8月
「世界経済の動きと日本農政転換の意味—日本農業再建のみちすじとかかわって」(『労農のなかま』第30巻第4号)　全農協労連　1993年4月
「激動する世界経済と日本農業の進路」(『農業と農協』通巻第31号)　1993年11月15日
「研究所設立10周年によせて」(『農業と農協』通巻第33号)　1994年7月
「設立10周年記念特集号の発行にあたって」「今日の情勢と協同の意義」(農業・農協問題研究所設立10周年記念シンポジウム「いまの時代と協同」での報告、『農業・農協問題研究』第14号)　1995年4月
「世界農業に影落とす巨大な少数者」(「連載」岐路にたつ世界の食糧⑥『前衛』No.664)　日本共産党中央委員会　1995年10月
「多国籍企業と農業、そして労働者」(『経済』No.7)　1996年4月
「家族農業と法人化問題に関する調査研究——まえがき」、同調査研究「V　アメリカの州における、外国人や企業(ビジネス)による土地所有の制限——資料紹介」(『農業・農協問題研究』第17号)　1997年3月
「新農基法に求められるもの」・「まえがき—特集にあたって」(『農業・農協問題研究』第20号)　1998年6月
「WTO農業協定をめぐる政治力学」(『農業・農協問題研究』第21号)　1999年4月
「戦後日本の食と農政」(学芸総合誌・季刊『環』Vol.16/2004 Winter、特集「「食」とは何か」)　藤原書店　2004年1月
「二兎を追う農政の行方」(巻頭言)(『農業・農協問題研究』第36号)　2007年1月
「飢餓と飽食　危うい日本の食糧安全保障」(家庭栄養研究会編『食と平和』所収)　食べもの通信社　2009年6月16日
「日本の食料安全保障問題をどうとらえるか」(巻頭言)(『中小商工業研究』第105号、2010.10(秋季))全商連付属・中小商工業研究所　2010年10月
「日本経済と農業に異変が」(『農業・農協問題研究』第50号)　2012年11月

(3) 海外・社会主義農業分析

「イギリス農業労働者の大会」(『経済』No.125)　1974年9月
「ソ連・東欧諸国の旅」(『経済』No.135)　1975年7月
「ユーゴスラビアの経済と農業」(上)、(下)(『経済』No.140、143)　1975年12月、

1976年3月
「ユーゴスラビアの農業問題」(上)、(下)(全農林労働組合『農村と都市をむすぶ』)
1977年6月、7月
「ユーゴスラビアの農業—日本と対比して—」(『国際農林業協力』AICAF Vol. 2 No.4)
国際農林業協力協会　1980年2月
「ユーゴスラビア農業と農工複合体」(『アジア経済』第21巻第8号)　アジア経済研究所　1980年8月(のち大崎平八郎編著『現代社会主義の農業問題』第14章、「ユーゴスラビアの農業」ミネルヴァ書房　1981年、に加筆のうえ収録)
「ユーゴスラビアの『外貨危機』」(「世界と日本」『経済』No.225)　1983年1月
「ユーゴスラビアの農産物価格政策」(『ソ連・東欧諸国の農産物価格政策』、所収)
国際農林業協力協会　1984年3月
「ユーゴスラビアの個人農」(『農業構造問題研究』No.142)　食料・農業政策研究センター　1984年10～12月
「ユーゴスラビアにおける最近の農地問題と農地政策」(ドブロニッチ・山中武士編訳「農地法による農地の保護」の解題、『国際農林業協力』Vol.7 No.4)　国際農林業協力協会　1985年3月
「ユーゴスラビア農業の現局面と農業政策」(『季刊　科学と思想』No.56)　1985年4月
「ユーゴスラビア農業の現状と改革の努力」(『経済』No.274)　1987年2月
「ユーゴスラビアにおける農民経営の構造」(『ソ連・東欧5カ国の食糧、農業問題および当面の農政上の課題』、所収)　国際農林業協力協会　1988年3月
「ユーゴスラビアの農業」(『国際農林業協力』Vol.11 No.1、2合併号)　1988年7月
「ペレストロイカの先達　自主管理社会主義の農業と農政」(「世界の農政はいま」『現代農業』)　農文協　1989年7月増刊号
「農業ペレストロイカの実際」(『経済』No.304)　1989年8月
「現存社会主義とユーゴ経済について(ソ連・東欧経済改革—私はこう見る)」(『経済』No.312)　1990年4月
「ユーゴスラビア農業の生産性」(『ソ連・東欧の農業』Vol.2. No.1)　国際農林業協力協会　1990年6月
「現代資本主義と先進国農業—日本・アメリカ・EC機軸国」(『季刊　科学と思想』第84号)　1992年4月
「いまロシアの農村に何が起きているか」(『経済』No.345)　1993年1月
「いま,ロシアの農村で起こっていること」(『ロシア・東欧の農業』Vol.4, No.4)
国際農林業協力協会　1993年3月
「いまロシアの農村で何が」(大崎平八郎編『混迷のロシア経済最前線—経済学者14

人の緊急レポート—』所収、『経済』No.345の改稿）　新評論　1993年6月
「かいまみたタイ——印象記」（「農業と農協」通巻第44号）　1997年9月
「中国社会主義市場経済はどこへ行く」（論壇　『国際農林業協力』Vol.23 No.9、10）　2001年2月／3月号
「中国「社会主義市場経済」はどこへゆく」（『農業と農協』通巻第51号）　2001年5月
「フランスで見たこと、感じたこと」（『農業と農協』通巻第53号）　2002年2月

調査資料

「石垣の階段にあえぐ村」（川田信一郎、金沢夏樹と共同執筆『農業朝日』第6巻第7号）　1951年7月
『肥料消費構造の研究』（大内力と共著、東京大学社会科学研究所調査資料第2輯）　1957年
「日本の政治的底流」（現地調査、『中央公論』第74巻第8号）　1959年8月
「鹿児島県農村調査覚書（六）—土地利用の変遷、地主小作関係、改革後の農家経済の動向」（梶井功と共同執筆、東京大学社会科学研究所『社会科学研究』第13巻第6号、所収）　1962年
「費用価格の歴史的形成—明治30年代から第1次大戦期の農民経営の変化—」（農業生産力の観点からみた農産物価格支持制度）（川村英明と共同執筆）　1961年3月
「農業経営改善と制度金融に関する調査」（全国農業会議所『調査研究資料』第55号）　1962年
「東欧諸国訪問雑記帳」（東京大学出版会『ＵＰ』第35号）　1975年9月
「ユーゴスラビア訪問記」（国際農林業協力協会『国際農林業協力情報』Vol.5 No.10）　1983年1月
「ユーゴスラビアにおける農業機械化の調査」（『ユーゴスラビア農業視察報告書—農業機械—』第1章）　国際農林業協力協会　1983年3月
「ソ連に誕生する農民経営」（東京大学出版会『ＵＰ』第203号）　1989年9月
「アメリカのコメ事情と家族農業経営を守る運動」（有斐閣『書斎の窓』No.404　1991年5月（のちに千葉県農業改良協会『農業千葉』No.522へ転載　1991年11月）
「カリフォルニアのコメ事情」（日本科学者会議『日本の科学者』Vol.26, No.6）　1991年6月
「カリフォルニアの米作地帯を訪れて」上（日本共産党中央委員会『あすの農村』No.199）　1991年6月
「カリフォルニアの米作地帯を訪れて」下（日本共産党中央委員会『あすの農村』

No.200)　1991年7月

解　題

高橋亀吉『明治大正農村経済の変遷』(『明治大正農政経済名著集』19、のち阪本楠彦編『農政経済の名著　明治大正編』下　1981年に収録)　農山漁村文化協会　1976年7月

早川直瀬『養蚕労働経済論』(『明治大正農政経済名著集』23、のち阪本楠彦編『農政経済の名著　明治大正編』下　1981年に収録)　農山漁村文化協会　1977年10月

寺尾敬重『本邦地租の沿革』、谷干城・田口卯吉『地租増否論』、円城寺清『地租全廃論』(『明治大正農政経済名著集』24、のち阪本楠彦編『農政経済の名著　明治大正編』下　1981年に収録)　農山漁村文化協会　1977年1月

ウラヂミール・スティペティッチ著、山中武士訳『ユーゴスラビアの農業(1945〜1975)』(技術会議調査資料72)　農林水産技術会議事務局調査資料課　1978年3月

『ユーゴスラビア農業の一断面』(『のびゆく農業』460)　農政調査委員会　1975年11月

『ユーゴスラビアの「緑の計画」』(『のびゆく農業』467)　農政調査委員会　1976年3月

『ユーゴスラビアの「緑の計画」—1976〜80年—』(『のびゆく農業』535〜536)　農政調査委員会　1979年1月

『ユーゴスラビアの農工コンビナート』(『のびゆく農業』570)　農政調査委員会　1980年6月

『ユーゴスラビアの兼業農場と兼業労働者』(『のびゆく農業』600)　農政調査委員会　1981年9月

『ユーゴスラビアの「緑の計画」—1981〜85年—』(『のびゆく農業』636)　農政調査委員会　1983年3月

『ユーゴ農業生産振興長期計画』(『のびゆく農業』665〜666)　農政調査委員会　1984年6月

『ユーゴスラビアにおける土地の保護と利用』(『のびゆく農業』679)　農政調査委員会　1985年1月

『ユーゴスラビア個人農業経営の構造』(『のびゆく農業』707)　農政調査委員会　1986年3月

『農業問題研究会1991年度春季大会「ソ連・東欧諸国における農業の現状と問題点」

座長解題』(『農業問題研究』 第34号) 1992年3月

『ロシア・東欧関係資料 ロシアにおけるコルホーズ・ソフホーズの民営化をめぐる最近の政策』(『ロシア・東欧の農業』Vol.4 No.4) 国際農林業協力協会 1993年3月

「アントン・ショーダ,山中武士訳『クロアチア農業政策と戦争被害』(『ロシア・東欧の農業』Vol5. No.2) 国際農林業協力協会 1993年9月

研究動向

「農業経済学の動向」(『戦後における農業経済学の動向』) 日本学術会議 1951年

「動向 経済学」(村落社会学会編『戦後農村の変貌』) 1958年

「ソ連邦における現代日本資本主義の研究動向」(『歴史学研究』第423号) 1975年8月

「ソ連邦における日本研究の一端」(『歴史学研究』第476号) 1980年1月

「歴史学と現代」(『歴史学研究』第637号) 1992年10月

書 評(抜粋)

(1) 学会誌・専門誌

大島 清『農業問題序説』、時潮社(東京大学社会科学研究所『社会科学研究』第4巻第2号) 1954年1月

栗原百寿『農業問題入門』、有斐閣(東京大学社会科学研究所『社会科学研究』第7巻第1号) 1956年2月

石渡貞雄『農民分解論』、有斐閣(『農業経済研究』第28巻第1号) 1956年3月

近藤康男『日本農業の経済分析』、岩波書店(『土地制度史学』第4号) 1959年7月

丹羽邦男『明治維新の土地政策』、御茶の水書房(一橋大学『経済研究』第14巻第2号) 1963年4月

井上 清、渡辺 徹編『米騒動の研究』、有斐閣(『農業経済研究』第35巻第1号) 1963年8月

佐伯尚美『日本農業金融史論』、御茶の水書房(『エコノミスト』第42巻第2号) 1964年1月1日

佐伯尚美『農業革命』、河出書房新社(『エコノミスト』第43巻第3号) 1965年1月19日

「基本的認識欠く農業白書」(『エコノミスト』第44巻第7号) 1966年2月22日

常盤政治『農業恐慌の研究』、日本評論社（『エコノミスト』第44巻第35号） 1966年8月30日
松尾幹之『酪農と乳業の経済分析』、東洋経済新報社（『エコノミスト』第44巻38号） 1966年9月20日
永原慶二、中村政則、西田美昭、松元宏『地主制の構成と段階』、東京大学出版会（『エコノミスト』第50巻第23号） 1972年5月30日
永原慶二、中村政則、西田美昭、松元宏『地主制の構成と段階』、東京大学出版会（史学会編集（東大文学部内）『史学雑誌』第82編第2号） 1973年2月
西田美昭『昭和恐慌下の農村社会運動』、御茶の水書房（『歴史学研究』No.478） 1980年3月
河相一成『食卓から見た日本の食糧』、新日本出版社（『農林水産図書資料月報』第38巻第3号） 1987年6月
山村理人『現代ソ連の国家と農村　農産物調達制度をめぐって』、御茶の水書房（『経済』No.320） 1991年12月号
房総食料センター・竹内義長編著『ひびきあう農の産直』（『農業と経済』、第61巻第1号　富民協会） 1995年1月号
岸　康彦『食と農の戦後史』、日本経済新聞社（『生協総合研究』、生協総合研究所） 1997年2月号
大栗行昭『日本地主制の展開と構造』、御茶の水書房（社会経済史学会『社会経済史学』Vol.64、3） 1998年8/9月
冨士谷あつ子『日本農業の女性学』、ドメス出版（『農林水産図書資料月報』第53巻第3号） 2002年3月
橋本　智『全国　農業博物館・資料館ガイド』、筑波書房（『農林水産図書資料月報』）第53巻第6号） 2002年6月
矢口芳生『WTO体制下の日本農業』、日本経済評論社（『農林水産図書資料月報』第53巻9号） 2002年9月
村田　武・田代洋一編『21世紀の農業・農村』全4巻、筑波書房（『経済』No.109） 2004年10月
中野一新・岡田知弘編『グローバリゼーションと世界の農業』、大月書店（『経済』No.148） 2008年1月

(2) 一般誌・紙

大島清『農地改革と農業問題』、日本評論新社（『週刊読書人』） 1958年6月2日
石渡貞雄『農産物価格論』、東大出版会（『図書新聞』） 1958年6月28日
宇野弘蔵『資本論と社会主義』、岩波書店（『東京教育大学新聞』） 1959年月日不

詳

渡辺武夫『戦後農民運動史』、大月書店（『日本読書新聞』）　1960年1月11日

並木正吉『農村は変わる』、岩波書店（『朝日ジャーナル』Vol.2，No.34）　1960年8月21日

「現代日本の解剖　大内力『日本資本主義の農業問題』、日本評論社，東大出版会」（『週刊読書人』）　1961年3月20日、21日

磯辺秀俊編『日本の農業経営』、東大出版会（『朝日ジャーナル』Vol.3 No.191）1961年5月7日

小川浩八郎『農業経済の基礎理論』、青木書店、梶井　功『農業生産力の展開構造』、弘文堂、村上保男『穀物価格政策の構造』、弘文堂、梅村又次『賃金・雇用・農業』、大明堂（『週刊読書人』）　1961年11月20日

硲　正夫『日本農業の経済構造』』、時潮社、楫西光速、大島　清、加藤俊彦、大内力『日本における資本主義の発展』、東大出版会（『週刊読書人』）　1963年4月8日

大川一司編『日本農業の成長分析』、大明堂（『図書新聞』）　1963年8月31日

阪本楠彦『農業経済概論』上、下、東京大学出版会（『週刊読書人』）　1963年12月7日

「無展望な報告書」（『農林統計調査』第21巻第3号）　1971年3月

花田仁伍『小農経済の理論と展開』、御茶の水書房（『日本読書新聞』）　1971年6月7日

前田利光『日本資本主義と土地問題』、新評論社（『週刊読書人』）　1972年7月3日

井上晴丸『日本経済の構造と農業』、雄渾社（『日本経済新聞』）　1972年11月5日

川上正道『資本主義のしくみと農業』、全農協労連（『赤旗』）　1973年3月24日

大内　力『現代アメリカ農業』、東京大学出版会（『週刊読書人』）　1975年6月9日

玉城　哲『風土の経済学』、評論社（『週刊読書人』）　1976年8月2日

近藤康男『一農政学徒の回想』上、下，農文協（『農業協同組合』）1976年8月号

家永三郎「東京教育大学文学部」、現代史出版会（『赤旗』）1978年3月13日

福富正美『日本マルクス主義と柳田農政学』、未来社（『週刊読書人』）　1978年8月21日

大江志乃夫『日本ファシズムの形成と農村』、校倉書房（『週刊読書人』）　1978年10月23日

山崎隆三『両大戦間期の日本資本主義』上、下、大月書店、東京大学社会科学研究所編『昭和恐慌』、東京大学出版会、安藤良雄編『両大戦間期の日本資本主義』、東京大学出版会（以上一括『週刊読書人』）　1979年3月26日

阪本楠彦『地代論講義』、東京大学出版会（『農林省図書資料月報』第30巻第5号）

1979年5月

中村政則『近代日本地主制史研究』、東京大学出版会（『週刊読書人』）　1979年8月24日

西田美昭『昭和恐慌下の農村社会運動』、御茶の水書房（御茶の水書房『文化センター通信』No.2）　1979年11月

浜林正夫他編『筑波大学』、青木書店（『赤旗』）　1979年12月17日

安田常雄『社会ファシズムと大衆運動』、れんが書房新社（『週刊読書人』）　1980年3月10日

徐京植『徐兄弟　獄中からの手紙』、岩波書店（『赤旗』）　1981年8月24日

保志恂『日本農業構造の課題』、御茶の水書房（『週刊読書人』）　1981年11月2日

椎名重明編『ファミリーファームの比較史的研究』、御茶の水書房（『週刊読書人』）1987年6月1日

東　敏雄、丹野清秋『近代日本社会発展史論』、ぺりかん社（『赤旗』）　1988年5月9日

中野一新編著『国際農業調整と農業保護』、農文協（『赤旗』）　1990年11月5日

ブルースター・ニーン、中野一新監訳『カーギル』大月書店（『赤旗』）　1997年6月23日

同上（『図書新聞』）　1997年7月12日

上原信博『現代日本資本主義における農業問題』、御茶の水書房（『季刊　労働総研』No.29、1998年　冬期号、労働運動総合研究所）　1998年1月1日

田代洋一『食料主権　21世紀の農政課題』、日本経済評論社（市民フォーラム2001『2001 Fora31号』）　1998年5月10日

中野一新『アグリビジネス論』、有斐閣（『しんぶん赤旗』）　1998年7月6日

林　宥一『近代日本農民運動論』、日本経済評論社（『しんぶん　赤旗』）2000年12月4日

大内　力『埋火』、御茶の水書房（『週刊読書人』）2004年5月28日

村田　武、田代洋一編『21世紀の農業・農村』（第1～4巻）、筑波書房（『経済』No.109, 2004-10）2004年10月

石井啓雄『日本農業の再生と家族経営・農地制度』、新日本出版社（『しんぶん赤旗』）2013年7月14日

座談会・講演録・インタビュー

「労農同盟の今日的条件をさぐる」上、下（司会　河相一成、出席者　内山昂・佐久間富郎・金田一正・小林節夫・暉峻衆三・戸木田嘉久　『経済』No.149、151）

1976年9月、11月

「日本農業をダメにする財界、一部労働界の農政提言」(『あすの農村』) 1979年7月

「現代日本資本主義分析に新風を―『講座　今日の日本資本主義』の刊行をめぐって―」(出席者：中村孝俊、暉峻衆三、戸木田嘉久、宮本憲一、司会：大月書店編集部) 1981年

「個人農が尊重される社会主義国ユーゴスラビア」(『あすの農村』田代忠利と対談) 1984年11月12月

「国際化時代と日本農業―全面開国か自給の確保か―」(『経済』No.299) 1989年3月

「『国際化』時代と日本農業」(司会：暉峻、出席者：関恒義、戸木田義久、宮村光重『経済』No.304) 1989年8月

「基本法農政三〇年の決算と日本農業の危機」(シンポジウム世界秩序再編と日本経済の行方『経済』No.328) 1991年8月

「農地改革―地主制の終焉と自作農体制」(岩本純明と対談) 袖井林二郎・竹前栄治編『戦後日本の原点－占領史の現在』(下) 悠思社 1992年7月30日

「世界経済の動きと日本農政転換の意味」(全国農業協同組合労働組合連合会、第30回中央労農研究集会での講演　全農協労連『労農の仲間』第30巻4号) 1993年4月

「暉峻衆三さんに聞く―多国籍企業と農業、そして労働者」(―特集どうする食糧と農業―『経済』1996-4 No.7) 1996年4月

「WTO体制と日本の食料・農業」(田代洋一、中野一新と対談、)(『経済』No.39) 1998年11月

「日本の食料安全保障とWTO」(全国農業教育研究会『農業教育研究』No.22) 1999年6月

「戦後開発主義国家」(渡辺　治、新藤　兵、後籐道夫と座談会)(『ポリティーク』Vol.05、特集「開発主義国家と「構造改革」」所収) 旬報社 2002年12月

「農業・食料を歴史の中で考える－食料の安全保障の確保は緊急課題」(日本共産党中央委員会理論政治誌『前衛』No.783) 2004年12月

「いまの時代をどう読み解くか―『日本の農業150年』をふまえて」(『農業と農協』第57号) 2004年11月

「私と憲法」(農林水産「九条の会」全国のつどい、記念講演、2006年5月28日、2006年7月　日本青年館)、(全農協労連『労農のなかま』、2006年7月号、No.501に要旨所収)

「新春対談」(平和・憲法・教育・農業)(三上　満氏と)(農民運動全国連合会『農民』所収) 2007年1月1日・8日合併号

「暉峻衆三さんに聞く『英文編著書『日本の農業・過去から現在へ　1850～2000年』の刊行に寄せて」(『経済』No.154)　2008年6月
「「講演」日本国憲法と農林水産業」(『にいがた教育情報』季刊　2008・9　No.95　にいがた県民教育研究所)　2008年9月
「社会科学を学ぶ人へ　いまこそマルクスを」(「大特集　マルクス経済学のすすめ」『経済』No.164、2009年4月
「日本の食料安全保障の現局面をどうとらえるか」(全国食健連20周年記念フォーラムでの報告、全農協労連『労農のなかま』No.525に収録)　2010年7月
同上(「全国食健連20周年記念フォーラム」パンフレット、所収)　2010年9月
同上(『農民』No.62、農民運動全国連合会)　2010年10月
「入門講座　戦後日本資本主義の歩みから見る　暉峻衆三さんに聞く」、「TPPから日本の食と農を守るために」、1、2、3、4、(『経済』No.199、200、202、203)　2012年3月～7月

学会、シンポジウム発言

「持田恵三『不均衡発展としての食糧問題』(農業経済学会報告)に対するコメント」(『農業経済研究』第41巻第2号)　1969年9月
「農産物価格問題」(1978年日本農業経済学会大会座長発言、『農業経済研究』第50巻第2号)　1978年
「日本農業経済学会での挨拶」(『農業経済研究』第58巻第2号)　1986年9月
「農業問題研究会1991年度春季大会「ソ連・東欧諸国における農業の現状と問題点」「座長解題」(『農業問題研究』第34号)　1992年3月
「シンポジウム:変貌する旧ソ連・東欧農業の現状と将来展望—パネルディスカッション—」(『ロシア・東欧の農業』Vol.4 No.3)　国際農林業協力協会　1992年
「東京大学社会科学研究所シンポジウム『アジアの社会変動と社会主義—社会主義とはなにか—』における発言」(中国・ベトナムにおける政治的安定・一党支配をめぐって)(東京大学社会科学研究所『社会科学研究』第44巻第5号)　1993年2月
第30回中央労農研究集会—基調講演　「世界経済の動きと日本農政転換の意味　日本農業再建のみちすじとかかわって—」(『月刊　労農のなかま』第30巻第4号所収)　全農協労連　1993年4月
食糧の生産と消費を結ぶ研究会20周年記念大会記念講演「食糧・農業をめぐる現代的課題」(「生消研」20周年記念大会報告集)　1994年3月4日
「WTO協定改定の課題と展望」(『労農のなかま』第36巻第11号所収)　全農協労

連　1999年11月

「食料主権とWTOに関する国際シンポジウム」での「コーディネーターのまとめ」（『労農のなかま』 No.488　所収） 全農協労連　2004年5月

「高度経済成長と農業・農家・農村」（国立歴史民俗博物館、基幹研究『高度経済成長と生活変化』、平成19年度、第4回研究会、ワークショップ1、「高度経済成長期の都市と農村」、『報告・討論記録』）　2008年3月31日

新聞・雑誌記事など（抜粋）

「農地改革をどうみる」（『日本読書新聞』）　1957年9月30日
「米騒動と農民」（『アカハタ』）　1959年8月3日
「私のなかのヒロシマ」（『東京教育大学新聞』）　1965年11月25日
「日本農業の現状」（『朝日新聞』夕刊）　1972年7月13日
「筑波大学法案と教育大の動き」（『東京大学新聞』）　1973年3月5日
「徐君になおご声援を」（『朝日新聞』「声」欄投稿）　1973年3月24日
「農業白書を読んで」（『日本農業新聞』）　1978年4月12日
「日本農業の現状と大隅農業」（『南日本新聞』文化欄）　1982年6月4日
「日本農業の現状と大隅農業はいかにあるべきか」（記念講演、第12回全国自然保護大会（1982年5月29、30日）、『志布志湾大会集録』、編集・発行：志布志湾公害を防ぐ会）　1982年10月30日
「社会主義と個人農民」（『名寄新聞』「書窓」欄）　1985年3月3日
「日本農業の現状と未来展望」（『赤旗』「研究室から」欄）　1985年12月22日
「市場メカニズム導入へ—東欧情勢」（『日本農業新聞』）　1989年11月26日
「アメリカ農業事情」（『赤旗』）　1991年3月10日
「米国農業を見て考える」（『日本農業新聞』「いま世界は」）　1991年3月10日
「長雨被害と日本の農業」（『赤旗』「学問文化」）　1991年11月8日
「コメ自由化すれば、いびつな日本経済はさらにいびつに」（『赤旗』「今、言わなければ」）　1992年1月16日
「学問　あの頃—明治維新からの農業研究」（『学生新聞』）　1992年12月19日
「第30回中央労農会議基調講演『世界経済の動きと日本農政転換の意味』（全農協労連『労農のなかま』第30巻第4号）　1993年4月
「掲示板に見た真の民主主義」（『朝日新聞』「声」欄）　1996年1月22日
「イギリスに見る食料安全保障」（『日本農業新聞』、「世界を読む」）　1997年1月6日
「農民の努力を受け止め援助する農協に期待」（『農業農協組合新聞』）　1997年1月8日

「「農業危機」再来下の米国」(『日本農業新聞』、「世界は今」)　1998年9月28日
「食料主権は世界の世論　WTO協定改定はできる」(『しんぶん赤旗』)　1999年1月3日
「世界と日本の食料・農業問題」(『そがく―祖国と学問のために―』全日本学生自治会総連合、1122号)　1999年1月5日
「地域ごとの食料安保策を」(『日本農業新聞』)　1999年3月8日
「WTO協定改定の課題と展望」(全農協労連『労農のなかま』)　1999年11月
「食料自給率の向上はどう実現できるのか」(農協協会『農業協同組合新聞』)　2000年5月30日
「WTOと自給率向上」(『国際農林業協力』Vol.23 No.1)　2000年4月
「21世紀への伝言―WTO協定改定は世界の流れに」(WTOに関する国際シンポジウム)コーディネーターまとめ)　本の泉社　2001年5月2日
「フランス農業の光と影」("TASC MONTHLY" No.313) たばこ総合研究センター　2002年1月
「日本農業の来し方、行く末、バランスのある自立した国民経済を」(月刊『日本の進路』No.140)　自主・民主・平和のための広範な国民連合　2004年4月1日
「食料の安全保障を確保する農政への転換を」(同上『日本の進路』No.154)　2005年6月1日
「自給率向上とWTOルール」(『ふ〜どアクション21ニュース』53号)　2009年1月28日
「農協の危機と「農業・農村協同組合」への道」(農協協会『農業協同組合新聞』)　2009年6月10日
「17年ぶりのモスクワ」(『経済』No.172)　新日本出版社　2010年1月
「日本の食料安全保証問題をどうとらえるか」(全国商工団体連合会付属・中小商工業研究所『中小商工業研究』第105号)　2010年10月1日
「脱亜入米の経済は現実的か　TPP問題に思う」(『赤旗』、上、下)　2011年2月9日、11日
「日本の食と農―どうした、どうする」(『季論21』13、2011夏) 本の泉社　2011年7月
「日本の農業と食の安全を破壊するTPP」(『経済』No.214) 新日本出版社　2013年6月

その他(抜粋)

「米騒動」(近藤康男『貧しさからの解放』)『中央公論』第69巻第9号　1954年9月

「凶作と米騒動」(『TUP通信』第14号) 東京大学出版会　1953年
「戦後農政のあゆみと農民」(『東京唯研ニュース』No.13)　1961年6月
「徐勝君の逮捕についての訴え」(『未来』)　未来社　1971年7月号
「一人の教師として」(『徐君兄弟を救うために』第7号)　1972年8月25日
「こんにちにおける労農同盟の意義」(全農協労連『労農のなかま』)　1977年1月
「農業白書」(―あすへの発言―『あすの農村』)　1977年6月
「日本農業の危機と課題」(『時の法令』No.988, 989)　1978年1月3日、13日
「農地改革30周年」(『週刊　農林』第1034号)　1978年7月15日
「志布志湾開発計画に対する意見」(志布志湾を公害から守る会)　1979年7月20日
「してやられ・してやったりの思い出　金沢・阪本さんのこと」(東京大学農経会『農経会報』No.7)　1983年
「古島先生と日本の『地主制』」(『古島敏雄著作集』月報9)　1983年6月
同上のもの、飯田市歴史研究所編『古島史学の現在』に収録　2005年12月
「社会主義と個人経営」(南風東風『国際農林業協力情報』Vol.6 No.2)　1983年5·6月
「『経済大国』と日本農業」(『わたしの選択・あなたの未来』、『わたしの選択・あなたの未来』編集委員会)　労働旬報社　1986年6月
「研究こぼれ話　一将功成って万骨枯れる」(『経済』No.267)　1986年7月
「単身『婦』任元年」(『朝日ジャーナル』インタビュー)　1986年10月17日
「雑誌『経済』の四半世紀」(『経済』No.278)　1987年6月
「阪本楠彦さんに やられた話し」(『峰ケ丘同窓時報』)　1987年10月20日
「『肉体派』美濃部先生」(『人間・美濃部亮吉―美濃部さんを偲ぶ―』リーブル　1987年
「徐勝君釈放の日まで」(『徐君兄弟を救うために』第47号)　徐兄弟を救う会　1988年8月2日
「ぼくにとっての社会主義」(『日本の科学者』Vol.24, No.6)　1989年6月
「農民と労働者の連帯」(巻頭言、『農民』No.20)　農民運動全国連合会　1990年1月
「母の死」(『月刊　健康』No.345)　1990年2月
「研究と教育の周辺―37年を振り返って―」(『書斎の窓』No.393)　有斐閣　1990年4月
「時代と研究」(日本民主主義文学同盟編集『民主文学』No.302)　1991年1月
「アメリカのコメ事情と家族農業経営を守る運動」(『書斎の窓』No.404)　有斐閣　1991年5月
「歴史学と世代」(「連載・戦後45年と私の歴史研究」歴史学研究会編集『歴史学研究』No.637)　1992年10月

「ぼくの戦時，原爆体験」（歴史科学協議会編集『歴史評論』No.524）　1993年12月
「突然の入院」（『月刊　健康』No.409）　1994年2月
「ラベンダー・ソープ」（『追想の美土路達雄』所収）　1994年6月25日
「津田さんの人柄と歴史学」（津田秀夫先生を偲ぶ会編『津田秀夫先生を偲ぶ』（二）制作：三省堂、所収）　1994年11月15日
「農家は変わる、農業も変わる」（日本民主文学同盟編『民主文学』No.352）　新日本出版社　1995年3月
「敗色濃い日、山川均・菊栄夫妻を訪ねて」（『山川均全集』第17巻月報13）　勁草書房　1995年5月
「守りたい育ってほしい八郷の農業」（『産直農業の新たな発展をめざして』JAやさとの産直20周年記念誌）　1995年8月
「『親酒』のおつきあい」（『大谷省三　情熱と信念のひと』大谷省三先生を偲ぶ文集刊行会）　1995年11月
「72才の誕生日（『月刊　健康』No.464）　1996年12月
「経済優先は『命』脅かす」（『識者に聞く』、『日本農業新聞』）　1997年7月18日
「ユーゴ再訪」（『国際農林業協力』Vol.20、Vol.8、1997. 12月、98. 1月号）
国際農林業協力協会　1998年1月
「クリントンとカストロ――ジュネーブでのWTO閣僚会議」（『協う kanau』くらしと協同の研究所　第46号）　1998年8月
「「東京教育大学文学部」に寄せて」（『家永三郎集』第10巻、月報12、岩波書店）1998年10月
「『日本の農業　150年』と林君」（林　宥一『銀輪』所収）　2000年9月22日
「宇佐美　繁君を悼んで」（農業問題研究学会『農業問題研究』第54号）　2003年4月
「同時代私史―前編」（『評論』No.141　所収）　日本経済評論社　2004年2月
「同時代私史―後編」（『評論』No.142　所収）　日本経済評論社　2004年4月
「飢餓と飽食、危うい日本の食料安全保障」（『食べもの通信』No.402　所収）家庭栄養研究会　2004年8月
「学友・酒友・楽友」（宇佐美繁著作集Ⅰ『農民層分解と稲作上層農』の栞）筑波書房　2005年
「市場原理主義の躓き」（『資本と地域』第2号、「地域経済研究会」（京都大学・岡田知弘教授）2005年
「規制緩和の落とし穴」（『協同組合通信』、No.15415）　協同組合通信社　2005年12月20日
「農林水産「九条の会」」（『協同組合通信』、No.15431）　2006年1月24日
「規制緩和の落とし穴―再論」（『協同組合通信』、No.15447）　2006年2月15日

「三農（農業・農民・農村）問題―中国と日本」（『協同組合通信』、No.15471）2006年3月22日

「ニュー・ラナークでのロバート・オウエンの評価によせて」（『農業と農協』、通巻第59号）　2006年2月26日

「憲法「改正」で平和的生存権が……」（『農民』、農民運動全国連合会、第730号）2006年5月1日

「長坂聡君―恋敵、学友、職友、酒友」（『みんなで乾杯』、長坂聰先生の思い出集、長坂聡先生の思い出集刊行委員会編集・発行、幹書房制作）　2006年8月5日

「小倉武一先生がめざした途」（『記念会報―協同農業研究の20年』所収）　小倉武一記念協同農業研究会　2006年12月28日

「共通の問題意識―日南田君とぼく」（『想い出の記　日南田静真』、編集：松井憲明、石井和夫他、所収）　2007年3月

「岐路に立つ日本―改憲と農業・食糧問題」（ブックレット『憲法九条と食料・農業』、農業・農協問題研究所編、農林水産「九条の会」協力）　2007年7月

「大内力ゼミ同級生の大石君（『日本近代史研究の軌跡　大石嘉一郎の人と学問』、大石先生追悼文集刊行会［編］、所収）　日本経済評論社　2007年11月

「改憲と戦争、そして農業・食料」（講演、特集　全農協労連全国労働組合セミナーから）『労農のなかま』、No.509、全農協労連）　2007年11月

「英文編著書の刊行に寄せて」（「自著を語る」）（『農業・農協問題研究』、第38号　所収）2008年2月

「私にとってのマルクス」（『季論21』、2008.7　創刊号　所収）発行：季論21編集委員会、発売：本の泉社　2008年7月20日

「学びの小道」（「現代史の扉」）（『年報　日本現代史』第14号、「高度経済成長の史的検証」所収）　現代史料出版　2009年5月25日

［学びの小道］（その２）（『年報　日本現代史』第15号、「60年安保改定とは何だったのか」所収）　現代史料出版　2010年6月30日

「歴史の岐路に立つ」（農林水産「九条の会」NEWS LETTER、第19号）　農林水産「九条の会」発行　2012年11月1日